學術思想叢刊

朱熹的「天文考古學」研究：
遠古文明的生活記憶

陳永寶　著

福建省大田縣建設鎮林氏祖屋

福建省大田縣建設鎮祠堂山公園

舊學商量加邃密，
新知培養轉深沈。
只愁說到無言處，
不信人間有古今。
　　　　——朱熹

目次

緒論 …………………………………………………………… 1

上篇　天文與時間

第一章　天文考古學的概述與溯源 …………………………… 3

第二章　天文考古學與王權政治 ……………………………… 23
　　一　王權政治與天象學說 …………………………………… 24
　　二　天權政治與聖人圖像 …………………………………… 28
　　三　朱子理學與聖人圖像 …………………………………… 32
　　小　結 ……………………………………………………… 39

第三章　天文考古學與儒家思想 ……………………………… 43
　　一　天文思想與《易經》解讀 ……………………………… 43
　　二　天文思想與儒家詮釋 …………………………………… 52
　　三　天文思想與兩宋傳承 …………………………………… 59
　　小　結 ……………………………………………………… 66

第四章　宋代天文觀的演變……………………………………… 69

　　一　天理思想的形而下溯源………………………………… 72
　　二　天理思想的宋代印跡…………………………………… 77
　　三　天理思想的形而下解讀………………………………… 81
　　小　結……………………………………………………… 85

第五章　朱熹的自然天文觀……………………………………… 87

　　一　朱熹的自然之天說……………………………………… 88
　　二　朱熹的曆法傳承說……………………………………… 95
　　三　朱熹的季節氣象說…………………………………… 103
　　小　結…………………………………………………… 107

第六章　農業文明與儒家家庭觀……………………………… 109

　　一　農業文明與家庭源起………………………………… 109
　　二　時間本體與家庭權力………………………………… 118
　　三　語言權力與家庭主導………………………………… 125
　　四　儒家禮學與家庭仁學………………………………… 132
　　小　結…………………………………………………… 139

下篇　家庭與墓葬

第七章　朱熹的家庭生死觀…………………………………… 145

　　一　家庭觀念與墓葬系統………………………………… 147
　　二　家庭觀念與祭禮禮儀………………………………… 152

三　家庭觀念與生死觀念⋯⋯⋯⋯⋯⋯⋯⋯⋯⋯⋯⋯ 162
　　小　結⋯⋯⋯⋯⋯⋯⋯⋯⋯⋯⋯⋯⋯⋯⋯⋯⋯⋯⋯⋯ 168

第八章　朱熹的讖緯神秘思想⋯⋯⋯⋯⋯⋯⋯⋯⋯⋯⋯ 169
　　一　迷信思想與讖緯由來⋯⋯⋯⋯⋯⋯⋯⋯⋯⋯⋯⋯ 173
　　二　符咒現象與民間信仰⋯⋯⋯⋯⋯⋯⋯⋯⋯⋯⋯⋯ 176
　　三　朱子理學與占卜現象⋯⋯⋯⋯⋯⋯⋯⋯⋯⋯⋯⋯ 191
　　小　結⋯⋯⋯⋯⋯⋯⋯⋯⋯⋯⋯⋯⋯⋯⋯⋯⋯⋯⋯⋯ 196

第九章　朱熹的風水觀⋯⋯⋯⋯⋯⋯⋯⋯⋯⋯⋯⋯⋯⋯ 199
　　一　山水思想與風水思想⋯⋯⋯⋯⋯⋯⋯⋯⋯⋯⋯⋯ 199
　　二　方術行為與風水思想⋯⋯⋯⋯⋯⋯⋯⋯⋯⋯⋯⋯ 206
　　三　墓葬系統與風水思想⋯⋯⋯⋯⋯⋯⋯⋯⋯⋯⋯⋯ 213
　　小　結⋯⋯⋯⋯⋯⋯⋯⋯⋯⋯⋯⋯⋯⋯⋯⋯⋯⋯⋯⋯ 220

第十章　朱熹的宗教思想⋯⋯⋯⋯⋯⋯⋯⋯⋯⋯⋯⋯⋯ 223
　　一　朱子理學與佛教糾葛⋯⋯⋯⋯⋯⋯⋯⋯⋯⋯⋯⋯ 227
　　二　朱子理學與道教際遇⋯⋯⋯⋯⋯⋯⋯⋯⋯⋯⋯⋯ 236
　　三　朱熹與摩尼教的合離⋯⋯⋯⋯⋯⋯⋯⋯⋯⋯⋯⋯ 243
　　小　結⋯⋯⋯⋯⋯⋯⋯⋯⋯⋯⋯⋯⋯⋯⋯⋯⋯⋯⋯⋯ 251

第十一章　天文考古學與理學⋯⋯⋯⋯⋯⋯⋯⋯⋯⋯⋯ 257
　　一　理學思想的實用主義⋯⋯⋯⋯⋯⋯⋯⋯⋯⋯⋯⋯ 257
　　二　理學思想與關係理性⋯⋯⋯⋯⋯⋯⋯⋯⋯⋯⋯⋯ 263
　　三　理學思想與知識起源⋯⋯⋯⋯⋯⋯⋯⋯⋯⋯⋯⋯ 266
　　小　結⋯⋯⋯⋯⋯⋯⋯⋯⋯⋯⋯⋯⋯⋯⋯⋯⋯⋯⋯⋯ 272

第十二章　天文考古學與朱熹的知識論 ……………… 273

　　一　中國思想的知識論詰問 ……………………………… 273

　　二　朱熹道德知識論的提出 ……………………………… 275

　　三　朱熹天文考古學的論證 ……………………………… 280

　　小　結 …………………………………………………… 286

結論：生死與文化 ………………………………………… 289

　　一　天文考古與生死文化 ………………………………… 289

　　二　人工智慧與人類智慧 ………………………………… 292

　　三　生死觀念與文化屬性 ………………………………… 296

參考文獻 …………………………………………………… 301

後記 ………………………………………………………… 305

緒論

　　一般談及朱熹的思想，學者們通常想到的往往是「存天理，滅人欲」，這是對朱熹最直觀的評價標籤。在這種思維的引導下，人們開始逐漸弱化他的「天道」思想，關注他的「天理」思想。於是，朱熹的理論最終也由「道學」改變為「理學」，他本人也被後人冠名為「理學家」。然而有趣的是，「天理」思想雖然作為朱熹思想的主要標籤，但是他的理論重點到底是在「天」，還在在「理」，卻少有人去分析。於是，關於朱熹理論的諸多問題，就在這種背景下越發朦朧，難見真容。

　　自朱子理學被劃歸於「哲學體系」時，它的發展就受到哲學思維框架的約束。哲學本身旨在捕捉反思意識，側重於對問題意識的反思，和對本體論、認識論和倫理學框架的追溯。於是，哲學學者對朱子理學的研究逐步陷入形而上的「陽春白雪」之中，越發對「理」的面向側重得更為明顯。特別是受到近代新儒家及德國古典哲學家們那些精密的形而上的思維影響後，「天」這個「形而下的面向」顯然不如「理」這個「形而上的方面」更易受到學者的青睞，慢慢地淡出學者們的研究視野。

　　在這種背景下，關於朱熹「理」思想的研究則會出現諸多問題，特別是將它作為朱熹的主要研究內容時，這些矛盾之處會越發集中進而越發明顯。如「理先氣後」的關係問題、「天道」與「理氣」的關係問題、「理」與「禮」的關係問題等等。這些問題的出現，使學者們發現無法從朱熹本人的理論中尋找到合適的解決之道，於是他們開

始以朱熹為起點，挖掘他與北宋五子（周敦頤、張載、邵雍、程顥、程頤）理論之間的關係。他們試圖通過梳理朱熹對北宋五子理論的吸收、消化關係，來試圖解決那些朱熹理論中關於「誠」的、「敬」的、「氣」的、「禮」的矛盾關係。

事實上，學者們的努力確實在解決問題的路上前進了一步，如他們發現了朱熹的這些理論矛盾來自朱熹本身。但是他們卻和早年的朱熹一樣，走向了一個錯誤的研究方向。朱熹思想中的這些矛盾，在朱熹生前也是一直困擾他的重要理論難題。他也曾試圖通過回歸到北宋五子（特別是程伊川）的思想中來為自己的理論證明。但是隨著年齡的增加及他與蔡季通的偶遇，他開始思考能否從源頭解決這些問題。而這些問題能否順利解決，也關乎著他以《四書》為核心的理論大廈是否牢固。

於是，無論是他仿效古人使用竹竿來的「立表測影」，還是他夜觀星空來的「觀象授時」，都是他擺脫形而上的道德義務論思想，跳出原有的倫理學的思維舒適圈來思考朱子理學的合理性與合法性問題的工具。但遺憾的是，由於福建的地域緯度偏南，這限制了他在觀測活動中不會有太多的理論成就。但是這些操作，至少是開啟了他「以天論理」的思想心路歷程。

以天論理並不是朱熹的首創，這是中國古代先民一直存在的思想傳承。為什麼要強調這一點？原因在於：如果對理學的理解沒有回歸到「天」上，那麼「理」與「道」與「佛」中的主張則無法分清。由於兩宋道家的勢微及道家修行人採取的獨特的修行方式，導致士大夫們對道教的青睞遠遠不如佛教。相較之下，經兩晉南北朝傳入中國的佛教，歷經佛教大德高僧的不斷豐富與發展，其理論形態已經逐漸完善。並且，佛教的多維面向（如唯識宗的繁雜，靜空宗的簡易，禪宗的高妙）為南宋提供了多種選擇。無論是文人士大夫，還是普通的販

夫走卒，都不缺乏廣泛的信眾。特別是在南宋面對內憂外患的政治背景下，民眾的精神世界高度空虛，佛教無疑填補了這個空白。

然而，隨著佛教中對「空」的本體論追求及「淨」的工夫論實踐的普及，民眾逐漸開始逃避現實。這其中不僅包括無可奈何的庶民大眾，也包括那些飽讀詩書的儒家士大夫。儒門陣營中的張九成就是一個典型的例子。這位早期的儒學領袖，在大慧宗杲佛學思想的影響下，逐漸向佛教走去。

一些學者認為，佛教對世人的吸引力有以下三種原因：一是「得道天成的道法」，二是「導人向善的教義」，三是「以貪制貪、以幻制幻的善巧」，它的核心最終指向「寂空涅槃的究竟法門」。這種佛教的教義與方便法門對普通民眾是非常具有吸引力的，它照顧到人們精神需求的方方面面。事實上，朱熹早年也是踏入佛教的世界裡接受精神的洗禮中的一員，可見兩宋佛教的影響之深。

以二程為主的「理」學系統，雖然對抗的是以佛教為主的「空性」系統，但從楊時、游酢等人開始，他們對佛教不同程度的親近態度來看，他們的儒學理論顯然在現實中是失敗的。正如朱熹說「程門高弟如謝上蔡游定夫楊龜山輩，下梢皆入禪學去。」[1]為什麼會失敗？一個主要的原因就是理學家們的「理」與佛教中的「空性」太像了。無論是儒家的授學方式（如主張靜坐，如李侗），還是內在工夫（如盡心知性和明心見性，如張栻），想要分清二者的區別難於登天。

同時，即使是沒有受到佛教影響的理學從業者們，也往往多被世人誤解，束景南就曾總結說：「道學（理學）文化思潮在宋代從民間喧囂崛起，氾濫流布直至躋身官方統治思想的寶座，盛極一時，卻同時伴隨著一個聲名狼藉、面目醜陋的的『怪胎』形象而出現。」[2]如

---

1 黎靖德編，王星賢點校：《朱子語類》（北京：中華書局，1994年），頁2556。
2 束景南：《朱子大傳》（上海：復旦大學出版社，2016年），頁2。

整日聖人道統，孔孟大法，正襟危坐，談性說命，昂首闊步，垂眉閉目，不苟言笑，給他人的印象就是頭腦冬烘，破袍爛衫，蓬頭垢面，不善生計，陋巷破屋，薄湯麥飯，憂道不憂貧。於是，他們既無法滿足民眾的心理需求，也無法使用「以幻制幻的善巧」。理學家們呈現出來的「死敬」之態，都註定了以「理」作為儒學理論的推廣必將困難重重。

從某種程度上說，《四書》體系的完整標誌著朱熹以「理」學家為主的身份體徵的形成。然而，四書（《大學》、《論語》、《孟子》、《中庸》）之間的內部邏輯結構並不是十分順暢，這一度讓朱熹困擾不已。《大學》與《中庸》作為形而上面向的引入，雖然是朱熹編撰四書時的點睛之筆，但從儒家傳承的特點來看，《論語》與《孟子》這兩本標準的儒學讀物顯然對前兩者有排異反應。這並不是朱熹的設計有問題，而是他設計的成果完成後出現的「新問題」。作為四書之首的《大學》，必然成為朱熹首先要進行改革的對象。但時代的錯綜複雜，直至朱熹離世時，《大學》也沒有以他滿意的方式得以完成。

雖然這是朱熹人生中的遺憾，但在這條路徑的前進中，他還是有所收穫。一個典型的例子就是他與呂祖謙編纂完成了《近思錄》。相較於《四書》，《近思錄》的邏輯更為順暢，這也一度成為朱熹的驕傲。他曾經把《近思錄》作為自己的得意之作推薦給當朝宰相陳俊卿，以作為他教育兒孫的啟蒙教材。朱熹說：

> 蒙諭第二令孫為學之意，乃能舍世俗之所尚，而求夫有貴於己者，此蓋家庭平日不言之教有以啟之，非面命耳提之所及也。……伊洛文字亦多，恐難遍覽，只前此所稟《近思錄》乃其要領。只此一書，尚恐理會未徹，不在多看也。《大學》、《中庸》，向所納呈謬說，近多改正，旦夕別寫拜呈。近又編

《小學》一書，備載古人事親事長、灑掃應對之法，亦有補於學者。並俟錄呈，乞賜裁訂，以授承學也。[1]

可見在朱熹的眼中，《近思錄》是成功的。朱熹對《近思錄》的評價很高。他曾說，「修身大法，《小學》備矣；義理精微，《近思錄》詳之。」[2]又說「《近思錄》好看。四子，六經之階梯；《近思錄》，四子之階梯。」[3]朱熹對它十分看重，也足見《近思錄》在朱熹思想體系中的地位和作用。

翻開《近思錄》，它的第一章是一般人難以理解的「道體」。我們不妨摘抄其中的一部分內容，來看看它的難度。

濂溪先生曰：無極而太極。太極動而生陽，動極而靜；靜而生陰，靜極復動。一動一靜，互為其根，分陰分陽，兩儀立焉。陽變陰合，而生水、火、木、金、土。五氣順布，四時行焉。五行，一陰陽也；陰陽，一太極也；太極，本無極也。五行之生也！各一其性。無極之真，二五之精，妙合而凝。乾道成男，坤道成女。二氣交感，化生萬物。萬物生生，而變化無窮焉。惟人也，得其秀而最靈。形既生矣，神發知矣；五性感動，而善惡分、萬事出矣。聖人定之以中正仁義。而主靜，無欲故靜。立人極焉。故聖人與天地合其德，日月合其明，四時合其序，鬼神合其吉凶。君子修之吉！小人悖之凶。故曰：「立天之道，曰陰與陽；立地之道，曰柔與剛；立人之道，曰

---

1 朱熹：《朱子全書》（上海：上海古籍出版社；合肥：安徽教育出版社，2010年），第21冊，頁1180-1181。
2 黎靖德編，王星賢點校：《朱子語類》（北京：中華書局，1994年），頁2629。
3 黎靖德編，王星賢點校：《朱子語類》（北京：中華書局，1994年），頁2629。

仁與義。」又曰:「原始反終,故知死生之說。」大哉易也,斯其至矣!¹

這是《近思錄》的首段,作為給孩子看的童蒙讀物,確實難了很多。從朱熹收到友人的來信的內容來看,也側面體現出《近思錄》中的「道體」之難。如:

> 《近思錄》近令抄作冊子,亦自可觀。但向時嫌其太高,去卻數段,如太極及明道論性之類者。今看得似不可無。如以《顏子論》為首章,卻非專論道體,自合入第二卷。作第二段。又事親居家事直在第九卷,亦似太緩。今欲別作一卷,令在出處之前,乃得其序。卷中添卻數段,草卷附呈,不知於尊意如何?第五倫事,《閫範》中亦不載,不記曾講及否?不知去取之意如何,因來告諭及也。此書若欲行之,須更得老兄數字,附於目錄之後,致丁寧之意為佳,千萬勿吝也。²

對此,朱熹給出的解決辦法是:「《近思錄》首卷難看。某所以與伯恭商量,教他做數語以載於後,正謂此也。若只讀此,則道理孤單,如頓兵堅城之下;却不如語孟只是平鋪說去,可以遊心。看近思錄,若於第一卷未曉得,且從第二、第三卷看起。久久後看第一卷,則漸曉得。」³

---

1 朱熹:《朱子全書》(上海:上海古籍出版社;合肥:安徽教育出版社,2010年),第13冊,頁167。

2 朱熹:《朱子全書》(上海:上海古籍出版社;合肥:安徽教育出版社,2010年),第21冊,頁1460。

3 黎靖德編,王星賢點校:《朱子語類》(北京:中華書局,1994年),頁2629。

值得注意的是，《近思錄》這裡有一個顯著的變化，表明了朱熹的思想逐漸開始由二程、張載的純粹的形而上學的「敬」思想向周敦頤的形而下的「誠意」與太極思想轉化。這是一個非常微妙卻又十分重要的轉向。朱熹說：「《近思錄》載橫渠論氣二章，其說與《太極圖》動靜陰陽之說相出入。然橫渠立論，不一而足，似不若周子之言有本末次第也。」[1]

這裡費大量的筆墨來談《近思錄》的目的不是為了談論《近思錄》本身，而是強調朱熹的「天理」思想在其發展過程中，對「天」的側重已經慢慢地在其內心中發展成長。這是夯實他「理」思想的大廈不可缺少的「地基」。

「天」思想與「理」思想相比，前者更側重於關注形而下的面向。不管是「人格天」還是「自然天」，本質上都是對「天」的一個物理式的反應，或者說是對物理性的一種反思。朱熹說：

> 天文有半邊在上面，須有半邊在下面。
> 如何見得天有三百六十度？甚麼人去量來？只是天行得過處為度。天之過處，便是日之退處。日月會為辰。
> 有一常見不隱者為天之蓋，有一常隱不見者為天之底。[2]

這是朱熹弟子甘節記錄的朱熹的原話。黎靖德主編《朱子語類》時將這句話放在全書之首，可見「天」觀念的重要性。

一般認為，朱熹等兩宋理學家是以「天」作為自己的思想根基來發展各自的理論。無論是後世學者在研究朱熹時談到的「天道」還是

---

[1] 朱熹：《朱子全書》（上海：上海古籍出版社；合肥：安徽教育出版社，2010年），第22冊，頁1889。
[2] 黎靖德編，王星賢點校：《朱子語類》（北京：中華書局，1994年），頁12。

「天理」,天的核心地位從未被懷疑。只不過,不同學者在詮釋「天」思想時,他們詮釋的角度是多維的。典型的就是前面談到的「自然天」與「人格天」的講法。那,為何「天」會如此重要,以至於成為宋明理學中不可或缺的理論支柱?恐怕這離不開中國古代思想中一直存在的天文學傳統。

這個天文學傳統有三個主要的特徵:一是天因為神秘性而激發了古人的獵奇心理。如朱熹與弟子的這段對話:

> 叔器問:「天有幾道?」曰:「據歷家說有五道。而今且將黃赤道說,赤道正在天之中,如合子縫模樣,黃道是在那赤道之間。」
> 問同度同道。曰:「天有黃道,有赤道。天正如一圓匣相似,赤道是那匣子相合縫處,在天之中。黃道一半在赤道之內,一半在赤道之外,東西兩處與赤道相交。度,却是將天橫分為許多度數。會時是日月在那黃道赤道十字路頭相交處厮撞著。望時是月與日正相向。如一箇在子,一箇在午,皆同一度。謂如月在畢十一度,日亦在畢十一度。雖同此一度,却南北相向。日所以蝕於朔者,月常在下,日常在上,既是相會,被月在下面遮了日,故日蝕。望時月蝕,固是陰敢與陽敵,然歷家又謂之暗虛。蓋火日外影,其中實暗,到望時恰當着其中暗處,故月蝕」。[1]

這裡所呈現出的內容主要是朱熹的弟子對於天文知識的獵奇心理。對神秘的世界產生好奇是人的本性,也是人類追求知識的原動力。

---

1 黎靖德編,王星賢點校:《朱子語類》(北京:中華書局,1994年),頁12-13。

二是「天」的季節變化或風雨雷電，這些都是先民們自給自足的農業生活的基礎。如朱熹對二十四節氣的關注：

> 閏餘生於朔不盡周天之氣。周天之氣，謂二十四氣也。月有大小，朔不得盡此氣，而一歲日子足矣，故置閏。[1]

> 人言北方土地高燥，恐暑月亦蒸濕。何以言之？《月令》云：「是月也，土潤溽暑，天氣下降，地氣上騰。」想得春夏間天轉稍慢，故氣候緩散昏昏然，而南方為尤甚。至秋冬，則天轉益急，故氣候清明，宇宙澄曠。所以說天高氣清，以其轉急而氣緊也。[2]

三是天文學的變革與發展可以較好地詮釋儒家經典。中國古代先民的識字率普遍不高，特別是以庶人身份存在的先民們。理論的宣導不如眼見為實。因此，在傳播儒家思想時，往往也要借助於天文學知識。比如下面這一段話：

> 「《周髀法》謂極當天中，日月繞天而行，遠而不可見者為盡。此說不是。」問：「《論語或問》中云：『南極低入地三十六度，北極高出地三十六度。』如何？」曰：「圓徑七十二度，極正居其中。《堯典》疏義甚詳。」[3]

這裡的「《周髀法》」應該指的是《周髀算經》，這是一本中國古老的

1　黎靖德編，王星賢點校：《朱子語類》（北京：中華書局，1994年），頁26。
2　黎靖德編，王星賢點校：《朱子語類》（北京：中華書局，1994年），頁28。
3　黎靖德編，王星賢點校：《朱子語類》（北京：中華書局，1994年），頁19。

天文學和數學的書籍。從朱熹與弟子的對話中,以「天」詮釋《論語》與《孟子》的描述並不少見。因此,「天」自然構成了儒家傳播途徑中的一個主要方式。

　　朱熹對「天」的重視本質上是對先民天文思想的繼承。無論是以天論道的天道觀,還是以天作為禮的人道論,均如此。他的太極無極思想,及陰陽五行之說,也都是以「天」為討論基礎的。他的這種側重的好處在於,當「理」思想的形而上的層面無法被弟子直接掌握時,他可以用百姓日間常見的事物來比附。如朱熹常說的「涸水說」。

> 天理明,自不消講學。人性本明,如寶珠沉涸水中,明不可見;去了涸水,則寶珠依舊自明。自家若得知是人欲蔽了,便是明處。只是這上便緊緊着力主定,一面格物。今日格一物,明日格一物,正如遊兵攻圍拔守,人欲自消鑠去。[1]

這就是他「明天理,滅人欲」[2]思想的主要講法。他用「涸水」與「寶珠」作為比附,以此來詮釋天理思想存在的合理性與合法性。這種使用比喻的方法是古人一貫的做法。

1　黎靖德編,王星賢點校:《朱子語類》(北京:中華書局,1994年),頁207。
2　黎靖德編,王星賢點校:《朱子語類》(北京:中華書局,1994年),頁207。

上篇
天文與時間

第一章
天文考古學的概述與溯源

　　人類的知識體系，其根源可以追溯到中國古老的天文學系統。隨著人類對天文知識的不斷積累，文化與文明逐漸形成。「天文」與「考古」這一天一地，看似毫不相關的二者卻在古代先民的認知中，無形中合為了一體。以地示天，以地仿天成了古代先民看待天文現象形成的最常見的認知。但是，這種認知的形成，卻不是一種超驗的神秘力量施捨的恩惠，而是先民們在千百年間通過不斷地與天互動而形成的生存觀念。這是一種在自給自足的農業生活中形成的獨特天文觀。天文不再是孤立的存在，而是以一種獨特的方式與先民的日常生活產生著千絲萬縷的聯繫。可以說，先民們只有熟悉天文和人文，才能更好地施用於農業。這種歷史背景對儒家天道觀、人性論的形成，及對王朝中王權合法性的鞏固，都有著重要的意義。

　　普遍認為，人們所處的文化環境是早期先民們不斷與「天」接觸融合時形成的一種關係產物。在中國先民的認知裡，這種文化的形成與先民早期觀測星象、太陽、月亮的經驗密切相關。長期的觀測促使他們在內心中形成一種天與地、天與人、地與人的穩固關係。這些關係在人類漫長的思想演化過程中構成了獨屬於這塊土地的中華文化。於是可以這樣說，古代的天文學奠定了古代樸素科學的基礎，先民們用自己獨特的方式來運用他們的「科學思維」，一步一步分化出各種文明體系。可以說，先民們最初將天文視為一種與自然對抗的「實用的科學方法」。只不過，隨著時代的發展，這種「科學」方法慢慢被各種「儀式」所遮蔽。最終科學的影子暗含其中而不再顯見，各種儀

式因為流傳的久遠而失去原來的作用,慢慢演化為一個個神祕的行為。

《易經》就是在這種情況下逐漸被誤解,最後淪為一本左右他們「命格」的神祕符號,這確有不該。馮時認為,「文明與科學是難以切割的,天文學的創造不僅是指天文技術以及由此導致的觀象手段和計算方法,更重要的則是支持這些技術的天文思想以及一種以天人關係為思考主題的人文理解。顯然,科學的發展進程便體現著文明的發展進程,古人創造科學的活動也就是他們創造文明的活動。」[1]文明,自產生之初,它就與實用的科學思維密不可分。因此,在一定程度上,文明與科學可能是走在同一路徑上的兩個形態。

中國古代的文明離不開早期的天文觀測活動。部分學者甚至認為,中華文明的起源與中國的天文學起源應是處於同一時期。這種判斷的真偽現在已經無從考證,但這種判斷足以說明中華文明與天文學存在著割捨不清的關係。從已有的天文考古學的研究成果來看,對天文學的研究可以為研究人類文明的起源提供相應的幫助。從這一點來說,「如果我們懂得了古代人類的宇宙觀,其實我們就已經在一定程度上把握了文明誕生和發展的脈絡,而天文考古學研究則為實現上述探索提供了可行的手段。」[2]因此,中國古老的天地觀念、陰陽觀念、中庸思想,也指示一種尋找中華文明產生線索的新方式。「天文考古學把古代天文學視為人類早期文明的重要組成部分。由於原始的農業生產對於時間的需要以及宗教祭祀活動對於星占的需要,天文學實際已成為人類最早獲得的嚴格意義上的科學知識,因此,天文學的發祥與文明的誕生便有著密不可分的關係。」[3]也就是說,現存的宗教儀式、民俗風情,及地下的墓葬系統,這些都可以成為人們重新理解現

1　馮時:〈天文考古學與上古宇宙觀〉,《濮陽職業技術學院學報》2010年第4期,頁1。
2　馮時:〈天文考古學與上古宇宙觀〉,《濮陽職業技術學院學報》2010年第4期,頁1。
3　馮時:〈天文考古學與上古宇宙觀〉,《濮陽職業技術學院學報》2010年第4期,頁1。

在文明的新視角，對理解當代文化的來源提供了重要的參照。

中國自古就是一個以農業立國的國家，重農抑商的基本國策也為我們擁有穩固的文明形態提供了保障。「農業文明不僅標誌著一種新的生產方式，同時也標誌著新的文明形式。」[1]農業穩定的生產生活方式不僅體現了一種連續的生活方式，還保留了大量的墓葬文化。這些墓葬中的文化特徵，在近半個世紀被學者廣泛關注，形成了豐富的天文考古學體系。在今人的考古工作中，考古學的證據已經可以追溯到上萬年以前。無論是河南濮陽西水坡的仰韶時代蚌塑宗教遺跡，還是撲朔迷離的四川三星堆遺址，或是福建三明萬壽岩古人類遺跡，這些都表明在中華大地上，人類文明的歷史久遠。

在眾多的考古遺跡中，農業和畜牧業成為人們判斷文明的標誌。在考古發掘中，生產工具的材質、形狀不僅標誌了先民的文明程度，同時也向今天的人們展示了豐富的生活圖畫。其中，農業文明因為有定居的優勢，其遺跡與遺址更易被保存下來，成為現代人們理解古代先民生活的主要證據。因此，農業的發展需要適宜的天氣環境，這就導致先民們對天文曆法有著強烈的依賴性。中國北方以傳統農業為主要生活方式的農民中常流傳一句古樸的信條，即「人誤天一天，天誤人一年」。這就是農民在長期從事農業生產時從自然中汲取的寶貴經驗。那麼，這裡的「天」、「年」是明顯的時間特徵，這也說明了時間對農業的重要程度。「農業的起源必須要以精密的時間服務作為保證，沒有古人對時間的掌握，就不可能有農業的出現。」[2]於是，確定時間是古代農業發展中最基本的保證。

先民們對時間的探索無疑是一件重要而又複雜的工程。對於時間，他們最容易感受到的就是太陽在一天中的變化。當他們目視太陽

1　馮時：〈天文考古學與上古宇宙觀〉，《濮陽職業技術學院學報》2010年第4期，頁1。
2　馮時：〈天文考古學與上古宇宙觀〉，《濮陽職業技術學院學報》2010年第4期，頁1。

東升、西落,並在烈日當頭的時候感受到天氣炎熱,長此以往慢慢形成了早上、中午與晚上這些樸素的時間觀念(如,天)。但是,當太陽落入地平線,漆黑的夜晚便無法再為他們提供這種時間「服務」,這一度成為先民們的困惑之處。雖然月亮在某些時候可以充當太陽的角色,但是它在夜間顯現的不穩定性加上時不時的月食現象,讓先民們慢慢拋棄了以它作為時間參照物的探索。相反,滿天的繁星的恆定存在(如北斗七星與北極星),則成了古代先民不得不採取的選擇。先民們通過對星星的運動軌跡的觀測,配合他們各種天馬行空的想像,形成了最早的天文學知識系統(如二十八星宿)。於是,各種星團的運動軌跡幫助先民形成了早期時間觀念(如,年)。這就是立表測影和觀象授時思想產生的文化背景。

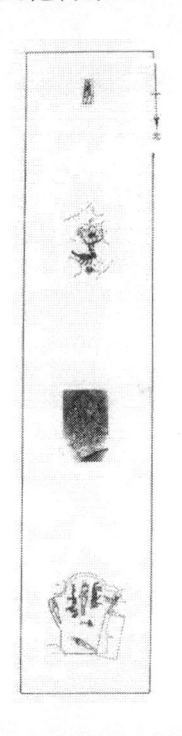

圖一　四處遺跡自北向南等間距沿一條子午線分布

那麼,這種判準是真實存在的歷史依據如何?早期先民的墓葬系統及現存於少數民族中的服飾圖騰畫,可以為以上的討論提供線索。尤其是先民們墓葬中一個典型的代表,即河南濮陽西水坡的仰韶時代蚌塑宗教遺跡,可以為大家解惑。為了說明了問題,下文將引用馮時在這方面的研究成果,如下:

> 遺跡包括彼此關聯的四個部分,四處遺跡則自北而南等間距地沿子午線分布(圖一)而且異常準確。
> 遺跡北部是一座編號M45的墓葬,墓穴南邊圓曲,北邊方正,東西兩側呈凸出的弧形,一位老年男性墓主頭南足北仰臥其中,周圍還葬有三位少年。在墓主骨架旁邊擺放有三組圖像,東為蚌龍,西為蚌虎,蚌虎腹下尚有一堆散亂的蚌殼,北邊則是蚌塑斗形圖像,斗形圖像的東側特意配置了兩根人的脛骨(圖二)。

圖二　45號墓平面圖　　　圖三　45號墓照片

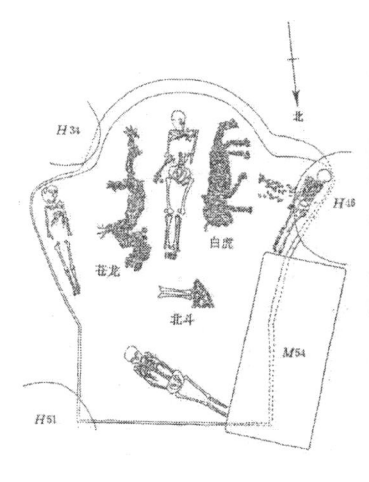

位於45號墓南端約25米處分布著第二組遺跡，由蚌殼堆塑的龍、虎、鹿、鳥和蜘蛛組成，其中蚌塑的龍、虎蟬聯為一體，虎向北，龍向南，蚌鹿臥於虎背，鹿的後方則為蚌鳥，鳥與龍頭之間則是蚌塑蜘蛛，蜘蛛前方放置一件磨制精細的石斧（圖四）。

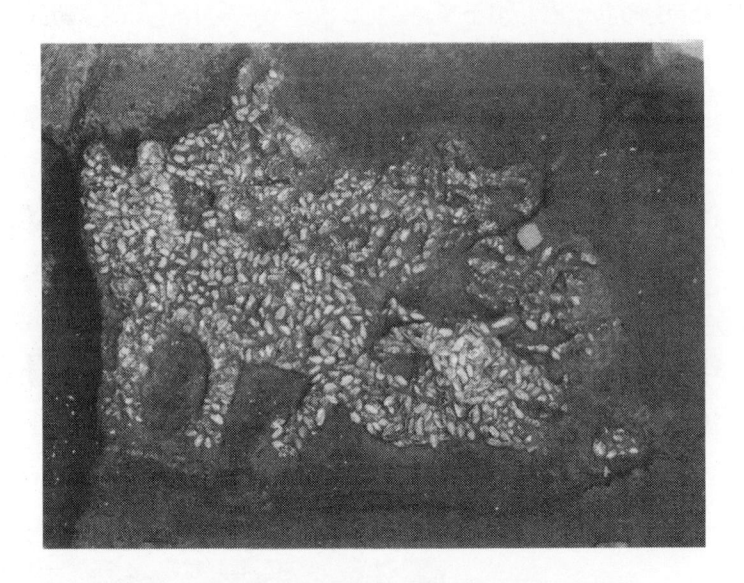

圖四　蜘蛛前方放置一件磨制精細的石斧

距第二組遺跡南端約25米分佈著第三組遺跡，包括由蚌殼擺塑的人騎龍、虎、鳥的圖像以及圓形和各種顯然不是隨意丟棄的散亂蚌殼。蚌虎居北，蚌人騎龍居南，做奔走狀，形態逼真（圖五、圖六）。

圖五　　　　　　　　　圖六

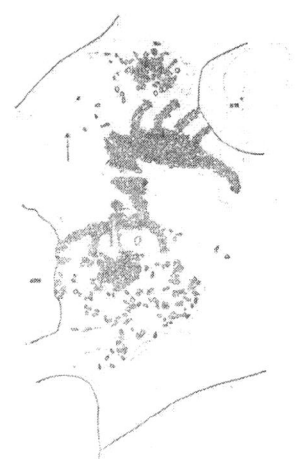

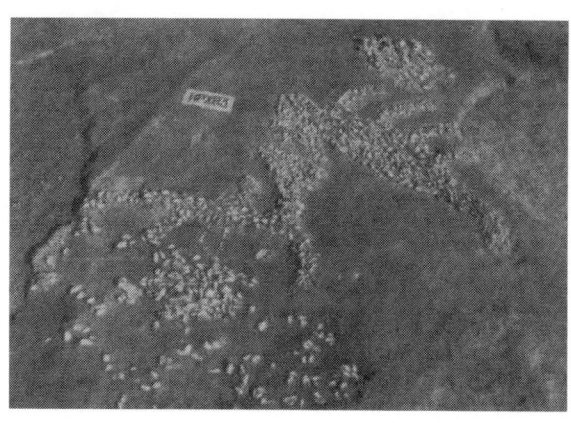

第二和第三組蚌塑圖像與第一組直接擺放於黃土之上的做法不同，而是堆塑於人們特意鋪就的灰土之上。在這南北分佈的三處遺跡的南端二十五米處，則有編號 M31的墓葬。墓主為少年，頭南仰臥，兩腿的脛骨在入葬前已被截去（圖七）。

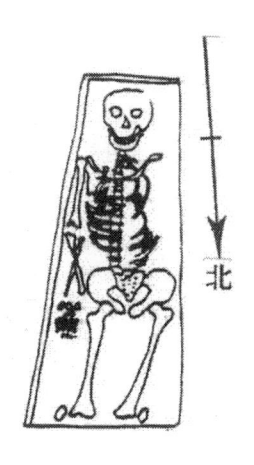

圖七

這座規模宏大的宗教遺跡，無論考古學的研究還是碳同位素的測定，都把它的年代限定在公元前五千紀的中葉，準確時間約為距今6500年。[1]

以上基本上可以證明兩個事實：一是古代先民的文明已經發展到相當高的程度，遠超我們一般理解的五千年文明；二是通過墓葬的多樣性，我們可以追溯到「以地示天」的中華文明傳統。這種文明為以後的周禮和儒家的思想形成奠定了基礎。因此，探討「以地示天」，「以地問天」，「以地仿天」這些思想的由來，有助於我們理解古人對天象、天官體系的構成。

在馮時看來，「西水坡蚌塑宗教遺存的核心便是葬有這座遺跡主人的45號墓，墓中的蚌塑遺跡構成了一幅完整的星象圖，其中墓主腳端由蚌塑三角形和兩根人的脛骨組成的圖像即是明確可識的北斗圖像，蚌塑三角形表示斗魁，東側橫置的脛骨表示斗杓，構圖十分完整。」[2] 這段話透漏出三個資訊：一是古代先民的墓葬行為與天文星相有著必然的聯繫，二是先民已經開始使用「以物喻天」的生活方式，三是先民對北斗星已經很熟悉並開始使用它。這三個資訊說明古代的文明已經達到一種非常高的水準，而不是一種「簡樸」的智慧思維。

在這些墓葬中，星象與北斗的使用說明了當時的人們已經開始產生了「以天示地」的可能。相對於群星，他們對北斗的格外重視說明了一個問題：他們已經能在夜晚天空中，找到了那個「穩定」的參照物（北斗）。這是人類文明認知史上的一個偉大的進步。除此之外，這個墓葬中表示北斗所用的不是普通的貝殼，而是特意選擇用人的小

---

[1] 馮時：《文明以止：上古的天文、思想與制度》（北京：中國社會科學出版社，2018年），頁13-18。

[2] 馮時：〈天文考古學與上古宇宙觀〉，《濮陽職業技術學院學報》2010年第4期，頁2。

腿骨來表示，這說明了先民對北斗的認知絕不是普通的參照物那麼簡單。這種獨特的擺放方式表明了墓葬中這個由貝殼和人的小腿骨組成的北斗應該有著特殊的寓意。很顯然，這個寓意與人本身息息相關。人不再獨立於「天文」之外，而在天文之中。「斗杓不用蚌殼堆塑卻特意選配人骨來表示，這本身就已顯示出與其他蚌塑圖像的差異。」[1]雖然這種由貝殼與人骨產生的組合在形式上多少有些殘忍，但它說明了天與人的相互關聯，二者不再是截然分開的兩個。

馮時指出：

> 中國天文學由於受觀測者所處地理位置的局限而有著鮮明特點，其中重要的一點就是重視觀測北斗及其周圍的拱極星。因為在黃河流域的緯度，北斗位居恆顯圈，而且由於歲差的緣故，數千年前它的位置較今日更接近北天極，所以終年常顯不隱，觀測十分容易。隨著地球的自轉，斗杓呈圍繞北天極做周日旋轉，在沒有任何計時設備的古代，可以指示夜間時間的早晚；又由於地球的公轉，斗杓呈圍繞北天極做周年旋轉，人們根據斗杓的指向可以掌握寒暑季候的更迭變化。古人正是利用了北斗的這種終年可見的特點，建立起了最早的時間系統。但是，北斗只有在夜晚才能看到，如果人們需要瞭解白天時間的早晚，或者更準確地掌握時令的變化，那就必須創立一種新的計時方法，這就是立表測影。眾所周知，日影在一天中會不斷地改變方向，如果觀察每天正午時刻的日影，一年中又會不斷地改變長度。因此，古人一旦掌握了日影的這種變化規律，決定時間便不再會是困難的工作。[2]

---

1 馮時：〈天文考古學與上古宇宙觀〉，《濮陽職業技術學院學報》2010年第4期，頁2。
2 馮時：〈天文考古學與上古宇宙觀〉，《濮陽職業技術學院學報》2010年第4期，頁3。

「觀象授時」與「立表測影」，是古代先民最早採用的方法，也是時至今日的人們依然使用的樸素的確定時間的工具。當北方的農村鐘錶尚未普及時，這兩項活動依然是農民判斷春夏秋冬，早上、中午和晚上的一個重要參照。可見，關於時間的文明傳承至今依然在廣大農村發揮著它的原初作用。

什麼是觀象授時？這其實很好理解。「象」主要指「星象」，就是俗稱的天文。觀象授時是指通過觀察星象來確定時間；什麼是立表測影？主要是指通過立「表」來測太陽照在參照物上的影子，通過影子的變化來確定時間。那麼，什麼是「表」呢？

> 原始的表叫「髀」，它實際是一根直立於平地上的杆子，杆子的投影隨著一天中時間的變化而遊移，這一點似乎並不難理解。然而追尋「髀」的古義，卻對古人如何創造立表測影的方法頗有啟發。《周髀算經》：「周髀，長八尺。髀者，股也。髀者，表也。」[1]

可見，這裡的「表」顯然是一種與人密切相關的存在。這裡無形中點明了一個知識取向：時間與人有關。事實上，世界上所有的動植物中，只有人類有「時間」觀念，這種特殊自然現象讓一些物理學家[2]開始否認「時間」的客觀存在，只將它理解是人們對運動的一種「誤解」。但是無論如何，時間與人密切相關卻是不爭的事實。實際上，從天文考古學的角度來分析代表時間的「表」或者「髀」，也能看到這種關聯。如對「髀」的解讀，進一步說明了這個問題。馮時說：

---

[1] 馮時：〈天文考古學與上古宇宙觀〉，《濮陽職業技術學院學報》2010年第4期，頁3。
[2] 如，著名物理學家施一公。

首先,「髀」的本義既是人的腿骨,同時也是測量日影的表;其次,早期圭表的高度都規定為八尺,這恰好等於人的身長。[1]

可以看出,圭表的這兩個特點之間應該具有某種內在聯繫,這也表明早期的圭表可能是由人骨轉化而來。這種說法並不新奇,《史記》中《夏本紀》裡就記載著大禹治水時「以身為度」的故事。殷商甲骨文中表示日中而昃的記載,「昃」字即表示為太陽西斜時俯映的人影,這些都可以作為古人利用人體測影的證據。同時,「夸父逐日」的神話也可能是關於古人立表測影的實踐。只是,先民對於測影的工作不會永遠停留在以人體為參照物來測影的原始階段,因為這種做法不僅難以維持,而且精度也難以保證。於是,先民開始完善測影工具,尋找一種能夠取代人體的測量儀器,這就是表。

表的原始名稱之所以叫「髀」,原因就在於「髀」的本義為人的腿骨,而腿骨則是使人得以直立而完成測影工作的關鍵所在。於是,可以得出的結論是:人類通過長期的生產實踐,通過不斷觀察自身影子的變化而最終學會了測度日影,最早的測影工具其實就是人體本身。隨著農業生產的發展,人身測影開始向圭表測影轉變,古人自覺地將早期圭表以人的高度來設計,同時沿用了從事這項工作的人體部位的名稱(髀)。[2]

馮時指出,「45號墓中的北斗形象完美地體現了圭表測影與北斗建時這兩種計時法的精蘊。事實上,『髀』所具有的雙重含義——腿骨和表——已經表明,人體在作為一個生物體的同時,還曾充當過最早的測影工具,而墓中決定時間的斗杓恰恰選用人腿骨來表示,正是

---

[1] 馮時:〈天文考古學與上古宇宙觀〉,《濮陽職業技術學院學報》2010年第4期,頁3。
[2] 馮時:〈天文考古學與上古宇宙觀〉,《濮陽職業技術學院學報》2010年第4期,頁3。

先民創造出利用太陽和北斗確定時間的方法的結果。」[1]至此可以看出,時間不僅出現在天文之上,而且也出現在地理之下。這是一個很有趣的社會現象,同時也是一種人之常情。因為,人在自然之中,無法抗衡的一個存在面向就是「時間」。

時間構成人生存的容器,但它本身是稀缺的。于是,人在面對死亡時,希望死亡是時間的轉化或延續,而不是時間的終結。這種「延續」的「非終結」狀態,表明了人希望逝後自己的靈魂能夠再次返回時間的起點(即上天)。因此,從這種角度上來看,「地」是「天」的延續,或者說「地」是天的「再次呈現」。

實際上,最終的墓葬也是時間的延續。人將逝去的肉體埋入地下,是為了防止野狗、野狐的分食,從而將肉體保存得「久」一點,這也是一種時間的表示。《孟子·滕文公上》有這樣一段記載:

> 蓋上世嘗有不葬其親者。其親死,則舉而委之於壑。他日過之,狐狸食之,蠅蚋姑嘬之。其顙有泚,睨而不視。夫泚也,非為人泚,中心達於面目。蓋歸反虆梩而掩之。掩之誠是也,則孝子仁人之掩其親,亦必有道矣。[2]

這個故事也呈現了時間的表達。人面對死亡由最初的「不忍心」,逐漸轉變為寄託著對逝者永恆的思念與希望,期望他們能夠長久的存在。這本身上就是一种時間上的訴求。古代的先民為了使自己的「生命更長久」,他們並不將自己的死亡看成是生命的結束,而是看作「生命的形式的轉化」,這個「轉化」不僅使生命擺脫了肉身,而且也變換了生活的地方,即人由生活在大地上變成生活在上天中。在這

---

[1] 馮時:〈天文考古學與上古宇宙觀〉,《濮陽職業技術學院學報》2010年第4期,頁3。
[2] 朱熹:《四書章句集注》(北京:中華書局,2011年),頁245。

個背景下,二十八星宿便成為了人們對上天認識的標志性存在。馮時說:

> 墓中的龍、虎形象雖然比北斗更為直觀,但它的天文學意義卻並不像北斗那樣廣為人知。中國天文學的傳統星象體系為四象二十八星宿,宿與象的形成反映了古人對於星官的獨特理解。古人觀測恆星的方法非常奇特,他們並不把恆星看作是彼此毫無關係的孤立星辰,而是將由不同恆星組成的圖像作為觀測和識別的對象。因此,象其實就是古人對恆星自然形成的圖像的特意規定,他們根據這些圖像所呈示的形象,以相應的事物加以命名,並將其稱之為「天文」。這裡「文」即是「紋」字的古寫,意思便是天上的圖像。顯然,四象二十八星宿不僅構成了中國天文學最古老的星官體系,同時也展現著最古老的星象。[1]

「四象」與「二十八星宿」不僅代表了古代先民祈求逝後靈魂的長居,也在另一種層面上,反映了他們對時間概念的理解。具體來說,這種理解體現在他們開始用「時間的延長」來反證「時間的存在」。從墓葬中可以看出,逝者對四象與二十八星宿的關注偏重於構建一個逝後的天空世界,但想要確定這個世界的前提是要確定二十八星宿的天文知識。而這些天文知識最終又會直接影響人們的農業活動與時間安排。

因為時間久遠,先民們是先知道了天文的時間而延長了逝者存在的時間,還是根據逝者存在的時間反過來確定天文的時間,這已經無法確證。因為僅憑墓葬這一個證據,是無法準確地確定「生前」與

---

[1] 馮時:《文明以止:上古的天文、思想與制度》(北京:中國社會科學出版社,2018年),頁18-19。

「逝後」時間的先後[1]，而只能推測出「時間」。無論如何，通過墓葬可以準確知道的是，先民們對時間的使用已經與天空中的星象密切相關了。那麼，「四象」與「二十八星宿」為何可以確定時間？這主要取決於它們在天穹上獨特的位置。

四象與二十八星宿的關係隨著早期天文學的發展出現過一些變化。儘管古老的天官體系將天球黃道和赤道附近的恆星劃分為四區，並以四象分主四方，作為各區的象徵，形成了東宮蒼龍、西宮白虎、南宮朱雀、北宮玄武，每宮各轄二十八星宿中七座星宿的嚴整體制，但這種形式並不是從一開始就這樣完整。證據表明，四象雖然確是通過古人所認識的一種特定的恆星組合而最終形成的，但它們與二十八星宿的關係卻並不具有對等的意義。準確地說，四象的形象最初來源於二十八星宿各宮授時主宿的形象，而它們作為四個象限宮的象徵，則是對於各宮授時主宿意義的提升。即使晚在西漢的星象圖上，這種觀念依然體現得十分鮮明。顯然，這為45號墓中的蚌塑龍、虎找到了歸宿。[2]

---

[1] 這是一個很有趣的問題。就一個單獨的個體而言，生一定在死前，因此先民們應該是先確定了天時，然後確定了逝者長存的時間；但就一個群體而言，則不一定。人們在長期的墓葬形式發展中，由最早的防止野狐狸等動物蠶食父母的屍體而於心不忍，才喚起他們用土葬的方法來確定逝者。這裡並沒有「逝者延長存在時間」的含義。但隨著墓葬的改革，人們對「生命延長」的祈盼，慢慢就有了墓葬時間延長的時間意義。而這種祈盼經發展後，逐漸被人們所接受，後變成人們理解時間的一種方法。比如儒家的禮思想就源於這種邏輯。儒家的禮最早指喪禮，後一步步演化於「八佾」等日常禮儀。因無法有更多有實證材料，故在此處存疑。

[2] 馮時：《文明以止：上古的天文、思想與制度》（北京：中國社會科學出版社，2018年），頁19。

M45的墓葬所揭示的天文知識，在時間的維度上一是證明了中華文明時間的久遠，二是證明了古代先民對天文知識的熟練掌握。這為後來學者研究出土文物及理解中國傳統文化，有著重要的啟示意義。同時，這個墓葬也再次向人類證明，中華大地的先民對天的崇拜並不是一種簡單的民間習俗，而是有著重要的現實生活意義。中國文明中，處處都充斥著這種天文思想的影響。如：

> 墓中的全部蚌塑遺跡……被視為一個整體，這個整體由於北斗的存在而被自然地聯繫了起來。換句話說，除北斗之外，墓中蚌龍、蚌虎的方位與中國天文學體系二十八星宿主配四象的東、西兩象完全一致。兩象與北斗拴繫在一起，直接決定了蚌塑龍虎圖像的星象意義。將蚌塑圖像與真實星圖比較，可以看出其所反映的星象的位置關係與真實天象若合符契。[1]

圖八

---

[1] 馮時：《文明以止：上古的天文、思想與制度》（北京：中國社會科學出版社，2018年），頁19。

這種形式與規格在其以後的墓葬出土文化中經常出現。如戰國初年曾侯乙墓出土的二十八星宿漆箱，就完美地呈現了這個特點。

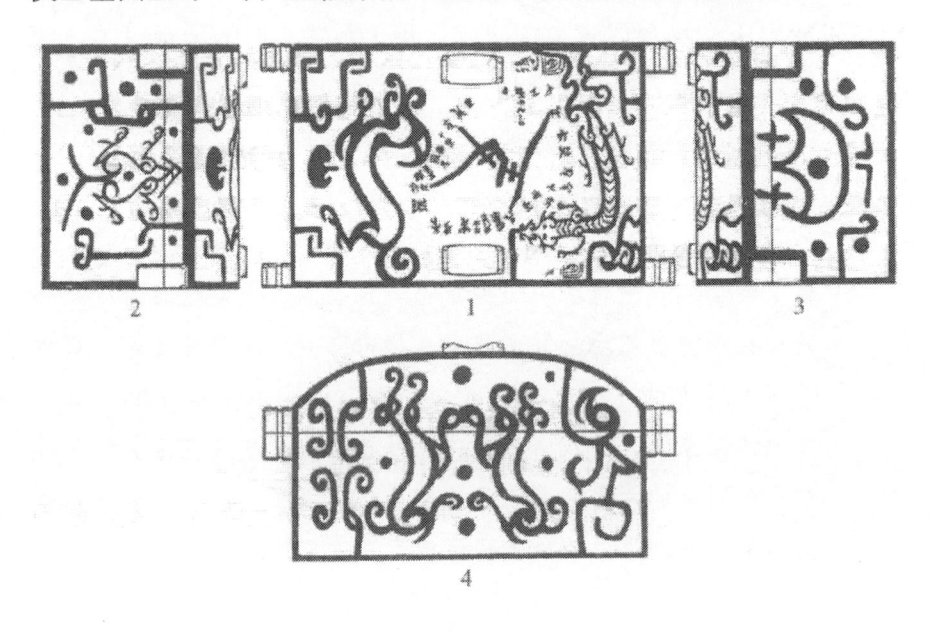

圖九

圖片來源於馮時：《文明以止：上古的天文、思想與制度》，頁21。

馮時指出，「漆箱蓋面星圖的中央特別書寫著大大的『斗』字，表示北斗，『斗』字周圍書寫二十八星宿宿名，而二十八星宿之外的左、右兩側則分別繪有象徵四象的龍、虎，顯然，北斗與龍、虎共存作為星象圖的核心內容的事實相當明確，而這與西水坡45號墓蚌塑遺跡所表現的星象內容完全相同。不僅如此，即使兩幅星象圖的細節部分也毫無差異。我們注意到，西水坡45號墓蚌虎的腹下尚有一堆蚌殼，只是因為散亂，已看不出它的原有形狀，而曾侯乙漆箱星圖的虎腹下方恰好繪有一個火形圖像，它的含義當然象徵古人觀象授時的主星──大

火星（心宿二，天蠍座 α）。」[1]曾侯乙墓出土的二十八星宿漆箱中刻畫的觀象授時的主星，既詮釋了四象與二十八星宿的作用，也清晰地指明了墓葬形制仿效於天是與時間有關的事實。這一發現揭示了古代占星術的使用意義。

　　北斗星在中國古代天文學觀測中佔據著重要的地位。根據現在地理學知識可知，由於地球的自轉，北斗星因其獨特的位置而為中國黃河流域的先民所熟知。現代學者研究認為，位於「天球赤道」周邊的星團是持變化的樣態，古代先民根據這些星團的變化及它們與北斗星特殊位置的關係，設計出北斗與二十八星宿之間的關聯。雖然今天仍不知道古代先民是如何巧妙地將二者聯繫起來，但通過大量地下墓葬文化的展示，這一個現象已經被清晰地展現在人們面前。二十八星宿與北斗以及銀河之間的變化和顯隱關係，它們的規律性呈現最終被古代先民發現並固定為系統的天文學知識，並一直被用於服務農業生產。馮時等人研究發現：

> 角宿的位置依靠斗柄的最後二星定出，實際順著斗杓的指向，可以很容易找到龍角。同樣，從北斗第五星引出的直線正指南斗，而斗魁口端二星的延長線與作為虎首的觜宿又恰好相遇。儘管北斗與二十八星宿的這種關係在戰國時代以前應該更為完善，但北斗與龍、虎關係的確立事實上已足以構建起一個古老的天官體系。[2]

1　馮時：《文明以止：上古的天文、思想與制度》（北京：中國社會科學出版社，2018年），頁20。

2　馮時：《文明以止：上古的天文、思想與制度》（北京：中國社會科學出版社，2018年），頁21。

古代先民由於語音與文字的匱乏，他們往往以神話故事作為傳播這些天文發現的載體。例如，「古人把北斗想像為天帝的乘車，它運於天極中央，決定著時間，指示著二十八星宿的方位。」[1]這基本上是曾侯乙漆箱星象圖呈現出的天文啟示。從某種程度上來說，曾侯乙漆箱星象圖與西水坡墓葬中的星象圖是一脈相承。二者無論是內容構成，還是圖像意義的表達，均符合中華傳統文化一貫的思想邏輯。直至今天，「左青龍右白虎」的說法依然在民間流傳，這說明了中華文化的久遠與生活魅力。

在四宮的星象體系中，東宮青龍和西宮白虎相較於南宮朱雀和北宮玄武明顯更為重要。青龍一般被設定為「生生」之象而被後人熟知，白虎被設定為「肅殺」之跡而為後人流傳。這種延續千年的認識並非是古代先民的隨意為之，而是有著特殊的來源。

> 在二十八星宿形成的過程中，由於古人觀象授時的需要，東宮與西宮的部分星象曾經受到過特別的關注。……東宮蒼龍七宿在其形成的過程中恐怕至少有六宿是一次選定的，從宿名的古義分析，角、亢、氐、房、心、尾皆得於龍體，從而構成了《周易‧乾卦》所稱的「龍」，也就是《象傳》所指的「六龍」。而西宮白虎七宿的核心則在於觜、參兩宿，甚至到漢代，文獻及星圖中還保留著以觜、參及其附座伐為白虎形象的樸素觀念。[2]

這也就是說，東宮龍象與西宮虎象在古代先民的農業生產中佔據著

---

[1] 馮時：《文明以止：上古的天文、思想與制度》（北京：中國社會科學出版社，2018年），頁21。

[2] 馮時：《文明以止：上古的天文、思想與制度》（北京：中國社會科學出版社，2018年），頁22。

重要的地位。這種地位的產源於二宮的授時主星所帶來的特殊季節意義。一般認為，東宮龍象中的大火星和西宮虎象中的參宿是兩個重要的授時主星。「西元前第四千紀的中葉，大火星與參宿處於二分點」[1]，這種特殊的天文現象使其成為農業發生的重要標誌。

在古代黃河流域，春分與秋分是兩個重要的季節，它們與農業生產密切相關。春分的耕種與秋分的收割，前者代表著標誌人類生存的「糧食的生」，後者代表著作物收割的「糧食的死」。生死問題作為古代先民最重要的兩個問題，賦予了天文現象以特殊的意義。西水坡45號墓蚌塑龍、虎二象和北斗杓柄的具有特色的擺放也應該含有這層意義。

> 北斗與心、參兩宿作為中國傳統的授時主星，它的起源顯然就是心、參兩宿與太陽相會於二分點的時代。《公羊傳·昭公十七年》：「大辰者何？大火也？。大火為大辰，伐為大辰，北辰亦為大辰。」何休的解釋是：「大火謂心，伐謂參伐也。大火與伐，天所以示民時早晚，天下所取正，故謂之大辰。辰，時也。」這裡的「北辰」過去一直以為是北極，其實由於古人對於天極與極星認識的不同，早期的極星正是北斗。顯然，鑒於北斗與心、參兩宿可以為先民提供準確的時間服務，因而對這三個星官的觀測便產生了最古老的三辰思想。[2]

以立表測影與觀象授時為基礎的古代先民，慢慢形成了對四宮星象的

---

[1] 馮時：《文明以止：上古的天文、思想與制度》（北京：中國社會科學出版社，2018年），頁23。

[2] 馮時：《文明以止：上古的天文、思想與制度》（北京：中國社會科學出版社，2018年），頁23。

深刻認知和現實應用。這種樸素的授時方式也開始影響人們生活的其他方面。最為典型的就是關於「生的農業生產」和關於「死的墓葬形式」。甚至，民間房屋建造中的風水信仰，也來自這種樸素的觀念。

除此之外，北斗七星在人們的日常生活中所占的比重也越來越大。甚至在普通百姓的精神生活中，它們構成了超自然「神」力的來源。在古代先民看來，這種可以穩定指示時間的「存在」，必然是一種超自然的神。在這種情況下，先民們開始從這種「迷信」的方式出發，結合天宮的四象（龍、虎、鹿、鳥），逐漸重視墓葬及房屋及對子午線的應用。先民們雖然不知道地磁極這個現代的觀念，但是他們這種做法無形中讓他們從中受益。最終，這種樸素的「想像」與現實的「應用」共同構成了先民熟知的風水學。

至今，這種風水依然存在著兩個典型的面向：一個是含有神秘色彩的「墓葬堪輿」，另一個是房屋選址時的地質勘測。二者都指向了一個共同的特點，那就是風水思想的「應用」。於是，無論是觀象授時，還是立表測影，甚至是羅盤測定，都引領著人們走向「應用」。這便是中國古老智慧最為核心的部分。

第二章
天文考古學與王權政治

　　常有學者認為朱熹堅持的王權思想是源於他個人思想的「迂腐」，這其實是對他思想最大的一個誤解。事實上，朱熹的王權思想是古代先民思想在宋代的一個集中體現。這種王權思想的存在，直到辛亥革命前，其合理性與合法性都是不容質疑的；不僅是皇權統治者，連普通百姓也是這種理念的堅定擁護者。在這種背景下，才有了近代中國的革命先驅和左翼作家主張的「以讀書開民智」，淡化王權思想的諸多舉動。

　　對於先民普遍信奉的「王權政治」，只用「愚昧」來解釋其存在的原因，未免顯得過於簡單。這種將客觀現象存在原因只作主觀理解的解釋方式雖然更易受到大家認同，但是這種解釋本質上卻是一種回避問題的方式。王權政治之所以讓皇帝、士大夫和普通百姓認同，與它存在著深厚的歷史文化根源有關。只有找到王權現象存在的歷史因素，才是正確理解這個問題應有的研究態度。

　　朱熹所堅持的王權政治與中國古代先民通過天文學構成的王權政治是同源的。也就是說，從觀測天文現象獲得的「資訊優先性」導致了個別人在權力上的偏重。當先民們發現天的水旱雷霆具有龐大的力量時，那麼能與這種力量溝通的人自然就具備了他人認同的權力。這便是「君權神授」與「君權天授」思想的由來。在朱熹看來，宋高宗、宋孝宗的權力的由來，與他們的個人才能關係不大，而是一種「受命於天」的意志選擇。特別是宋孝宗並非宋高宗的嫡親血脈，他依然可以繼承大統，也表明了他的「受命於天」。於是，無論是古代

先民的天威，還是朱熹的「天德」，都凸現了人格化天的存在。這個「人格化天」的代表就是「天子」。為了說明這個問題，需要先瞭解古代先民的王權政治由來。

一　王權政治與天象學說

　　人們在自給自足的農業社會中獲得生存的權力，那麼他們就必須掌握季節變化這些簡單的時間觀念。從一定程度上說，先民對季節等時間認知的迫切需要，也促使他們將天文學抬升到一個較高的位置之上。馮時認為，「當人們擺脫原始的狩獵採集經濟而進入農業文明的時候，掌握天文學知識則是必須的前提。」[1]也就是說，古老的觀象授時這個技能，無形中就與「權力」有著千絲萬縷的聯繫。這就是說，「誰」能準確預知時間，他所獲得的農作物可能就越多。先民們在面臨饑餓的情境時，個別人「糧食」的數量就會化身成無可質疑的權力。這個現象並不少見，在眾多的戰爭與饑荒中，很多家庭因一口吃食而賣兒賣女的情況就可以證明這一點。人的權力本質上受制於「能活下來」的生存權。

　　在這種思想下，「中國早期天文學在描述一般天體運動的同時還具有強烈的政治傾向，這種傾向事實上體現了一種最原始的天命觀。」[2]於是，無論是被認為來自上天的獎賞，還是來自自然的懲罰，人們都逐漸在思維中將權力讓渡給上天。於是，上天就被視為構成了權力產生的來源，它成了權利本體。但是，上天的權力並不是通

1　馮時：《文明以止：上古的天文、思想與制度》（北京：中國社會科學出版社，2018年），頁32。
2　馮時：《文明以止：上古的天文、思想與制度》（北京：中國社會科學出版社，2018年），頁33。

過獎賞與懲罰而直接體現，而是需要借助時間這個媒介才能在古代社會的生活中發揮作用。由於人的生死本身也存在於時間這個範疇內，因此，對時間的掌握，或者說為農業生產提供的時間服務，最終都以觀測天象即「授時」這個行為而得以完成。

於是，能從事這種活動的人自然就具有了獨一無二的地位，進而繼承了「天的權力」。如《尚書・堯典》以帝命羲和的「敬授人時」。「這裡的羲、和便是戰國楚帛書所講的伏羲和女媧，二人分執規矩以規劃天地，同時又以人類始祖的面目出現，顯然，這種掌握了時間便意味著掌握了天地的樸素觀念，將王權、人祖與天文授時巧妙地聯繫了起來。」[1]當王權、人祖與天文的雜糅已經成為了一種共識，人間的權力體系便以無可辯駁的方式存續了下來。於是，「觀象授時雖然從表面上看只是一種天文活動，其實不然，它從一開始便具有強烈的政治意義。」[2]這是一個有趣的思考角度。

想要理解這一點其實並不困難。權力本身就是一種「意志的轉讓」。而權力主體自願轉讓自己的「意志」的前提就是能給自己帶來利益。這個利益可能是物質的衣食住行，也可以是精神的流芳百世。古代社會中常見的「君叫臣死，臣不得不死」本質上也是一種利益的考量（如死後可以博得聖名，或者保全家人不受傷害）。這種思想在現代社會失效，主要是因為利益的缺失，而不是「權力行為」本身的過時。在這種視角下，古代先民在生產力相當低下的經濟環境中，他轉讓自己權力的唯一方式就是「權力獲得者」能夠提供更優的農業生產生活模式。在這個語境下，「如果有人能夠通過自己的智慧與實踐

---

[1] 馮時：《文明以止：上古的天文、思想與制度》（北京：中國社會科學出版社，2018年），頁33。

[2] 馮時：《文明以止：上古的天文、思想與制度》（北京：中國社會科學出版社，2018年），頁33。

逐漸瞭解了在多數人看來神秘莫測的天象規律，這本身就是了不起的成就。」[1]於是，古代先民對智慧的形容往往與農業的天地有關。如《周髀算經》裡所謂「知地者智，知天者聖」[2]。

　　精准地掌握農時是控制農作物豐歉的關鍵。正因為農時的「關鍵」地位，才使它成為少數人獲得權力的重要來源。這就是說，一旦原始的氏族中有人能通過天文掌握「授時」的方法，他就擁有了控制農作物豐歉的能力，進而形成了「王權的雛形」。當然，個別先民單以掌握時間就能成為權力的中心的講法並不穩妥，他還需要利用自己掌握的其他天文與地理知識解決先民生活中的諸多難題。於是，無論從何種角度上說，天文學知識成為了古代先民掌握權力過程中的重要一環。於是：

> 天文學事實上是古代政教合一的帝王所掌握的神秘知識，對於農業經濟來說，作為曆法準則的天文學知識具有首要的意義，誰能把曆法授予人民，誰就有可能成為人民的領袖。因此在遠古社會，掌握天時的人便被認為是瞭解天意的人，或者是可以與天溝通的人，誰掌握了天文學，誰就獲得了統治的資格。[3]

這種權力關係也可以在《論語・堯曰》中的「堯曰：『咨！爾舜！天之歷數在爾躬，允執其中。』……舜亦以命禹。」[4]得到應證。

　　馮時認為，「天文與權力的聯繫……事實造就了中國天文學官營

---

1 馮時：《文明以止：上古的天文、思想與制度》（北京：中國社會科學出版社，2018年），頁33。
2 程貞一、聞人軍譯注：《周髀算經譯注》（上海：上海古籍出版社，2012年），頁8。
3 馮時：《文明以止：上古的天文、思想與制度》（北京：中國社會科學出版社，2018年），頁33。
4 朱熹：《四書章句集注》（北京：中華書局，2011年），頁180。

的傳統，從而使統治者不擇手段地壟斷天文占驗，禁止民間私司天文。」[1]事實上，古代的帝王是否真正有阻止過普通民眾對天文的觀測這不得而知。因為，在交通並不便利的古代社會，人們以較少的人口數量聚集於一些偏遠的部落，這是王權無法管理和涉及的。王權至多只能限制士大夫或門閥貴族，而且對這種天文觀測的限制也應侷限於「王權合法性」這一簡單的維度。

雖然王權統治的權力來源於對天文觀測而帶來的授時思想，但是王權的穩固與持續卻依靠王的個人能力。從古至今，這種「能力」有諸多不同的形式。如氏族首領的觀象授時能力，秦漢以後的以德治國能力，但它們都無法迴避權利的最初來源：王與天溝通的能力。也就是說，不管朝代的更迭如何，天成為權力的最終本源。於是，君權神授還是君權天授的傳統政治觀，本質上都是天權力的「人格化繼承」，這也構成了西周以後儒家思想中的天命觀與誠信觀的思想來源。天命本質上是「人與天同」，誠信本質在於「不欺天」。

正因為天被視為先民政治權力的來源，它自然也成為了君王逝後嚮往的地方。天成了君王逝後靈魂的主要歸所。這與前文的西水坡45號墓採取面南背北的建築理念非常吻合。於是，「這種樸素的政治觀直接導致了以祖配天的宗教觀念的形成。」[2]「在大多數不明天文的民眾看來，正確的授時工作其實已經逐漸被神話為瞭解天命並傳達天意的工作，從而使其具有了溝通天地的特殊作用，這種認識邏輯當然符合原始思維的特點。」[3]至此，古代先民的墓葬形式中諸多的對天

---

1 馮時：《文明以止：上古的天文、思想與制度》（北京：中國社會科學出版社，2018年），頁33-34。

2 馮時：《文明以止：上古的天文、思想與制度》（北京：中國社會科學出版社，2018年），頁34。

3 馮時：《文明以止：上古的天文、思想與制度》（北京：中國社會科學出版社，2018年），頁34。

的嚮往的圖騰樣式，也正是應證了這種思想。

在長達千年的中華大地上，由於天文學知識被少數巫覡掌握，他們給出的神秘儀式又多為他人所不解，故而這些巫覡常常成為先民們的領袖。這也標誌著最早的政教合一管理模式的誕生。巫覡對自己的知識深信不疑，他們在自己的認知中開始「探索」天文世界，進而構建自己逝後的理想天國。這種觀念一直延續到南宋的朱熹，詳細討論將在本書第八章中得以體現。總之，「天文學在為人類提供時間服務的同時，作為王權觀、天命觀與宗教觀的形成基礎其實是其具有的更顯著的特點。」[1]這是一個值得被關注的角度。

二 天權政治與聖人圖像

由於先民構建了「觀象授時」的思想體系，他們便將「權力」讓位於可以從事這種活動的主持者或組織者。實際上，無論從事主持或者組織的是巫覡，還是帝王，他們因「主持／組織」活動本身被賦予了一種神秘的光環，這便是「聖人圖像」。

何為「聖」？《說文解字》解釋說：

通也。從耳呈聲。式正切。

清代段玉裁：通也。邶風。母氏聖善。傳云。聖，叡也。小雅。或聖或不。傳云。人有通聖者。有不能者。周禮。六德教萬民。智仁聖義忠和。注云。聖通而先識。洪範曰。睿作聖。凡一事精通，亦得謂之聖。從耳。聖從耳者，謂其耳順。風俗

---

[1] 馮時：《文明以止：上古的天文、思想與制度》（北京：中國社會科學出版社，2018年），頁34。

通曰。聖者,聲也。言聞聲知情。按聲聖字古相叚借。呈聲。式正切。十一部。

從「聖」這個繁體的原義可以看出,「聖」最直接的含義就是「通」。「通」什麼?從前文來看,可以直接得出兩個較有信服力的面向:或是「通天」,或是「通神」。無論是物質側面的「通」,還是精神層面的「通」,都給其他的觀察者以神秘的感受。這種「神秘」性的獨一無二構成了先民「信」的基礎。同時,若這種「神秘光環」能帶來獎賞(如穩定的收成)或懲罰(不聽警告的喪命),那這種神秘就會演化成「權力本身」。

於是,「聖人圖像」本質上是一種「權力圖像」的可視樣態。它是以一種柔性的勸導而形成的弱權力規範。相對於人們制定的法律這種強權力規範,它往往以道德的形式呈現在人們面前。因此,古代先民之所以接受王權政治,多在於「觀象授時」者的「言說」構成了一種「弱權力規範」的圖像存在。這對先民們來說是至關重要的。

實際上,人在一生裡的眾多問題中,最為重要是就是關於「生」與「死」的兩類問題。其他的問題相對於這兩類,基本可以放置於次位。正因為如此,超越「生死」的情境才會受到人們的歌頌與敬仰。如「犧牲」是對「死亡」的超越。然而,在日常的生活之中,這兩類問題依然構成了人們對世界思考的兩個最重要的底層邏輯。正如前面所說,先民中的智者之所以在天文學知識中脫穎而出,就在於他們掌握了先民在農業生產中的主動性,進而換取了農業糧食的豐收(獎)或歉收(罰)。這是古代政教合一的基礎。這種現象依然可以從非洲及南太平洋島嶼的諸多土著的領導模式中看到這種情形。當地的酋長或「帝王」掌握了某種神秘知識,並且這種知識對當地的農業及衣食住行都起著一定的作用,於是他們自然就成了部落的領袖。中國古代

先民中，那些最早發現天文規律，並能總結出曆法知識的人，也就具有了相類似的特殊地位。也就是說，他如果能把曆法授予其他的先民，他自然就有成為其他先民領袖的可能。

這些最早掌握天文學知識的領袖，在其他人看來具備了某種「預知未來」的能力。他們逐漸被其他先民披上了「聖人圖像」的光環。這種社會現象對漢唐讖緯思想的產生至關重要。對於這一點留在後面再具體論述。總之，因「觀象授時」和「立表測影」行為帶來的知識優先性，先民們開始將原屬自己的權力讓渡給瞭解這些知識的人。他們將瞭解知識的人認定為可以「通天」的智慧人士，這些人自然也就成了「聖人」。因此，聖人身上本有的一種詮釋則是：那些有智慧且能與天溝通的人。

那麼，天通過何種形式幫助這些「瞭解天文知識的人」成為聖人呢？答案或許在道家思想與儒家思想中已經得到指明，這就是「道」。何為道？張立文總結到：道為道路，引申為規律；道是萬物的本體或本原；道為一；道為無；道為理，為太極；道為心；道為氣道為人道。[1]他將以上關於「道」的含義進一步解釋為：

> 第一，道是天地萬物的本體或本原，指感官不可達到的、超經驗的東西，是自然現象、社會現象背後的所以然者。
> 第二，道是整體世界的本質，是指事物的根本性質，是構成事物基本要素的內在聯繫。
> 第三，道是事物的規律，指事物所固有的本質的、必然的、穩定的聯繫。
> 第四，道是運動變化的過程，指氣化等的進程。

---

[1] 張立文編：《道》（臺北：漢興書局，1994年），頁1-3。

第五，道是政治原則、倫理道德規範，是治國處世的道理。[1]

張立文在這裡將道的五種形態詳細地描述了出來，雖精確但未免過於冗雜。以天文考古學的視角來看，「道」不過是由上天呈現出的非人的意志而能左右的自然力。以上諸多關於道的解釋，不過是對這種解釋的演化。相對而言，「道」主張一種去人化的客觀方面。它與「理」雖然都存在著「不可改變」的強力，但是後者往往是以「人」為核心的主觀方面。這也是朱熹一直稱自己為「道學家」而不是「理學家」的緣由。[2]實際上，在以農業文明為核心的中國古代社會，自然的強力遠遠勝於人力的抗爭。於是，不論「人之理」被把握得如何精確，在「天之道」面前總是表現得微小。《三國演義》中諸葛亮「病逝五丈原」的故事橋段，也從側面表徵了在古人的觀念中，「天道／天時」勝於「人理／人和」的共識認知。

中國人自古就存在謙遜的一面，恐怕也與這個方面有關。即使到宋以後，人類的科技能力已經擁有了遠超一般的「改造自然力」，但人們卻依然將「天理」視為「人」的合法性來源。相比於西方人傾向於自我而言，中國人更為強調「我與天合」的觀念。這可以說是根植於自給自足農業經濟中的國人基因。在這種語境下來說，先民與儒家構建的聖人圖像是一種以「農業文明」為背景的「聖人圖像」。它們本質上是一種自然人對「自然」現象的超越和掌控。無論是掌握自然以為己服務（如魯班製作傢俱），還是超越自然以為己利用（諸葛亮借東風），他們都是以自然之天為背書。這是一個非常有趣味的事。

1　張立文編：《道》（臺北：漢興書局，1994年），頁3-4。
2　陳永寶：〈論朱熹「理學家」的稱謂考辨〉，《鵝湖月刊》2020年第7期，頁45-54。

三　朱子理學與聖人圖像

　　在宋明理學家看來，「道」的合法性來源雖是聖人傳至如此，但核心還是「授命於天」。道並不是「聖人之法」，而是「聖人遵循之法」。這個「法」是以「聖人之象」的樣態被理學家描繪出來，並用以教育後學。如何理解這個「象」，這裡不妨借助美國哲學家 W.J.T. 米切爾（W.J.T. Mitchell）的《圖像理論》（*Picture Theory*）[1]來加以說明，以便清晰理解。

　　按照米切爾的描述，圖像理論的內容大致如下：圖像理論是針對當代視覺呈現的特點與作用而提出的一種新的理論。該理論通過對比「視覺再現」與「言語再現」的方法來分析圖像理論在不同的「文化政治」及「政治文化」之間的張力，它揭示了閱讀文化與觀看文化之間的差別，以及這些差異如何，對個人和制度產生的影響。

　　從當代哲學語境來看，圖像理論開啟了一條有別於以往的政治哲學之路。在這裡，政治不再只是制度與法律的舞臺，同時也存在圖像美學的介入。事實上，美學潛移默化的影響在西方的政治運作中呈現出越來越強的作用，這導致在西方社會的政治行為中形成一種不可違背的「勢」能力。政治行為的圖像一旦形成，政治行為者便掌握了政治操控的主動權，從而能夠實現操控選舉等特定的政治目標。

　　雖然米切爾的理論是以現代西方社會為背景進行闡述，但是這套理論同樣適用於中國古代社會。特別是儒家士大夫通過構建堯、舜、禹、湯、文、武、周公等聖人形象，以此證明政治運行的合理性與合法性。在這種情況下，圖像理論能更為清晰地闡明儒家士大夫的政治訴求。

---

[1] W.J.T.米切爾著，蘭麗英譯：《圖像理論》（重慶：重慶大學出版社，2021年）。

比如，二程及朱熹的理學體系強調對聖人氣象及義理進行分析，實際上是為兩宋的士大夫及皇權政治勾勒出一個直觀的參政路線（圖像）。在這個圖像下，以朱熹為代表的理學家通過《四書章句集注》構建了一個與孔子、顏回、子思、孟子一一對標的鏡像。並通過《論語》與《孟子》中的師生對話，直觀地呈現出兩宋王朝士大夫與皇帝應有的學習典範。於是，在聖人圖像的引導下，君子政治不再只是一個美好的幻想，而是一個切實可行的政治行為方案。這便是以朱熹為首的理學家構建的聖人圖像。

朱熹是構建聖人圖像的典型代表。他在紹興三十二年壬午宋孝宗繼位時，便上書《封事》，構建了一個古聖先賢的聖人圖像以供宋孝宗選擇。朱熹說，「堯、舜、禹之相授也，其言曰：『人心惟危，道心惟微。惟精惟一，允執厥中。』夫堯、舜、禹皆大聖人也，生而知之，宜無事於學矣。而猶曰精，猶曰一，猶曰執者，明雖生而知之，亦資學以成之也。」[1] 在這裡，朱熹構建出堯、舜、禹的禪位之事的圖像以對應宋高宗與宋孝宗之間的禪位之舉，暗示宋孝宗也可以仿效三聖之事的圖像來指導自己的執政行為。

除此之外，朱熹還說，「是以古者聖帝明王之學，必將格物致知以極夫事物之變，使事物之過乎前者，義理所存，纖微畢照，瞭然乎心目之間，不容毫髮之隱，則自然意誠心正，而所以應天下之務者，若數一二、辨黑白矣。」[2] 這是朱熹依據聖人圖像給出的具體執政之法（即格物致知）。至此可以看出，朱熹勸諫帝王的方式是以文字為仲介表徵出的一種聖人氣象，企圖使帝王產生「心願往之」，是一種

---

1 朱熹：《朱子全書》（上海：上海古籍出版社；合肥：安徽教育出版社，2002年），第20冊，頁571。

2 朱熹：《朱子全書》（上海：上海古籍出版社；合肥：安徽教育出版社，2002年），第20冊，頁572。

美學式政治執政圖像的表現。

朱熹聖人圖像關涉到理解朱熹理學體系的問題，這在面對朱熹理學體系時是一個重要的問題。兩宋理學家們構建了由孔子與孟子共同組成的聖人圖像。這種聖人圖像是以《論語》與《孟子》中記載的師生對話為依據構建的評價標準體系。在理學家們看來，聖人圖像與君子人格是約束皇權與士大夫的一種良好政治手段。這種手段相對於其他的參政模式，因其故事性帶來的圖像式的感受，讓士大夫真切地明白並感受到聖人圖像帶來的約束力。如程伊川曾上書宋仁宗，「勸仁宗黜世俗之論，以王道為心」[1]便是這種思想的一種表達。於是，儒家思想的復興，新儒學思想的形成，就不再是倫理學層面上的勸人向善，而是北宋王安石「共商國是」思想的儒學式表達。在兩宋理學家看來，王安石的莽撞之舉雖不可取，但是他開啟了皇權與士夫夫共同議政的先河，而這種類似當代資本主義議會制的政治形式，自然是理學家們內心最大的嚮往。

可以說，理學家以孔孟構建的聖人圖像，是一種約束宋代皇權專政的政治武器。朱熹為宋孝宗描繪了一個聖人本有的圖像，並以此為標準來判定宋孝宗的行政之非。首先，朱熹認為宋孝宗有達到這種聖人標準的可能性。他說，「陛下聖德純茂，同符古聖，生而知之，臣所不得而窺也。」[2]然而，以聖人為標準後，宋孝宗的做法存在著一定的行政問題。朱熹說：

> 然竊聞之道路，陛下毓德之初，親御簡策，衡石之程，不過諷

---

[1] 黃宗羲撰，全祖望補修，陳金生、梁運華點校：《宋元學案》（北京：中華書局，1986年），頁589。

[2] 朱熹：《朱子全書》（上海：上海古籍出版社；合肥：安徽教育出版社，2002年），第20冊，頁571。

誦文辭、吟詠情性而已。比年以來，聖心獨詣，欲求大道之要，又頗留意於老子、釋氏之書。疏遠傳聞，未知信否？然私獨以為若果如此，則非所以奉承天錫神聖之資而躋之堯舜之盛者也。蓋記誦華藻，非所以探淵源而出治道；虛無寂滅，非所以貫本末而立大中。[1]

於是，朱熹希望宋孝宗就已有的做法給出一些聖人式的取捨。這種取捨自然是圍繞著董仲舒「罷黜百家，獨尊儒術」的觀念而展開的。於是，儒學的積極入世思想在兩宋理學士大夫這裡被清晰地呈現出來。接下來，朱熹給出了明確的改革之道。即：

苟惟不學，與學焉而不主乎此，則內外本末顛倒繆戾，雖有聰明睿智之資、孝友恭儉之德，而智不足以明善，識不足以窮理，終亦無補乎天下之治亂矣。然則人君之學與不學、所學之正與不正，在乎方寸之間，而天下國家之治不治，見乎彼者如此其大，所系豈淺淺哉！易所謂「差之毫釐，繆以千里」，此類之謂也。[2]

朱熹以聖人圖像的方式來糾正君王之非的做法，完美詮釋了兩宋士大夫在參政議政方面所進行的道路探索。程伊川構建的「王道」圖像在兩宋理學家的施政方針上作用很大，以至於在其他士大夫看來已經構成一種威脅。比如「崇寧二年，范致虛言程頤以邪說詖行惑亂眾聽，

---

1 朱熹：《朱子全書》（上海：上海古籍出版社；合肥：安徽教育出版社，2002年），第20冊，頁571-572。

2 朱熹：《朱子全書》（上海：上海古籍出版社；合肥：安徽教育出版社，2002年），第20冊，頁572。

而尹焞、張繹為之羽翼,事下河南府體究,盡逐學徒,復隸黨籍。」[1]這是兩宋交際士大夫反道學的一個主要的理由。在他們看來,程伊川等理學家構建了一個學子心嚮往之的「儒學世界」。在這個世界中形成了一種以堯、舜、禹、周公、孔子和孟子等儒家聖人存在的圖像世界。這種聖人圖像對於普通學子是比較有吸引力的。兩宋反理學的士大夫也看到理學圖像在政治上的「巨大破壞力」,他們開始視「理學給出了的聖人圖像」為洪水猛獸,盡其全力封殺理學的傳播與發展。程伊川晚年悲慘的命運及道南學派被迫寄情於武夷山水之間,在一定程度上都與理學家們構建的政治圖景有關。

　　同時,理學士大夫對皇權的干涉,一定會受到以宋孝宗為首的企圖構架皇權專制的皇室集團的抵制。於是,無論是北宋的程明道、程伊川,還是南宋的朱熹,他們的參政方針無形中就走到了與皇權專制相抗衡的路徑上,這讓皇權與士大夫集體感受到了威脅。在這種威脅下,他們必須要做出反擊,這也造成了兩宋交際之時,道學屢次成為皇家與士大夫禁止之學。因此,朱熹和程伊川晚年承受了因理學圖像而帶來的全面絞殺,他們所奉行的理學世界也成為皇權與士大夫共同絞殺的對象。

　　這也就是說,兩宋儒者構建的聖人圖像產生了比較大的影響力,這讓反道學一派感到十分不安。在他們看來,二程及其門人傳承的道學在一定程度上已經等同於異端學說,必須加以抵制。同時,在反道家一派看來,道學一脈構建的聖人圖像實際上是一種迂腐不堪的「偽君子」圖像,這些儒者構建的道學家形象與他們在真實生活中的具體情形相差甚遠。束景南曾就這一個現象總結說,「道學(理學)文化

---

[1] 黃宗羲撰,全祖望補修,陳金生、梁運華點校:《宋元學案》(北京:中華書局,1986年),頁591。

思潮在宋代從民間喧囂崛起，氾濫流布直至躋身官方統治思想的寶座，盛極一時，卻同時伴隨著一個聲名狼藉、面目醜陋的的『怪胎』形象而出現。」[1]他將這種道學家形象描述如下：

> 褒衣博帶，幅巾大袖，保養得眸面盎背，修養得心氣平和，開口聖人道統，閉口孔孟大法，有時正襟危坐，談性說命；有時昂首闊步，非禮勿視；有時垂眉閉目，正心誠意；永遠是不苟言笑，面孔板板六十四；等而下之者，則頭腦冬烘，破袍爛衫，蓬頭垢面，不善理生計，陋巷破屋中，薄湯麥飯度日，憂道不憂貧。[2]

在兩宋之際的反理學的文人們看來，道學家（理學家）既無生活之道，又無治世之心。他們的生活來源不過是利用非官方的書院教授幾個村童，或者與佛道人士一起出入於窮山蕭寺。相反，有些人背離這一原則，為達官公卿服務而對其搖尾乞食。這就是反道學人士給後世人們心目中勾畫的道學與道學家圖像。在這種刻板的道學圖像下，反道學人士直接將道學判定為：

> 「道學」成了虛偽、空談、迂腐、古板、矯飾、冥頑、欺世盜名、不近人情、不通世故的代名詞。道學似乎從它誕生之日起就被視為「洪水猛獸」，三教九流的人，從保守戀古的陋儒到狎妓風流的名士，無不群起而攻之。[3]

---

[1] 束景南：《朱子大傳》（上海：復旦大學出版社，2016年），頁2。

[2] 束景南：《朱子大傳》（上海：復旦大學出版社，2016年），頁2。

[3] 束景南：《朱子大傳》（上海：復旦大學出版社，2016年），頁2。

從以上可以看出，道學與反道學二者都為世人構建了兩種完全不同的圖像。在這兩種不同的圖像中，聖人原有的高大氣象與道學家的超脫世俗行為形成了鮮明的對比。這種強烈的對比一度使道學的崩塌成為可能。

總體來說，朱熹給出的「聖人的理學圖像」為後學提供了一種「在場」且直面的「真實世界」。在這個世界中，理學是有「自己的『生命』」的物，它們能夠與我們交談」[1]。他通過重新構建了一種理學圖像以抵禦反道學對理學的衝擊。他的做法並不是強調聖人圖像的直面觀照，而是側重將儒學安放在儒學自身之中，讓後學重新理解儒學本身的生命圖像，形成「圖像與觀者之間的一種互動」[2]的理學工夫。

從朱熹早期的《封事》體現出來的北宋道學印記和他中年之後對道學一脈溯本追源的一系列操作中，均看到了他的這種努力。朱熹晚年在慶元黨禁中曾對黃榦說：「前此嘗患來學之徒真偽難辨，今卻得朝廷如此開大爐鞴鍛煉一番（指慶元黨禁），一等混淆夾雜之流，不須大段比磨勘辨，而自無所遁其情矣。」[3]至此，朱熹其實徹底看清了道學一派存在的巨大問題。只不過，此時他已經無力回天，只能默默看到道學往畸形的路上越滑越遠。

後人周密將道學進行了四等的劃分，用來說明以上存在的問題。他說：

> 一等是以伊洛大儒為代表，從二程直到張栻、呂祖謙、朱熹，

---

[1] W.J.T.米切爾著，蘭麗英譯：《圖像理論》（重慶：重慶大學出版社，2021年），頁49-50。

[2] W.J.T.米切爾著，蘭麗英譯：《圖像理論》（重慶：重慶大學出版社，2021年），頁50。

[3] 朱熹：《朱子全書》（上海：上海古籍出版社；合肥：安徽教育出版社，2002年），第25冊，頁4658。

是傳孔孟之道的正宗的真道學；二等是雜以佛老異端、詞章之學與功利議論者流，從張九成、陸九淵直到永嘉學派諸公，他們是道學別派變種，是道學之不純者（雜道學）；三等是詭附道學的淺陋嗜利之徒，他們是假道學；四等是利用道學的統治者，上自皇帝宰輔、權奸俊臣，下至持節一方的路使郡守和橫行鄉里的縣官青吏，他們今日可以大反道學，明天又可以大捧道學，他們才是真正的偽道學，他們的高妙之處就在於在實際中參透了道學三昧，運用道學無不如意，在他們政治權勢欲的猙獰面目底下也有一個道學心態的甜蜜靈魂。[1]

束景南說：「周密並不嚴謹的道學分等，不過道出了一個重要的文化事實：道學作為一種文化類型，在從思想形態走向實際進入人的大腦中，是轉化為一種多層面的文化心態，道學文化思想的共相內化為各個社會階層的道學文化心態的殊相，呈現出二極對立的人格和千奇百怪的世相。」[2]至此可以看出，朱熹構建的理學圖像因其歷史價值與意義被後人接受，並廣為傳播。雖然周密所闡述的偽道學依然借助朱熹之名在政治舞臺興風作浪，但這實際上已經完全背離了朱熹以聖人圖像約束皇權的初衷。

小結

從天文考古學的視角來看王權政治及朱熹等人的「共商國是」的圖像理論，既揭示古代政治權力的由來，也表明了士大夫與皇權之間的美學政治的新面貌。當王權政治發展到宋朝，根深蒂固的「授命於

---

1 束景南：《朱子大傳》（上海：復旦大學出版社，2016年），頁3。
2 束景南：《朱子大傳》（上海：復旦大學出版社，2016年），頁3。

天」的政治模式已經無法撼動。宋代孱弱的武力系統和文官至上的行政思維，讓士大夫有了新的參政模式，這便是自王安石開始的「共商國是」。實際上，「共商國是」不過是先秦諸儒聖人圖像的宋代版本。聖人圖像的出現，源於先民觀象授時產生的權力系統。這套在中華大地實行千年的政治統治模式，在據今六千五百年前的先民時期中就已經產生。它隨著自給自足的農業耕種的成熟而越發完善。到宋朝時，就形成了複雜的政治系統。

　　在歐陽修的「古文運動」之後，北宋的王權政治開始出現了新的轉向。「務實」與「美學」伴隨著「文從道出」的理學思想，在宋朝開始發揮著作用。於是，無論是朱熹寄情山水的「陶淵明式的離世政治」，還是諸多《封事》中「聖人氣象的入世政治」，都以圖像的方式參與到南宋政治發展的走向。朱熹等兩宋儒家士大夫，從來就未真正地做到出世，這一點從他們與佛教禪宗抗衡時就充分地體現出來。只不過，兩宋之際道學給出的「聖人圖像」觸動了皇權和部分士大夫的利益而被聯合絞殺，導致了這些理學士大夫只能退避深山，以「陶淵明式的隱居」等待著入仕的良好時機。

　　到這裡，無論是北宋興起的「孟子升格運動」，還是兩宋交際的圍繞《論語》和《孟子》構建聖人圖像，其真實目的不外是北宋王安石「共商國是」的新版本。以圖像理論（聖人圖像）的角度探討朱子理學，可以直觀地看到其政治哲學的意義與價值。即：它不僅是一種勸人向善的倫理學，更是一種儒家參政議政的施政手段。

　　在這一點上，兩宋道學家給出的理想道學圖像與現實的道學圖像之間存在著二重性。於是，理學家構建的聖人之象可能更接近於宋代人們的生活現實，並在現實中能得到相應的共情或互動。以朱熹為首的理學家，他們構建的聖人圖像是存續在真實的生活場景之中，它們自身就具有強大的說服力。因此，這種二重性之間的矛盾，勢必導

致了兩宋交際士大夫對道學家的聯合絞殺，預示著朱熹晚年慶元黨禁的歷史事件必然發生。從古至今，天象或圖像的政治參與方法並沒有實質性發展，只是變更了形式。這應是理解古代儒家政治的一個前提與語境。

第三章
天文考古學與儒家思想

兩宋的天理觀離不開先秦天文考古學的學理基礎。其中,《易經》與《論語》中的天文考古學思想為兩宋的「理學」思想提供了理論支撐。近代學者對《易經》的詮釋中,揭示了《易經》中乾卦與天文、時間的緊密關係,並通過《論語》的「十翼」再次點明了天文與天理的重要關係。兩宋以來,周濂溪與張橫渠對易學與《論語》的吸收與發展,影響了天理思想的集大成者朱熹。而朱熹的相容並包思想再次點明了天文考古學對天理思想的重要性,這值得關注與研究。

中國古人對觀象授時思想的重視,實際上是在農業生產模式下對「確定性法則」的追求。當古人仰望星空,他們的目的並不是單純地欣賞自然的星空之美,而是他們希望通過「觀象授時」的行為來確定「人間的時間秩序」。這便是觀象授時思想的現代表述。兩宋的天理觀在一定程度上是對先秦儒家天理觀的繼承與發展,是先秦儒家天道觀在宋代的「天理」中的表現。在兩宋理學集大成的朱熹的天理觀中,包含了大量先秦天道觀的思想。借用現代天文考古學的視角,通過對《易經》和儒家經典《論語》的解讀,可清晰地理解從先秦天道觀到兩宋天理思想的發展。

一 天文思想與《易經》解讀

《易經》常被認為是人們通過某種神秘儀式進而預知未來吉凶的一種民間占卜工具。但在天文考古學的視角下,《易經》可能是將天文

與人道連結起來的最直接的證據。這表明對《易經》的理解不單只是義理之易和相術之易，可能還存在第三種角度：術術之易或史學之易。[1]

所謂「術術之易」，是指《易經》本身就含有一套複雜的運算模式。這種模式不同於當今流行的十進位制的算術，而是以陰陽為基礎的二進位制的演算法，同樣對現實生活具有重要的作用。這些作用並非是「神仙巫術」或「魑魅魍魎」的幫助；所謂史學之《易》，是指《易經》本身是一套記錄古代事件的天文曆法，包括占星授時、農業耕作的書籍。顧頡剛曾在〈《周易》卦爻辭中的故事〉一文中就詳細考證了「王亥喪牛羊於有易」、「高宗伐鬼方」、「帝乙歸妹」、「箕子之明夷」、「康侯用錫馬蕃庶」等易經故事的真實性。他認為《周易》經文中卦爻的故事應該源於西周初年，後被加工融合並以卦辭的樣態最終出現在世人面前。顧頡剛說：

> 《易經》作於西周初葉（說初葉，因為它沒有初葉以後的故事），雖是到《易傳》的著作時代不過九百年左右⋯⋯，但在這九百年之中，時代變遷得太快了，使得作傳的人只能受支配於當時的潮流而不能印合於經典的本義了。[2]

在這裡顧頡剛肯定了《易經》存在的歷史面向。這是有一定道理的。《易經》面世後，後世學者對其解讀也透露出這種跡象。

一般認為，《易》分三種，分別為《連山易》、《歸藏易》和《周易》。對於這三種《易》，常規的看法是《連山易》產生於夏代，《歸

---

[1] 相術之易強調通過占卜而對未來進行預測，術術之易強調以《易經》為背景的數學演算法。

[2] 顧頡剛：〈《周易》卦爻辭中的故事〉，《古史辨》（海口：海南出版社，2005年），頁16。

藏易》產生於殷商,《周易》產生於西周。這樣看來,三個《易》的版本似乎便有了「時代歸屬」,前者早於後者,後者來源於前者。然而現實可能並非如此。鄭玄注《春官·大卜》中說:

> 致夢,言夢之所至,夏後氏作焉。咸,皆也;陟之言得也,讀如「王德翟人」之德。言夢之皆得,周人作焉。杜子春云:「觭讀為奇偉之奇,其字直當為奇」。玄謂觭讀如諸戎掎之掎亦得也。亦言夢之所得,殷人作焉。[1]

這段是《周禮》介紹大卜[2](官職)職責中,對「三夢」的解讀。在這種解讀中,學者因望文生義將「三夢」直接對應三代,並用這種思想來解釋三《易》,也就不是什麼奇怪的事。李學勤說:「(上面引文)尤其對觭夢的解釋過於牽強。夏、殷、周的分割,看來也不過是猜測。」[3]這就說明了「三夢」推導到三《易》可能存在著問題。李學勤說:「《連山》、《歸藏》、《周易》和三兆、三夢一樣,是三種不同的占書。」[4]與成書的先後無關。他進一步說:

---

1 鄭玄注,賈公彥疏:《周禮注疏》(上海:上海古籍出版社,2010年),頁922。
2 鄭玄注「易抱龜南面」一句時說:易,官名,《周禮》曰大卜。大卜主三兆、三易、三夢之占。為卜筮官之長。大卜,掌三兆之濃,一曰玉兆,二曰瓦兆,三曰原兆。其經兆之體,皆百有二十,其頌皆千有二百。掌三易之濃,一曰《連山》,二曰《歸藏》,三曰《周易》。其經卦皆八,其別皆六十有四。掌三夢之濃,一曰致夢,二曰觭夢,三曰鹹陟。其經運十,其別九十。以邦事作龜之八命,一曰征,二曰象,三曰與,四曰謀,五曰果,六曰至,七曰雨,八曰瘳。以八命者贊三兆、三易、三夢之占,以觀國家之吉凶,以詔救政。(鄭玄注,賈公彥疏:《周禮注疏》〔上海:上海古籍出版社,2010年〕,頁919-925。)由此知道,大卜掌管的包括兆、易、夢三種。(李學勤:《周易經傳溯源》〔北京:中國社會科學出版社,2007年〕,頁30-31。)
3 李學勤:《周易經傳溯源》(北京:中國社會科學出版社,2007年),頁33。
4 李學勤:《周易經傳溯源》(北京:中國社會科學出版社,2007年),頁34。

（根據）《左傳》、《禮記》的記載，知道《歸藏》有坤卦、乾卦，可能還有艮卦，這樣八卦中已有三卦，卦名均與《周易》相同。因此，《連山》、《歸藏》二易，至少是《歸藏》，和《周易》的結構是頗為近似的。

《禮運》說《坤乾》之義可觀殷道，說明《歸藏》同殷商有關。把三易分屬於夏、殷、周之說，當即由此推想而來。[1]

李學勤的研究可得出三《易》實為《易》之三種方法，這是有一定可信度的。三者並非不同時期的產物，它們之間也不存在必要的時間因果聯繫，故本文也不會糾結《易經》第一卦的排位是否合理，直接選用《周易》作為下面的討論基礎。

〈繫辭傳上〉曰：「是故《易》者，象也；象也者，像也。」[2]這裡的「象」應該指天象。李申認為，《易經》〈繫辭傳上〉中「是故天生神物，聖人則之；天地變化，聖人效之；天垂象，見吉凶，聖人象之」[3]一句中的「聖人象之」的「象」，也是指天象；「天垂象，見吉凶，聖人象之」描寫的就是把天象變成卦象的過程。[4]他指出，「在〈繫辭傳〉中，觀事象、物象以作卦象的思想是一貫的，是體現於通篇之中的。」[5]〈繫辭傳〉中確實也可找到諸多相應的事例。如：

古者包犧氏之王天下也，仰則觀象於天，俯則觀法於地，觀鳥

---

[1] 李學勤：《周易經傳溯源》（北京：中國社會科學出版社，2007年），頁35-36。
[2] 中華書局編輯部：《四書五經》（北京：中華書局，2009年），頁543。
[3] 中華書局編輯部：《四書五經》（北京：中華書局，2009年），頁541。
[4] 李申：〈「河出圖，洛出書，聖人則之」辨〉，朱伯崑主編：《國際易學研究》（北京：華夏出版社，1996年），頁131。
[5] 李申：〈「河出圖，洛出書，聖人則之」辨〉，朱伯崑主編：《國際易學研究》（北京：華夏出版社，1996年），頁131。

獸之文，與地之宜，近取諸身，遠取諸物，於是始作八卦，以通神明之德，以類萬物之情。[1]

如果刨除「神明」一詞，這裡有明顯的自然主義的特徵。再次說明了《易經》的卦象最早來源於物象和事象。根據〈繫辭傳〉的排序，即「有天地，然後萬物生焉」[2]和「天尊地卑，乾坤定矣」[3]的說法，乾卦為《周易》第一卦應該無疑。這其中，《周易‧乾卦》爻辭中的「龍象」，可以將這個問題說明清楚。

乾，元亨利貞。
初九，潛龍勿用。
九二，見龍在田，利見大人。
九四，或躍在淵，無咎。
九五，飛龍在天，利見大人。
上九，亢龍有悔。
用九，見群龍無首，吉。
九三，君子終日乾乾，夕惕若，厲，無咎。[4]

馮時認為，「最早的龍是作為星象存在的，這意味著龍這種靈物之所以神靈，探索它的天文學意義顯然要比泛論所謂的圖騰崇拜更能直入心曲。」[5]因此，《易經》中的「龍」也極為可能不是一種實存的動物，而是一種星象。他的證據來源於兩個方面：

---

1 中華書局編輯部：《四書五經》（北京：中華書局，2009年），頁543。
2 中華書局編輯部：《四書五經》（北京：中華書局，2009年），頁549。
3 中華書局編輯部：《四書五經》（北京：中華書局，2009年），頁539。
4 中華書局編輯部：《四書五經》（北京：中華書局，2009年），頁473。
5 馮時：《中國天文考古學》（北京：社會科學文獻出版社，2001年），頁303。

一是《說文解字》的詮釋。「《說文解字‧龍部》：『龍，鱗蟲之長。能幽能明，能細能巨，能短能長。春分而登天，秋分而潛淵。』」[1]在許慎看來，龍星隱現的季節性與農業生產的季節性是一致的。對人類來說，春天耕種，秋天收穫。春分登龍出現預示著人們開始農業勞作，秋分潛龍的出現預示著農業收割。這在以農耕為主要生活的原始社會是至關重要的。因為春天是否能按時耕種是關乎著一年糧食收成的大事，也關係到整個先民協作共同體的興衰與否泰。在這個視角來看，乾卦本身與神秘主義無關，而是一種農時顯現的標誌，類似古代先人的「鐘錶」。

二是龍的形象演變與構成。

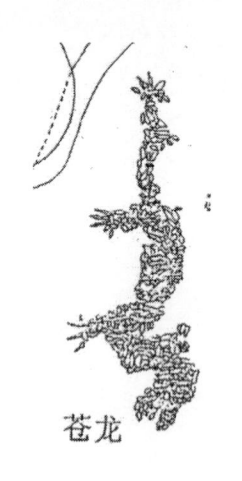

圖一　西水坡蚌龍　　圖二　紅山文化玉龍

龍的形象不僅在殷周以前的數千年前即已出現，而且差異竟會如此明顯。早期龍的遺跡中西水坡蚌龍，形像鱷魚。比它稍晚的紅山文化玉龍，首似馬而背有鬃，身尾捲曲成環狀，無角無

---

[1] 許慎：《（文白對照）說文解字》（北京：九州出版社，2006年），頁954。

足。與此相比,商周甲骨文和金文中的龍的形象顯得更有意義,從最逼真的形象看,龍有角、首、身、尾俱全。[1]

馮時指出:「這種形象差異與其說反映了時代早晚的替變,倒不如說體現了地域的區別更顯客觀。」[2]他接著指出:

雖然目前我們看到的時代最早的發現於不同地點的龍都表現了某種實物,但形象並不一致,而甲骨文及金文「龍」字所反映的龍的特徵又無法歸結,甚至聯想到某一種動物,這些都意味著簡單地類比龍為何物其實並不切實際。我們理解,龍的世俗形象,也可以說它的藝術形象乃是多種形象逐漸雜糅的綜合體,而它原始的真實形象則來源於星象。殷周古文字的「龍」字真實地體現了這一點。[3]

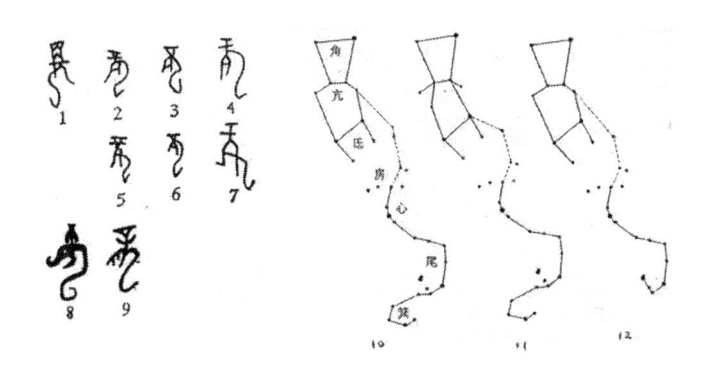

圖三

來源為馮時:《中國早期星象圖研究》,頁113。

---

1 馮時:《中國天文考古學》(北京:社會科學文獻出版社,2001年),頁305-306。
2 馮時:《中國天文考古學》(北京:社會科學文獻出版社,2001年),頁306。
3 馮時:《中國天文考古學》(北京:社會科學文獻出版社,2001年),頁306。

綜合以上觀點，《易經》乾卦中的「龍」是指龍星的可能性較大。

在上文中乾卦的卦爻的排列順序與日常所見略有不同，將第三爻「九三，君子終日乾乾，夕惕若，厲，無咎」放置到最後，這並不是簡單地移位，而是有考量的。馮時認為，乾卦中的九三爻具有特殊的地位，它應該獨立於其他爻辭。除了九三爻外，其他爻辭均代表一種天相。他解釋說：

> 古人以蒼龍之主體系於日，天空中蒼龍伏而不見之時稱「潛龍」，此為「潛淵之龍」；以龍角與天田星同現於東方之時稱「見龍在田」，此為「登天之龍」；以蒼龍之體盡現於地平稱「或躍在淵」；以蒼龍橫跨南天稱「飛龍在天」；以龍體西斜稱「亢龍」；以日躔角、亢、氐，天空中蒼龍之角、首隱而不見之時稱「群龍無首」。[1]

初九　潛龍。勿用。
九二　見龍在田。利見大人。
……
九四　或躍在淵。無咎。
九五　飛龍在天。利見大人。
上九　亢龍。有悔。
用九　見群龍無首。吉。
《象傳》：「時乘六龍以御天。」[2]

---

[1] 馮時：〈中國早期星象圖研究〉，《自然科學史研究》1990年第2期，頁113。
[2] 馮時：〈中國早期星象圖研究〉，《自然科學史研究》1990年第2期，第113頁。

馮時在這時要表達的是「六龍」俱指東方蒼龍之星。也就是說,「龍的原始形象就是東宮七宿所構成的形象。」[1]他進一步說:

> 中國古人對蒼龍諸宿的認識產生很早,⋯⋯濮陽星象圖的蒼龍之象,至少表現了後世二十八星宿之東宮七宿中的六宿。那麼,經過三千年對天象漫長的探索過程,殷人終於完整地認識了東宮七宿應該是沒有疑問的。此外,卜辭中有關大火星[2]的材料已十分完備,證明殷人對其周天變化規律的瞭解已相當精審。因此,至遲到殷商時期,人們已經全面掌握了東宮七宿也就絕非向壁之說。古人視此授時測候,於是將這個形象命之為龍。就此義而言。卜辭乃及金文的「龍」字本身就是一幅星圖。[3]

於是,在這個背景下,「九三」爻是唯一和人相關的爻辭,它應該是對以上星相的總結。也就是說,只有在「九三」爻中,人作為觀察者才能參與這個天象運行之中。《說卦傳》云:

> 乾為首,坤為腹⋯⋯
> 乾,天也,故稱乎父;⋯⋯
> 乾為天、為圜、為君、為父、為玉、為金、為寒、為冰、為大赤、為良馬、為老馬、為瘠馬、為駁馬、為木果。[4]

同時,在馮時的解讀系統裡,他贊同許慎《說文解字》裡對龍的「春

---

[1] 馮時:〈中國早期星象圖研究〉,《自然科學史研究》1990年第2期,頁113。
[2] 古人授時的主星是大辰星,也叫大火星,即蒼龍七宿的心宿二(Scorpius α)α。
[3] 馮時:〈中國早期星象圖研究〉,《自然科學史研究》1990年第2期,頁113-114。
[4] 中華書局編輯部:《四書五經》(北京:中華書局,2009年),頁547-548。

分而登天，秋分而潛淵」的解法，認為先民通過觀測龍星進而掌握了季節性的規律，這便是觀象授時思想的直接來源。在農耕文明中，掌握了天時也就掌握了最大同時又是最合理的權力。因為農時決定糧食的豐收和歉收，決定著整個族群的生死。於是，誰掌握了天時，也就掌握著民眾的命運。於是，掌握天時的人便也只有「王」或「君」。郭梨華認為：「古天文的觀象授時的權柄屬於王權。」[1]於是，這裡將九三爻單獨提出放置最後，也便具有了獨特的政治原因：既是一個總結性語言，也影射了王對權力的掌控。

實際上，王權所反應出的人對天的「敬畏」，其實是表現為人對「天時」的敬畏。這也許就是最早「君權神授」思想的來源，或者準確來說，是「君權天授」。以往，人們常用德性論來分析《易經》，但這種視角往往停留在「比喻」的維度。天文考古學則通過現實的事例，揭示出人對上天敬畏心的真正原由。在這種背景下，《易經‧乾卦》爻辭中的天時思想反映出的權力觀念，逐漸轉化為德性論為主的《易傳》，《易經》的自然性逐漸演化成人為的天然德性。

二 天文思想與儒家詮釋

因相傳孔子作《十翼》，故普遍認為《易經》與儒家應該是具有天然的關係。這也是學者經常將二者放置一起討論的原因。然而清代的姚際恆《易傳通論》、康有為《新學偽經考》等，卻認為《易傳》非孔子所作。對此，陳福濱指出：

---

[1] 郭黎華：〈孔子哲學思想探源：以天、德、中三概念為主〉，《哲學與文化》第4期（2012年），頁97。

《易傳》十篇可能都是戰國時期的作品，其內容駁雜，說是孔子一人的作品，的確令人難以信服，但究其思想內容，又與孔子有密切關係，可能出於孔子後學之手。[1]

顧頡剛也認為，「《易經》（即卦爻辭）的著作時代在西周，那時沒有儒家，沒有他們道統的故事，所以它的作者只把商代和商周之際的故事敘述在各卦爻中。《易傳》的著作時代至早不得過戰國，遲則在西漢中葉」[2]。他指出：

> 那時的上古史系統已伸展得很長了，儒家的一套道統的故事已建設得很完成了，《周易》一部書新加入這個「儒經」的組合裏，於是他們便把自己學派裏的一副衣冠罩上去了。作者的時代越後，本書的時代越移前，《周易》就因此改換了它的原來的筮書的面目。[3]

顧頡剛在這裡清楚地提出了《易經》與儒家的區別，釐清了早期儒家（自孔子始）和《易經》的區別。但是他所認為的《易經》與儒家的結合，是戰國後期學者的強行混合的說法卻有待商榷。《易經》與儒家思想確實具有天生的近緣性，它們均來源於上古的天文思想。只不過，孔子在《易經》的基礎上做了形而上方面的重構與發展，這不應該被理解為一種貶義的「混雜」或「盜用」，而是時代發展中一定會出現的趨勢。

---

1 陳福濱：《《易經》講義》（臺北：至潔公司，2014年），頁14。
2 顧頡剛：《《周易》卦爻辭中的故事》（北平：燕京大學出版社，1929年），頁989。
3 顧頡剛：《《周易》卦爻辭中的故事》（北平：燕京大學出版社，1929年），頁989-990。

《易經》乾卦的天文考古學解讀強調《易經》形而下層面的研究，幫助人們從「占卜之書」的固有思想藩籬中跳脫出來。同時，《易經》的「相術之易」實際上也源於在形而下物質世界的總結與發展。它的傳播與發展也難以脫離人們的真實活動，而非依靠那些所謂憑空出現的「神秘力量」。馮時指出，這種觀點距離上古時間越早，就越為明顯。因此，不管《易經》作為「史學之易」，還是作為「相術之易」，它的核心價值最終都指向了先民的現實生活，這與儒家一貫主張的核心思想相一致。從這一點上看，《易經》在發展中逐漸為儒家的產生提供了前提基礎。因此，《論語‧述而》篇中孔子所說「加我數年，五十以學《易》，可以無大過矣」[1]的講法也就順理成章。當然，儒家與《易經》是存在著區別的，孔子強調的「不語怪，力，亂，神」[2]，就表明了儒家對《周易》思想的取捨。

　　《易傳》經後人詮釋與整理，成為與儒家結合最為緊密的一個部分。陳福濱認為，《十翼》[3]相傳為孔子所做作，《繫辭傳‧文言傳》裡也多次出現「子曰」字樣，有可能是孔子弟子或再傳弟子的作品，寫作年代可能在戰國後期。[4]這種判準雖然仍無相關材料予以佐證，但總體說來，《易傳》與儒家的交融自孔子門人後就十分密切。如果借用顧頡剛的說法，孔子後學所做的詮釋可謂是一種新詮釋。

　　在《易傳》中，儒家對「敬」思想的把握是一以貫之的。《論語》中「務民以義，敬鬼神而遠之」[5]。這個「敬」便是《論語》對《易經》的定調。同時，孔子本人並不反對占卜之道。相反，在國家

1　中華書局編輯部：《四書五經》（北京：中華書局，2009年），頁17。
2　中華書局編輯部：《四書五經》（北京：中華書局，2009年），頁17。
3　《易傳》共十篇，故又稱《十翼》。
4　陳福濱：《《易經》講義》（臺北：至潔公司，2014年），頁13。
5　中華書局編輯部：《四書五經》（北京：中華書局，2009年），頁16。

的祭祀等重大禮節上，孔子一直推崇使用占卜的方法。於是，嚴靈峰根據《帛書易傳》曾指出：

> 孔子不但好易，而且也重占、卜。要篇：
> 子曰：「吾百占而七十當，唯周梁山之占也，亦必從其多者而已矣。」
> 子曰：「易，我後其祝卜矣；我觀其德行之耳。幽贊而達乎數，明數而達乎德；又仁口者而義行之耳。贊而不達於數，則其為之「巫」；數而不達於德，則其為之「史」；史、巫之筮，鄉之未也；好之非也。後世之士，疑丘者，或以易乎！吾求其德而已，吾與史、巫同途而殊歸者也。君子德行焉求福，故祭祀而寡也；仁義焉求吉，故卜筮而希也。祝（史）、巫，卜筮其後乎！
> 本文說明，孔子喜易之外，亦從事占、卜。[1]

但必需強調的是，孔子是對「怪，力，亂，神」有一種天生的排斥。縱觀《論語》記載，這也是儒門後學一直堅持的思想核心。因此，儒者對《易經》的理解中，占卜之術應不是主流。為了說明這個問題，這裡需要對孔子與《易經》的關係進行簡單地梳理，包括兩個方面：

第一，孔子學《易》。長沙馬王堆漢墓《帛書易傳》中〈要〉篇第三章記載：「子曰：吾好學而夒聞要，安得益吾年乎？吾口。」劉彬指出：

> 李學勤、郭沂認為此處以「子曰」開頭，宜為新的一章，是。

---

[1] 嚴靈峰：〈有關帛書易傳的幾個問題〉，《國際易學研究》第一輯（北京：華夏出版社，1995年），頁51。

孔子所言「好學」，是指學（學習和研究）《周易》。孔子學習《周易》之事，《論語》和《史記》皆有記載，《論語·述而》云：「子曰：『加我數年，五十以學《易》，可以無大過矣。』」《史記·孔子世家》記孔子之方曰：「假我數年，若是，我於《易》則彬彬矣。」正與〈要〉篇此處「吾好學而龜聞要，安得益吾年乎？」相符，說明孔子學《易》是真實地，應該是事實。「益吾年」即「加我數年」之義。[1]

孔子學《易》的事實已經為學界公認，此處不需要更多細言。

第二，孔子釋《易》。不可否認，在孔子之前及孔子時期，《易經》一直都作為占卜之書而被使用。孔子本人也從來不反對《易經》的這種用法。但是，孔子從未將對《易》的解讀放在占卜這一個單一的維度上。《帛書易傳》裡記載一段子貢和孔子之間的對話：

> 子贛[2]曰：「夫子它日教此弟子曰：『德行亡者，神靈之趨；知謀遠者，卜筮之繁。』賜以此為然矣。以此言取之，緇帠之為也。夫子何以老而好之乎？」[3]

這段話的意思是說：「夫子以前教育弟子說：『沒有德行的人才趨於神靈，缺乏智慧的人才頻繁地進行卜筮。』賜認為這些話很對。以此言

---

[1] 劉彬：《帛書《易傳》新釋暨孔子易學思想研究》（北京：中國社會科學出版社，2016年），頁237。

[2] 即，子貢。

[3] 劉彬：《帛書《易傳》新釋暨孔子易學思想研究》（北京：中國社會科學出版社，2016年），頁243。

考慮，賜對夫子的行為迷惑不解。夫子為何老而喜好《周易》呢？」[1]這裡可以看出，孔子對《周易》的態度是呈現出一種變化的趨勢。

也就是說，在孔子接觸《周易》之前，春秋時期《周易》的「傳世」面貌應該只停留在卜筮之用上。這也構成了孔子在「五十」之前排斥《周易》的主要原因。但是，「五十」識《易》之後，他的態度發生了重要的轉變。由排斥到喜歡，甚至得出「五十以學《易》，可以無大過矣」的結論，應為孔子發現了《周易》的要旨。這一要旨應是孔子生活的時代給他的一種新的詮釋。這一點可以從他回答子貢的答語中見其端倪：

> 夫子曰：「君子言以榘方也，前羊而至者，弗羊而巧也。察示要者，不趎示辯。《尚書》多於矣，《周易》未失也，且又古之遺言焉。予非安示用也，予樂〔示〕辯也。女何尤於此乎？

這段話意思是說：「君子之言如畫方之矩，前後是一致的。我前面喜好研究《周易》的做法，好像違反了我以前對你們講的話，而招致了你的責備。實際上並沒有違背我原來的話，我這樣做是對的。明察了《周易》要旨精密，就知道我沒有違反前面的言辭。《尚書》簡略，多有疏漏，而《周易》精密，無有缺失，其卦爻辭中含有古代聖人的遺教和聖道。我不安於《周易》卜筮之用，我喜歡它的卦爻辭。你為什麼對我的這種行為責問呢？」[2]

從這段解讀中大致可以推出，孔子對《周易》的態度轉變可能是

---

[1] 劉彬：《帛書《易傳》新釋暨孔子易學思想研究》（北京：中國社會科學出版社，2016年），頁243。

[2] 劉彬：《帛書《易傳》新釋暨孔子易學思想研究》（北京：中國社會科學出版社，2016年），頁246。

因為他要麼發現了《周易》爻辭中觀象授時的痕跡（如乾卦中關於觀象授時的記錄），要麼發現了《周易》記載聖人先賢的故事。（如「王亥喪牛羊於有易」等事蹟的記錄。）以這些為基礎，他最終發現了「德、義」之道。雖然對孔子學《易》前後轉折的真實動因無法提供確切的結論，但是孔子發現了《易經》中的「德、義」是可以確定的。正如孔子所說，「《易》我後亓祝卜矣，我觀亓德[1]義耳也。」[2]

這裡的「德義」，李學勤認為不能作道德、仁義解。他源引《繫辭上》：「是故，蓍之德圓而神，卦之德方以知（智），六爻之義易以貢。聖人以此洗心，退藏於密，吉凶與民同患。神以知來，知（智）以藏往，其熟能與於此哉」[3]，認為這裡的「德義」當即這裡所指的蓍、卦之德，六爻之義，也就是神、智和變易。池田知久認為「德義」應是儒家倫理思想、政治思想意義上的。與李學勤不同。劉彬綜合以上兩點，認為按照〈要〉篇後言「君子德行焉求福，故祭祀而寡也；仁義焉求吉，故卜筮而希也」，正與此相應一貫，故此「德」當即「德行」之德，「義」即「仁義」之義。[4]

那麼，當《易經》與《論語》相結合後，可能就需要對這裡的「德、義」加以更為深層的理解。

---

1 這裡的「德義」，李學勤認為不能作道德、仁義解。他引《繫辭上》：「是故，蓍之德圓而神，卦之德方以知（智），六爻之義易以貢。聖人以此洗心，退藏于密，吉凶與民同患。神以知來，知（智）以藏往」，認為孔子所觀的「德義」，當即這裡所指的蓍、卦之德，六爻之義，也就是神、智和變易。池田知久不同意李學勤的觀點，認為「德義」應是儒家倫理思想、政治思想意義上的。劉彬認為按照〈要〉篇後言「君子德行焉求福，故祭祀而寡也；仁義焉求吉，故蔔筮而希也」，正與此相應一貫，故此「德」當即「德行」之德，「義」即「仁義」之義。
2 劉彬：《帛書《易傳》新釋暨孔子易學思想研究》（北京：中國社會科學出版社，2016年），頁250。
3 中華書局編輯部：《四書五經》（北京：中華書局，2009年），頁541。
4 劉彬：《帛書《易傳》新釋暨孔子易學思想研究》（北京：中國社會科學出版社，2016年），頁250。

三 天文思想與兩宋傳承

「德、義」伴隨北宋「孟子的升格運動」，逐漸發展成兩宋的天道觀或天理觀思想。通過對《易經》和《論語》的重構，兩宋完成了從周、孔之說演化為孔孟之說的轉變。這個歷史的轉變說明兩個問題：一是以周公為主的《易經》體系得到了良好的保存，並作出新的詮釋；二是孟子的加入導致了周、孔之說出現了向人道論偏移的傾向。這其中，在周濂溪和張橫渠處表現得尤為明顯。

（一）周濂溪的《通書》與《太極圖說》

周濂溪的《太極圖說》實際上就是北宋時期人們對《易經》思想的一種理解方式。如：

> 無極而太極。太極動而生陽，動極而靜，靜而生陰。靜極復動，一動一靜，互為其根，分陰分陽，兩儀立焉。陽變陰合，而生水火木金土，五氣順布，四時行焉。陽變陰合，而生水火木金土，五氣順布，四時行焉。五行，一陰陽也；陰陽，一太極也；太極，本無極也。五行之生也，各一其性。[1]

作為《太極圖說》的開篇，周濂溪這裡點出了《易經》存在的兩個面向：無極和太極。朱熹認為：「上天之載，無聲無臭，而實造化之樞紐，品匯之根柢也。故曰：『無極而太極。』非太極之外，復有無極也。」[2] 朱熹這裡點明了周濂溪《太極圖說》中對《易經》兩個面向

---

1 周敦頤：《周敦頤集》（北京，中華書局，1990年），頁3-4。
2 朱熹：《朱子全書》（上海：上海古籍出版社；合肥：安徽教育出版社，2002年），第13冊，頁72。

的重視。從朱熹的解讀中可以看出，這兩個面向表現為形而上的無極與形而下的太極，這是構建兩宋天理觀二元結構存在的前提條件。

周濂溪的「無極」，道出了《易經》思想中的形而上的層面。這個「形而上」的層面應該定性為「道」，而不是「怪力亂神」中的「神」。周濂溪的「太極」，道出了《易經》陰陽二氣的總名，它的本質應該是形而下的。應該說，周濂溪的《太極圖說》，實際是周濂溪在對《易經》詮釋過程中做出的儒家式努力。陳來指出：

> 周敦頤《太極圖說》批判地吸取了道家系統宇宙發生的理論，並把它和《易傳》系統的宇宙論結合在一起，構成了新儒家哲學的基本宇宙模式。……《太極圖說》本名《太極圖易說》，其基本思想是闡發《繫辭》「易有太極，是生兩儀」的思想，便可知是「太極」而不是「無極」才是周敦頤思想的最高範疇。[1]

陳來這段話透露出三條資訊：一是周濂溪的《太極圖說》源於《易經》，這與我們前面所講之事吻合；二是《太極圖說》是一種周濂溪對《易經》的新詮釋；三是「太極」優於「無極」，表明周濂溪對《易經》的關注偏向於形而下的層面。

周濂溪《通書》首篇便是「誠上第一」，而誠觀念也是周濂溪在《太極圖說》的主要表達。這是典型的儒門思孟學派的表達方式。可以說，在北宋通過孟子的升格運動，和佛教「援儒衛釋」的協助，儒家的核心理念與《易經》達到了一定程度的結合。在其中，儒家的仁、義、性等形而上的觀念和《易經》應用的形而下層面達到了有機地結合，這在張橫渠的理論中表現得更加完善。

---

[1] 陳來：《朱子哲學研究》（北京：生活·讀書·新知三聯書店，2012年），頁4-5。

（二）張橫渠的「易說」與「誠」觀念

張橫渠在《橫渠易說》談「乾卦」時說，「乾之四德，終始萬物，迎之不見其首，隨之不見其後，然推本而言，當父母萬物。」[1] 這裡體現出橫渠繼承了《易經》與儒家思想並將兩者相結合的跡象。他在接下來的詮釋中，對這個方面採取了進一步闡明：

> 雲行雨施，散而無不之也，言乾發揮偏被於六十四卦，各使成象。變，言其著；化，言其漸。萬物皆始，故性命之各正。惟君子為能與時消息，順性命、躬天德而誠行也。精義時措，故能保合大和，健利且貞，孟子所謂終始條理，集大成於聖智者歟！《易》曰：「大明終始，六位時成，時乘六龍以御天。乾道變化，各正性命。保合大和，乃利貞」，其此之謂乎！[2]

此處張橫渠已經將二者結合的跡象給呈顯出來。同時，張橫渠的「氣論」思想在很大程度上也受到了《易經》的影響，如他在《正蒙・乾稱篇第十七》中說：

> 凡可狀，皆有也；凡有，皆象也。凡象，皆氣也。氣之性本虛而神，則神與性乃氣所固有，此鬼神所以體物而不可遺也。舍氣，有象否？非象，有意否？[3]

這裡，橫渠將《易》的形而下面向揭示出來。相比於周濂溪，張橫渠

---

[1] 張載著，章錫琛點校：《張載集》（北京：中華書局，1978年），頁69。

[2] 張載著，章錫琛點校：《張載集》（北京：中華書局，1978年），頁69。

[3] 張載著，章錫琛點校：《張載集》（北京：中華書局，1978年），頁63。

對儒門和《易經》的融合詮釋體現得更為全面與具體。可以說，他的思想代表著兩宋儒家思想一個總的趨勢：既堅守儒家道德宣導的形而上的面向，同時又尋找形而下的存在證據。

在形而下證據的探索中，天文考古學的知識有效地避免北宋諸子對《易經》的闡釋沒有滑落到「鬼神」觀或神仙方術之中。這點沒有與儒門的「子不語怪、力、亂、神」的思想相背離。實際上，張載對《易經》形而下層面的重視，在一定程度上對佛教形而上的輪迴思想做了有力的抨擊。如他說：

> 浮屠明鬼，謂有識之死受生回圈，逐大厭苦求免，可謂知鬼乎？以人生為妄可謂知人乎？天人一物，輒生取捨，可謂知天乎？孔孟所謂天，彼所謂道。惑者指遊魂為變為輪迴，未之思也。[1]

又如：

> 釋氏語實際，乃知道者所謂誠也，天德也。其語到實際，則以人生為虛妄，有為為疣贅，以世界為蔭濁，遂厭而不有，遺而弗存。就使得之，乃誠而惡明者也。[2]

此處已顯明白。

從周、張二子的思想可以看出，兩宋理學面對的問題是：兩漢的經學系統在面對佛教的挑戰時，無法對自然現象提供一個強有力的解釋，無法滿足人們的精神世界的內在需求。相對於儒家，佛教的淨空理論與明心見性確實在一定程度上有較大的吸引力。但是，兩宋的內

---

1 張載著，章錫琛點校：《張載集》（北京：中華書局，1978年），頁64。
2 張載著，章錫琛點校：《張載集》（北京：中華書局，1978年），頁64。

憂外患又無法通過佛教「出世」的舉措來解決。即便是孤山智圓、明教契嵩、大慧宗杲等人提倡的「援儒衛釋」的親儒思想，也難以完成兩宋士大夫奮發圖強的歷史使命。因此，兩宋的理學家既要解決經學在形而上層次的多維詮釋和考據訓詁，也要對其形而下的「行」進行發掘。在這種背景下，北宋的儒學思想由「周孔」演化為「孔孟」，同時《易經》形而下的佐證也受到了理學家高度的重視。

（三）朱熹的相容並包

「觀象授時」這種傳統的天文觀測行為，在一定程度上對朱熹思想的轉變有著較大的影響。他在形而上學層面除了要利用《孟子》完成論證天理存在的合法性，同時他也希望通過天文、道教知識對天理與氣化宇宙論思想做一個形而下的說明。這種思考的轉向，促使朱熹晚年對「天象」和《易經》格外地關注。他期望使用天文、墓葬等現實行為，最終證明他理學思想的合理性，進而回歸到自己的天理人欲系統中。於是，他重視「渾象之說」，並親測「立表測影」之法。朱熹曾說：「渾象之說，古人已慮及此，但不說如何運轉。今當作一小者粗見其形制，但難得車匠耳。」[1]又說：「竹尺一枚，煩以夏至日依古法立表以測其日中之影，細度其長短示及。」[2]因此可以看出，朱熹對《易》理解的側重點在於天象與人倫的關係，並從天宮二十八星宿中的龍星的運轉規律來詮釋他的易學思想，也就不是十分奇怪的事。《周易本義》〈周易上經第一・乾〉的一處記載：

1　朱熹：《朱子全書》（上海：上海古籍出版社；合肥：安徽教育出版社，2002年），第25冊，頁4713。

2　朱熹：《朱子全書》（上海：上海古籍出版社；合肥：安徽教育出版社，2002年），第22冊，頁1968。

> 初九,潛龍勿用。
> ……潛龍勿用,周公所系之辭,以斷一爻之吉凶,所謂「爻辭」者也。潛,藏也。龍,陽物也。初陽在下,未可施用,故其象為潛龍。其占曰勿用。凡遇乾而此爻變者,當觀此象,而玩其占也。餘爻放此。[1]

此處的「潛,藏也」、「龍,陽物也」和「當觀此象」,與天文考古學的東宮大龍星的天象的運動軌跡十分吻合。於是,三處放在一起最合理的解釋應該為天象,而不應該理解為人占卜時出現的卦象。否則就表明朱熹對「象」的詮釋又回到道教的神秘主義之中,這既與朱熹以天文學思想為主相悖,又與他的理學思想相矛盾。同時,

> 九二,見龍在田,利見大人。
> ……九二剛健中正,出潛離隱,澤及於物,物所利見,故其象為見龍在田,其占為利見大人。……
> 九三,君子終日乾乾,夕惕若厲,無咎。
> 九,陽爻。三,陽位。重剛不中,居下之上,乃危地也。然性體剛健,有能乾乾惕厲之象,故其占如此。君子,指占者而言。言能憂懼如是,則雖處危地而無咎也。[2]

在這裡,君子不能被簡單被理解為「道德君子」,而應該理解為一個有

---

[1] 朱熹:《朱子全書》(上海:上海古籍出版社;合肥:安徽教育出版社,2002年),第1冊,頁30。
[2] 朱熹:《朱子全書》(上海:上海古籍出版社;合肥:安徽教育出版社,2002年),第1冊,頁30。

具體實在身份的人。馮時認為朱熹此處的「君子，指占者而言」[1]。但如果在觀象授時的行為中，此「君子」則為觀象者。

> 九四，或躍在淵，無咎。
> ……躍者，無所緣而絕於地，特未飛爾。淵者，上空下洞，深昧不測之所。龍之在是，若下於田，或躍而起，則向乎天矣。……
> 九五，飛龍在天，利見大人。
> 剛健中正以居尊位，如以聖人之德，居聖人之位。故其象如此，而占法與九二同，特所利見者在上之大人耳。若有其位，則為利見九二在下之大人也。
> 上九，亢龍有悔。
> ……亢者，過於上而不能下之意也。陽極於上，動必有悔，故其象占如此。
> 用九，見群龍無首，吉。[2]

馮時對朱熹這段解釋說：

> 古人以蒼龍之主體系於日，天空中蒼龍伏而不見之時稱「潛龍」，此為「潛淵之龍」；以龍角與天田星同現於東方之時稱「見龍在田」，此為「登天之龍」；以蒼龍之體盡現於地平稱

---

[1] 馮時認為：「九三爻辭『君子終日乾乾』之『君子』當然是對上古觀象執行者的理想稱謂。……乾本天子觀象授時之卦，故其爻辭內容多取天象，而九三爻辭之『君子』自也天天子所指，與經文言貴族而通稱『大人』不同」。馮時：《文明以止：上古的天文、思想與制度》（北京：中國社會科學出版社，2018年），頁321。

[2] 朱熹：《朱子全書》（上海：上海古籍出版社；合肥：安徽教育出版社，2002年），第1冊，頁30。

「或躍在淵」；以蒼龍橫跨南天稱「飛龍在天」；以龍體西斜稱「亢龍」；以日躔角、亢、氐，天空中蒼龍之角、首隱而不見之時稱「群龍無首」。[1]

通過天宮二十八星宿中東宮的龍星這種自然天象，可以看出馮時的解釋疏通了朱熹《易學》思想與其理學思想的關係。結合前面，觀象授時的活動和《易經》的思想，可以作為朱熹天理、人欲思想的形而下基礎。因此，朱熹的《周易本義》決不簡單只是一本卜筮之書，而是其理學思想的一個重要體現。這與他派蔡季通去蜀地尋找河圖洛書，以及他重視「渾象之說」和親驗立表測影的做法如出一轍。至此，朱熹開始由側重於形而上的「天道觀」向側重於人本身的「天理觀」轉化。

小結

從天文考古學看天理思想的形成，是一種從形而下視角探索形而上天道論的方法。在這個方法下，天理思想不再是玄之又玄的道德說教，而是源於對真實生活的自然規律總結與提煉。同樣，當對《易經》與《論語》的思考由道德形而上學的角度回歸到現實生活的語境之中，兩部經典則會以更受人理解的方式存在。它們不再是「道德律令」，而是回歸到「自然規律」的本色。當然，兩宋的天理思想一度側重於形而上學方面，這也是事實。但道學家在兩宋的悲慘際遇也表明了通過形而上的反思來繼續先王之道的做法顯然已經不合時宜。作為歷經南宋道學家沒落時代的朱熹，他清楚地看到了這種「先天判

---

[1] 馮時：〈中國早期星象圖研究〉，《自然科學史研究》1990年第2期，頁113。

斷」帶來的弊端。於是，在天文考古學思想的作用下，他不斷反思先師傳下來的儒學理論，通過對道南學派（如楊時等）的批評來不斷地檢驗他天理人欲知識的有效性。至此，《周易》、《論語》也從形而上道德論的視角轉向注重形而下自然的生活日常。最終，天文考古學達到形而上之道與形而下之器的完美結合。同時，天理思想也在朱熹這裡達到了集大成，並為世人所傳頌。

第四章
宋代天文觀的演變

宋明儒學受到兩宋佛教思想的刺激，逐漸形成了以理學為主體的心性哲學。一般認為，這種心性哲學側重於牟宗三提出的「義務不容已」式的道德形而上學，鮮有人觀察它形而下學的側面。實際上，隨著近些年來天文考古學的發展，以「觀象授時」等天文考古學視角的重新審視，新的「理學」的研究視角開始出現。於是，朱熹的《參同契考異》和《周易本義》等文本開始被重視，並被進行新的解讀。於是，「理」思想的「形而下」的思考成為這種研究的一個獨特面向。

朱熹在完成《四書》體系後，他逐漸開始將研究重心指向了《周易》。於是，他將「理學」從單純的「先王之道」的形而上層面，慢慢地向「生民之要」的形而下層面轉變。出現這種轉變可能存在著獨特的歷史契機（如朱熹面對「鵝湖之辯」中陸九淵提出的「堯舜之前何書可讀」[1]的追問時出現的窘境），使朱熹感受到對「天理」而言這種形而下的檢證存在的必要性。同時，從朱熹與陸九淵、陸子壽通信中發現他們存在工夫之非、近禪之嫌的問題，但又無法給出確切的證據。於是，這些困惑便造成了朱熹論證個人體系的困難，也為當代學者研究朱熹提出了一個不小的難題。但是，隨著近些年來各類新文獻資料的出土和各種遺跡遺址的出現，以及結合學者們關於古代文本的最新研究成果，這個困惑有可能在天文考古學的視角中找到答案。

中國古代先民的觀象授時活動中，「理」思想其實一直存在，並

---

[1] 陸九淵：《陸九淵集》（北京：中華書局，2016年），頁491。

非是朱熹在宋代臨時起意建構出來的一個概念。在朱熹之前,「理」思想已經在人類思想的發展史上佔有一定的地位,只是朱熹的思想初期對「理」並未重視。他認為「道」才是宋明理學的核心。朱熹曾一度指出,「道是統名,理是細目」[1],這裡可以看出他對「道」的偏重,反映了朱熹本人承接孔子道統發展的心理傾向。這一點也可以從朱熹在《中庸章句》的介紹時找到相應的論述。如他說「中庸何為而作也?子思子憂道學之失其傳而作也。蓋自上古聖神繼天立極,而道統之傳有自來矣。」[2]足見他對「道」觀念的強調要遠強於「理」觀念。對此,學者王茂曾考證道,「張(南軒)、朱(熹)共奉周敦頤為『道學宗主』,越過二程,以周氏為道學發源,朱熹口口聲聲『道學』自稱。……《朱子文集》一百二十一卷,『道學』一詞出現了五十餘次。」[3]

事實上,朱熹本人對「道」的重視確實超過於「理」。結合《周易本義》中「形而上者為之道,形而下者為之器」[4]的角度綜合分析,朱熹對理學體系的理解還是偏重於「形而上」的「道」;相對於「道」而言,「理」的呈現中明顯有「形而下」的趨勢。這裡並不是說「理」已經被歸屬到「形而下」的維度中,只是說相對於「道」而言,「理」的「形而上」面向呈現出「不純粹性」,它混雜了「形而下」的因素。在這種思考角度下可以看到,「道」與「器」中間出現了以「理-氣」為中介的過渡因素。

與「道-器」相比,「理-氣」存在著對形而上與形而下的兼容

---

[1] 黎靖德編,王星賢點校:《朱子語類》(北京:中華書局,1994年),頁99。
[2] 朱熹:《朱子全書》(上海:上海古籍出版社;合肥:安徽教育出版社,2010年),第6冊,頁29。
[3] 王茂:〈「道學」、「理學」稱名考辨〉,《安徽史學》1987年第1期,頁9。
[4] 中華書局編輯部:《四書五經》(北京:中華書局,2009年),頁542。

面向。於是，朱熹的「理氣論」逐漸成為了「道器關係」中不可或缺的橋樑。這個思考角度可以理解為「道－理－氣－器」這個簡單結構。這個結構的好處是，它打通了朱熹理論中「形而上」與「形而下」的天然溝壑，同時也解決了朱熹理論中的諸多理論難題，如「理氣不離不雜」的問題，「理先氣後」到底是何種標準為先等問題。同時，這個思考角度也帶來了新的問題。也就是說，在思考朱熹的「理」觀念時，除了要從「道」的形而上維度對其詳加論證，以給出朱熹「理」在倫理學面向中的「義務不容已」的面向；更為重要的則是從朱熹形而下的「器」（「氣」）的面向。如下圖一：

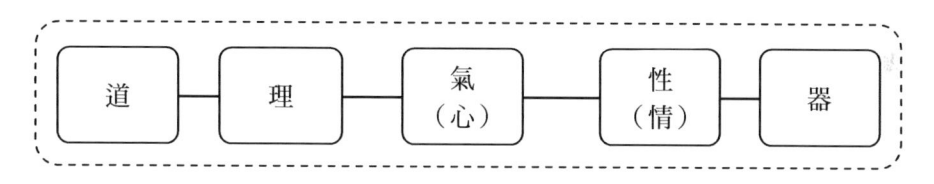

```
道 — 理 — 氣(心) — 性(情) — 器
```

圖一

通過「器」（「氣」）的觀念來反身窺探，進而為「理」觀念提供強有力的形而下的實踐支撐。只有這樣，朱熹才能有機會駁倒陸九淵（字子靜，號象山）在鵝湖寺中的「堯舜之前何書可讀」的追問。[1]

朱熹對天理的形而下的探索並不只是如此，他對周禮的推崇就表

---

[1] 這裡陸九淵給朱熹提出的責難是：如果後世學習堯舜的德行是來自書本，那堯舜之前沒有書本，該如何學習德行。對於這個問題，如果從形而上的角度來分析，確實是一個難題。但如果從形而下的角度來分析，則不是一個問題。因為人的德行來自對大自然的形而下的實踐，實踐是天理思想的真正來源。若朱熹只從形而上的「先王之道」角度，確實一時無法找到化解的方法。形而上的困擾雖讓他後來不停的指出「近聞陸子靜論風旨之一二，全是禪學，但變其名號耳」（王懋竑著，何忠禮點校：《朱熹年譜》〔北京：中華書局，1998年〕，頁61），但其實也並沒有真正化解陸九淵（陸子靜）給出的責難。因此，只有放棄形而上，將討論引到形而下的層面，此題方為可解。

現出這方面的原因。從朱熹與其弟子論學的存世文本中可以看出，朱熹對周禮是持捍衛態度的。之所以如此是因為在朱熹看來，追隨孔孟，回到五代，是儒家的最高理想與現實追求，而周禮便是維繫這一追求的現實方法。在朱熹這裡，「理」與「禮」分別構成了它思想體系中儒家心情學說的兩個主要面向：形而上與形而下。朱熹對周禮的捍衛，實際上就是他在「理」思想的形而下層面做出的努力。馮兵就指出：「朱熹對禮樂經學的重視，既為其理學體系的建構與完善奠定了基礎，使其理學得以貫通上學與下達而不至流為空疏的玄談。」[1]也就是這個含義。因此，對朱熹「理」思想的考察，形而下的面向是需要被重視的方面。

一　天理思想的形而下溯源

「觀象授時」對朱熹後期思想的形成有較大的影響。先民們「觀象授時」的思想為探索朱熹的天理溯源提供了一個關鍵的線索。在構建《四書》時，他除了要論證天理在形而上學層面上存在的合法性，同時也要在知識論的層次上，對氣化宇宙論的天理觀思想做一個說明。為了接下來的討論不出現過多的誤解，這裡不妨先談談「觀象授時」這個古老的天文活動，以便更為清晰地理解朱熹天理觀的形而下面向。

關於觀象授時的思想詮釋，可以從傳世文本和出土文物兩個方面來進行。首先，《尚書‧堯典》有這樣一處記載：

> 乃命羲和，欽若昊天，曆象日月星辰，敬授人時。分命羲仲，

---

[1] 馮兵：《朱熹禮樂哲學思想研究》（北京：社會科學文獻出版社，2019年），頁26。

宅嵎夷，曰暘谷。寅賓出日，平秩東作。日中，星鳥，以殷仲春。厥民析，鳥獸孳尾。申命羲叔，宅南交，曰明都。平秩南訛，敬致。[1]

這裡談到的「曆象日月星辰，敬授人時」便是觀象授時思想的表達。馮時認為：「先民們經過長期的精心觀測後發現，各種天體的運行變化實際都忠實地遵循著各自的規律，換句話說，不同天體在天蓋上的位置的變化也就意味著時間的變化。」[2]這種判斷亦可在安徽阜陽雙古堆西漢汝陰侯墓出土的「地平方位圖」，或約戰國時的《石氏星經》關於黃道的記載中找到相應的證據。

　　農業的定居生活成了先民安身立命的基礎，他們對時間的重視程度也關乎著他們族群的生死存亡。基於農業生產的需要，古代先民對時間的掌握的精度變得十分重要。從這個角度上來說，觀象授時成為了農業活動得以存在的前提和保證。同時，對時間精度與穩定性的追求，促使了先民們對「觀象授時」的活動進行改進，慢慢出現了記載天文活動的行為。為人所熟知的《石氏星經》、《五紀論》、《開元占經》、《周髀算經》等著作就是在這種歷史機緣下形成的，它們同時為後來的《天文志》、《律曆志》、《大衍曆》、《明天曆》等著作提供了理論的來源。

　　古代先民的天理思想最初階段是停留到決定先民生死存亡的衣食住行上，這是先民探討天理思想的動力源，同時這也是一種「理」思想的形而上的源泉。古代先民最早的天理觀，應該是一種為解決生存問題而產生的「外求」的思想表現，而不是從外入內的一個被動式接受的思想活動。在不同的天文觀測實踐中，星象「規律」在先民們

1　阮元：《十三經注疏》（北京：中華書局，1980年，清嘉慶刊本），頁119。
2　馮時：《中國天文考古學》（北京：中國社會科學出版社，2007年），頁114。

長期的視覺觀察中得以鎖定。這其中就有黃道上的二十八星宿和北斗星團。

　　黃道上的二十八星宿出現的時間和北斗星旋轉的方位因長年不變[1]，成為了先民觀測時間體系中兩個顯著的參照系。二十八星宿構成了天空中巨大的「原始錶盤」，其在特定時間中顯隱的「象」成為先民一年四季農業勞作的重要參照，這個就是節氣的由來。北斗諸星構成了天盤（錶盤）中一個錶針，他斗柄的變化決定了一年時間的順序。如《夏小正》記載到：「正月，斗柄懸在下。六月，初昏斗柄正在上。七月，斗柄懸在下則旦。」[2]先民們通過北斗諸星與二十八星宿的方位顯隱關係系統確定一年中的時間。這是「觀象授時」思想最直白的表達，同時也是中國先民早期天理觀最原始的萌芽。

　　天象的穩定性為天時思想的產生提供了自然基礎，同時也為天理的形成提供了理論鋪墊。《初學記》卷二九引《春秋說題辭》說：「斗星時散精為氂，四時生，應天理。」[3]這裡說明天理與天時具有著密切的聯繫，而且這種聯繫還體現了空間與時間的關係。在古代先民那裡，他們傾向於以空間維度來解釋天理存在的意義。於是，天理的抽象性往往借助天時的空間性來得以表達。所以，無論是二十八星宿的顯隱還是北斗斗柄的具體指向，均是以空間的樣態來表示著時間的存在。於是，空間的天象觀察與天時的確定這兩種維度，在相互交錯的運用中被先民確認。這為後來天理思想的產生和演化提供了一個基礎的思考平臺。

　　馮時指出：「作為農業基礎的天文學由於能夠為農業生產提供準

1　這個「不變」是相對而言的。從地球上觀測星團的變化是以千年為其基本單位的，而對於先民短短的幾十年的人生經歷，它們呈現出來的是一種「不變」的規律。
2　馮時：《中國天文考古學》（北京：中國社會科學出版社，2007年），頁126。
3　馮時：《中國天文考古學》（北京：中國社會科學出版社，2007年），頁149。

確的時間服務,而成為人類社會產生的最古老的科學,其歷史相當悠久。雖然觀象授時的目的是為農作祈生,然而對先民而言,宗族的繁衍如果不是比農作的豐收更具有意義,至少也體現著先民發明農業的根本需要。」[1]這裡,觀象授時點明了天時引導下的天理思想,不僅對人生存在著「死」的面向,也暗含了「生」的面向。前一種面向是生死兩極對立的當下思考,後一種則體現著生生不息的未來乞求。生死的思考是中國古代先民對生活思考中最為重要的兩個維度,也構成了先民天理觀來源的一個重要面向。《國語‧周語上》裡的「夫民之大事在農,上帝之粢盛於是乎出,民之蕃庶於是乎生」指出:「這種固有的祈生觀念促進了古人對於陰陽的認識。」[2]再次體現了先民天理思想中對「生」的關注,這是先民獨特的陰陽觀。

關於先民的陰陽觀,馮時做了一個簡單的界定:「陰陽乃是先民對於萬物生養原因的哲學解釋。」[3]他解釋說,「古人對於陰陽的認識,其意義並不在陰陽本身,根本目的則在於為萬物生養的原因尋求一種一般意義的解釋,這種一般意義的解釋當然具有高度概括的性質,因此也就是哲學的解釋」[4]。這是古人在看待天理問題上一個重要的思想進步:由「向天乞食」到「向天乞生」。這體現了先民從「對天仰望」到「對人本身」關注的轉變。即從關注「我」的當下存在到關注「我」的繼續存在,或「我」的永恆存在。這說明先民對天

---

[1] 馮時:《文明以止:上古的天文、思想與制度》(北京:中國社會科學出版社,2018年),頁534。

[2] 馮時:《文明以止:上古的天文、思想與制度》(北京:中國社會科學出版社,2018年),頁534。

[3] 馮時:《文明以止:上古的天文、思想與制度》(北京:中國社會科學出版社,2018年),頁535。

[4] 馮時:《文明以止:上古的天文、思想與制度》(北京:中國社會科學出版社,2018年),頁535。

的看法已經不完全滿足「自然之天」的維度,他們開始向「人格天」、「形而上天」轉化,反映了先民在天理思想層次上質的跳躍。這種轉化趨勢預示著天理觀由萌芽階段逐步發展到成熟階段。到《詩經》「天生烝民,有物有則,民之秉彝,好是懿德」[1]時,人格天和形而上天就以清晰的面向呈現出來。

陰陽觀的產生與人對天的態度是息息相關的。陰陽最初的本義是指天上太陽在不同時期呈現出來的不同狀態。《說文解字・𨸏部》中說:「陰,闇也;水之南、山之北也。從𨸏,侌聲。陽,高、明也。從𨸏,昜聲。」[2]早期的陰陽思想與太陽的光照相關。在古代先民的長期生活中,陰陽觀念對他們而言往往凸顯出「對立」的觀念。這種「對立」觀念與其日常生活重合後,衍化出多種不同的陰陽觀。如人的男女,物的雌雄,日月星辰,天地相對,顏色的明暗均在這種思維下與陰陽觀念相匹配。古人習慣用「陰陽」這對範疇來解釋萬物的相對現象,已經無法確定其產生的具體時間。但距今六千五百年的河南濮陽西水坡仰韶時代蚌塑宗教遺跡(主要為墓葬)[3]的出現,可見這種陰陽觀在中國先民的早期生活中已經開始運用,這遠遠早於文字的記載。除此之外,古代先民對陰陽觀的探討不僅是源於對生死問題的追問,也構成了對先民生活空間思維的一種補充。馮時指出:

> 對於萬物生養的原因,時間提供了科學的解釋,而陰陽則提供了哲學的解釋,顯然,時間與陰陽在作為生命這一點上是相同的,這意味著時空體系事實上已成為表述陰陽的最理想的形

---

[1] 中華書局編輯部:《四書五經》(北京:中華書局,2009年),頁198。
[2] 許慎:《說文解字注》(臺北:黎明文化公司,1974年),頁731。
[3] 馮時:《文明以止:上古的天文、思想與制度》(北京:中國社會科學出版社,2018年),頁14。

式。於是古人將源於太陽崇拜的天干和源於月亮崇拜的地支彼此結合，創造出表述陰陽並記錄時空的干支體系。[1]

雖然先民們這種基於陰陽觀空間體系的雛形，與後面「亞字型」的四方、五位、八方、九宮的空間觀相比明顯過於簡陋，但它構成了後者空間觀的基礎，也為早期的天官體系及蓋天觀的宇宙思維的形成做了鋪墊。

觀象授時和陰陽觀構成了朱熹的理氣對立思想的雛形，朱熹天理存在的合法性也可以追溯到這裡。於是，朱熹的天理觀理論雖在學理上源於周敦頤，但卻穩定於對觀象授時思想的接受與肯定；他的理、氣論理論雖源於張載，但在張載的理論基礎上也融合了古代先民的陰陽觀。這樣，形而上的「道」與「形而下」的「象」在朱熹的理論中構成了有機的統一，並在南宋的理學建構中發揮著作用。由此，借助觀象授時和陰陽觀，朱熹的「理」思想便有了堅實的形而下存在的根據。

二　天理思想的宋代印跡

元清容居士袁桷在《易三圖序》中記載說：「朱文公屬其蔡季通如荊州，復入峽，始得其三圖焉。或言《洛書》之傳，文公不得而見。今蔡氏所傳書訖不著圖，藏其孫抗，秘不復出。……季通家武夷，今彭翁所圖，疑出蔡氏。」[2] 馮時認為，「朱熹派他的門徒蔡季通親自遠赴三峽入蜀，求得三幅圖。可見他也深信此說。」[3] 對於蔡季

---

[1] 馮時：《文明以止：上古的天文、思想與制度》（北京：中國社會科學出版社，2018年），頁536。
[2] 馮時：《中國天文考古學》（北京：中國社會科學出版社，2007年），頁492。
[3] 馮時：《中國天文考古學》（北京：中國社會科學出版社，2007年），頁492。

通是否有「藏圖未交」的這件公案,現在已經無法得到確切的判斷。但是,朱熹和蔡季通意去四川尋取河圖洛書之事看來無假。通過《朱熹年譜》可知道,朱、蔡二人相識相知在朱熹編撰《四書》之時。

當時《四書》雖已成體系,但一直為朱熹所不滿。這一點從朱熹此後餘生一直致力於《大學》的修正,便可見其分曉。因此,與蔡季通討論《四書》,是朱熹在思考《四書》精義時常有的舉措。《宋史‧儒林四》中的《蔡元定傳》中記載:「熹疏釋《四書》及為《易詩傳》、《通鑑綱目》,與元定往覆參訂;《啟蒙》一書,則屬元定起稿。嘗曰:『造化微妙,惟深於理者能識之,吾與季通方而不厭也。』」[1]基於此,朱熹在蔡季通拜其為師時說:「此吾老友也,不當在弟子列。」[2]可見蔡季通的易學和天文學在朱熹思想發展過程中的影響力。

蔡季通的學術成就多集中於易學,這些多數為朱熹所採納或推薦。《宋史‧蔡元定傳》記載:「其(蔡季通)平生問學,多寓於熹書集中。所著書有《大衍詳說》、《律呂新書》、《燕樂》、《原辯》、《皇極經世》、《太玄潛虛指要》、《洪範解》、《八陣圖說》,熹為之序。」[3]以上觀之,朱熹對觀象授時和對《易經》、河圖洛書的重視,足可以說明:朱熹的理學思想不僅受到二程理學中形而上的「道統傳承」,還有「形而下」的天文考古學的實證支撐。朱熹的理論是兩種思維的融合。基於此,可理解他關於理氣關係的種種矛盾描述是基於形而上與形而下不同的視角而討論的結果;也可以明白為何在朱陸之爭時,朱熹要堅定地捍衛「道問學」而不是一味地「尊德性」。因為「形而下的佐證」在民間顯然更具說服力。

1　脫脫:《宋史》(北京:中華書局,1977年),頁12876。
2　脫脫:《宋史》(北京:中華書局,1977年),頁12875。
3　脫脫:《宋史》(北京:中華書局,1977年),頁12876。

可以說，朱熹「理」思想的形成，離不開其天道觀的基礎。天道觀是為其理思想的證明提供了一個重要佐證。因此，討論朱熹的天道觀，可以清楚看到朱熹「理」思想的形而下佐證。他認為，「蒼蒼之謂天。運轉周流不已，便是那箇。而今說天有箇人在那裏批判罪惡，固不可；說道全無主之者，又不可。這裏要人見得。」[1]這裡朱熹對「天」的看法是持一種自然之天的態度。也就是說，朱熹首先將天定位為一種可見的形而下的存在，而不是超驗的至上神或魑魅魍魎。他在《語類》中進一步說明：「天地初間只是陰陽之氣。這一箇氣運行，磨來磨去，磨得急了，便拶許多渣滓；裏面無處出，便結成箇地在中央。氣之清者便為天，為日月，為星辰，只在外，常周環運轉。地便只在中央不動，不是在下。」[2]這裡朱熹也表明出樸素的自然之天的態度。也再次表明，朱熹的「天理」擁有著形而下的存在樣態。這種樣態是一種基於自然存在的規律性存在，具有恆定性、可認識性的特點。這種自然規律性的天理觀，也反映了朱熹對古代先民的陰陽觀的吸收。朱熹說：

> 天地統是一箇大陰陽。一年又有一年之陰陽，一月又有一月之陰陽，一日一時皆然。陰陽五行之理，須常常看得在目前，則自然牢固矣。陰陽是氣，五行是質。有這質，所以做得物事出來。五行雖是質，他又有五行之氣做這物事，方得。然却是陰陽二氣截做這五箇，不是陰陽外別有五行。如十干甲乙，甲便是陽，乙便是陰。[3]

---

[1] 黎靖德編，王星賢點校：《朱子語類》（北京：中華書局，1994年），頁5。
[2] 黎靖德編，王星賢點校：《朱子語類》（北京：中華書局，1994年），頁6。
[3] 黎靖德編，王星賢點校：《朱子語類》（北京：中華書局，1994年），頁9。

朱熹這裡對陰陽的表達基本上符合樸素的以物質觀為主要視角的陰陽觀。這裡，朱熹將「天」、「地」進一步地具象化，使其融入到他的氣化宇宙觀中。這種氣化宇宙觀反過來促使了他的「天理」思想與「氣」思想的連接。讓「理」建立在「氣」的基礎之上。也就是說，這個「氣」成為朱熹「形而上」的「理」存在的基礎。如朱熹說：「氣之精英者為神。金木水火土非神，所以為金木水火土者是神。在人則為理，所以為仁義禮智信者是也。」[1]「天有春夏秋冬，地有金木水火，人有仁義禮智，皆以四者相為用也。」[2]至此，朱熹建立了以天理為基礎的倫理學系統，打通了形而上的「理」與形而下的「物質世界」或者說是陰陽間的界限，形成了其獨特的氣化宇宙觀理論。這是朱熹在論證「天理」時形成的特色。即使在被後人持爭議態度的朱熹的鬼神觀中，朱熹也是對此秉持著形而上與形而下相交融的態度。如朱熹說：

> 神，伸也；鬼，屈也。如風雨雷電初發時，神也；及至風止雨過，雷止電息，則鬼也。鬼不過陰陽消長而已。亭毒化育，風雨晦冥，皆是；在人則精是魄，魄者鬼之盛也；氣是魂，魂者神之盛也。精氣聚而為物，何物而無鬼神。「遊魂為變」，魄遊則魄之降可知。[3]

雖然朱熹這時的表述與當代科學觀存有一定的差距，但依然是堅持以形而下的視角來解釋「鬼神」，這一點與佛教或世俗流傳的說法相當不同。「鬼神死生之理，定不如釋家所云，世俗所見。然又有其

1　黎靖德編，王星賢點校：《朱子語類》（北京：中華書局，1994年），頁9。
2　黎靖德編，王星賢點校：《朱子語類》（北京：中華書局，1994年），頁11。
3　黎靖德編，王星賢點校：《朱子語類》（北京：中華書局，1994年），頁34。

事昭昭，不可以理推者，此等處且莫要理會。」[1]當然，朱熹囿於自己的時代局限性。他雖然反覆強調鬼神的氣化狀態，但對其超驗的部分並未完全否決。他只是將「鬼神」之事放置於「能否理會」的維度中。如其所說：

> 鬼神事自是第二著。那箇無形影，是難理會底，未消去理會，且就日用緊切處做工夫。子曰：「未能事人，焉能事鬼！未知生，焉知死！」此說盡了。便是合理會底理會得，將間鬼神自有見處。若合理會底不理會，只管去理會沒緊要底，將間都沒理會了。[2]

這裡，朱熹的核心態度依然是堅持孔子不語的「怪、力、亂、神」之說，保持著對鬼神進行形而下詮釋的空間。雖然相對於當代科學思想還有相當大的距離，但不能對朱熹這種思想過於苛責。畢竟在宋代的時空中，天地陰陽觀是人們理解世界的主要方式。

三　天理思想的形而下解讀

在朱熹的理論中，理是有兩個面向，一是形而上的道，一是形而下的器。二者在理氣處鏈接，即道－理－氣－器[3]，最終在「心」上得以體現。理氣的不離不雜，實際上是在心上言之。朱熹的「心」是形而上與形而下的結合點。在朱熹的理論中，他還接續張載的易說思想而認為心是氣之靈，這裡的氣則指「陰陽二氣」。到這裡，朱熹完

1　黎靖德編，王星賢點校：《朱子語類》（北京：中華書局，1994年），頁35。
2　黎靖德編，王星賢點校：《朱子語類》（北京：中華書局，1994年），頁33。
3　如，圖一，見本書頁71。

成了對周敦頤、張載、二程和蔡季通等人在天道與天文視角下「理」思想整合。在這種思路下，後世學者認為的朱熹的理學家與道學家的稱謂難題，朱陸之間生死難離的困惑、以及朱熹闢禪異佛的保障，都可以在這個視角中化解。由此可知，朱熹對「理」思想的形而下層面的關注，伴隨著朱熹的一生。

事實上，「宋真宗、宋徽宗兩次大力崇道運動，曾使道教顯赫一時。」[1]同時，士大夫對道教的懷柔政策，也讓寄居於道教中的《易經》得以發揚。兩宋皇室及大臣重「道教」的傳統，在對民眾的精神生活產生引領的同時，也促進了民間對物質生活「形而下」之器的廣泛關注。到了朱熹時代，《易經》的物質與精神兩個面向被很好地記錄下來，並融合到卜筮理論和占卜理論中。[2]但是，二者相較，普通民眾對占卜的重視明顯在於《易經》對其形而下行為的指導或預盼，而不是思考它的形而上的存在。人們對宗教的「實用性需求」遠高於「精神性需求」。在這種背景下，朱熹兒時沙地畫卦並不能代表朱熹在兒時就天賦異稟，應該是仿效民眾對《易經》占卜理論的實用性的實踐活動。也就是說，在朱熹生活過的福建、江西一帶，這種通過形而下的方式來探討「天意」的社會現象在民間是十分普遍的。朱熹早期重占卜不僅有「靈異」的期盼，自然也有求真這方面的影子。朱熹說：

> 有天地自然之《易》，有伏羲之《易》，有文王、周公之《易》，有孔子之《易》。自伏羲以上皆無文字，只有圖畫，最宜深玩，可見作《易》本原精微之意。文王以下方有文字，即今之《周易》。然讀者亦宜各就文本消息，不可便以孔子之說

---

[1] 程民生：《宋代地域文化》（開封：河南大學出版社，1997年），頁278。
[2] 艾周思著，楊立華等譯：《宋代思想史論》（北京：社會科學文獻出版社，2003年），頁304。

為文王之說也。[1]

　　朱熹這裡點明了對《易經》理解和應用的不同側面。朱熹對《易經》的關注更傾向於「義理易」而不是道教系統中的「神仙方術」。朱熹對「天」的看法強調於人的主體性的作用，而不在「神秘主義的人格天」這個程度上。

　　結合朱熹的《易》學理論和詩歌內容，可以看到他的天理思想傾向於主體知行的形而下工夫，它不再只是一種形而上的本體論的追溯。這種思想貫穿了朱熹理論的全部。正因為如此，朱熹在談自己的理氣問題時，前後多有矛盾。如理先氣後的界定標準有時間標準、邏輯標準、形而上的先在等的衝突，就是這一特徵的體現。其主要原因是，朱熹討論的「理」、「氣」更傾向於形而下的面向，因此這個「理」、「氣」無常形，也無常勢。因此，在朱熹的理論中，「理」與「道」不同，「道」強調一種恆常性與穩定性，它本身沒有人力干預；「理」由於是人之理，它存在的面向不如「道」那樣單純，且它有傾向於形而下的「勢」。於是，理、氣交接時，各種不穩定的情況都有可能發生。因而，「理先氣後」和「理氣不離不雜」等形式邏輯矛盾便會產生。但二者實質上是一致的。這其實是一種氣化流行在朱熹思想中的表達。

　　朱熹的天理觀有兩個面向。一是天理具有穩定性。也就是說，天理的存在應是古今一致，不能變更。這一點，古代先民的觀象授時的活動中，由天空中星象的相對穩定性便為朱熹的天理的穩定性提供了佐證的材料。所以說，觀象授時至少可以說是朱熹天理觀成立的一個

1　朱熹：《朱子全書》（上海：上海古籍出版社；合肥：安徽教育出版社，2010年），第1冊，頁28。

主要因素。二是天理與人的連接性。天理與氣必須和人們的日常生活息息相關,並對人的生活有一定的影響,這便是古代先民對陰陽觀如此重視的原因。因此,理解朱熹的天理觀必須存在著這兩個面向,才能理解他判斷個人行為或群體行為的標準。總而言之,朱熹的天理觀實際上是一種天道與人道的連結。

天道與人道,從形而下的角度可以將其理解為「穩定的規律呈現」。它們是古代先民長期生活實踐在朱熹時期的再度展現。類似觀象授時活動至少在元代仍然是國家十分重要的國事活動一樣。時間的確定依然成為天道存在的最為直接的證明,而對生死、生生的關注也是對人道存在的有力展現。在這裡,天道與人道明顯的趨同之處便是二者的穩定性特徵。天道思想實際上有兩個面向:一是自然觀式的天道思想。如《詩經·國風·王風》中的「悠悠蒼天,此何人哉」[1],《論語·陽貨》中的「天何言哉?四時行焉,百物生焉,天何言哉?」[2]二是人格觀式的天道思想。如《詩經·商頌·玄鳥》中的「天命玄鳥,降而生商。」[3]《書經·商書·湯誓》中的「有夏多罪,天命殛之」[4]。可以說,天道思想中的第二個面向,其實就是人道思想借助天道模式的一種表達。這裡的人道思想實際上與朱熹後來所使用的天理思想在主要內涵方面有高度的重合。因此,從朱熹對先秦文獻的大量注疏來看,有理由相信朱熹的天理思想與這種人道思想有關。

天道與人道,其核心在於對「道」的思想偏重。朱熹在有生之年,一直自稱自己的是「道學家」而不是「理學家」,他認為他對世

---

[1] 中華書局編輯部:《四書五經》(北京:中華書局,2009年),頁145。
[2] 中華書局編輯部:《四書五經》(北京:中華書局,2009年),頁39。
[3] 中華書局編輯部:《四書五經》(北京:中華書局,2009年),頁210。
[4] 中華書局編輯部:《四書五經》(北京:中華書局,2009年),頁230。

人的貢獻是傳遞「道統」而不是創立了「理統」。這裡就可以看出朱熹側重於「道」。後世學人雖然將朱熹定性為「理學家」而不是「道學家」，是因為他們認為是朱熹所側重的「道」應為「人道」，即為「天理」。因此用「理」這個標籤來概括朱熹的一生治學，可能更加恰當。實際上，從後來的學者的解讀中可以看出，朱子理學的來源是道學。而道學在南宋表現為一種天道與人道的混合，最終以理學的形態呈現出來。於是到這裡，已經將朱子理學的形而下層面釐清。

小結

觀象授時是古代先民早期認識時空問題的一個主要途徑，這個簡單而有效的方法雖一直被史學家忽略，但卻在元代之前的中國古代社會中有著重要的認知地位。兩宋時期，道教的復興再度促使了思想家們從道教和傳統儒家兩個角度來看待人們的日常生活問題。觀象授時作為傳統農業的一個重要條件開始被理學家所重視。兩宋理學家對天文的重視是文人一貫的行為，因此朱熹存在著觀測星象之舉也不是什麼奇怪之事。這種觀象授時的天文舉動對他的「理」思想的形成具有一定影響。朱熹對天文考古的重視，最終還是為了論證「天理」存在的合理性與合法性。只有「天理」變得穩定和不可懷疑時，他倫理學中的「仁」、「義」、「性」的地基才能穩固，他的《四書》學架構才能以不同於《五經》的方式，落實到「行」之中，而不只是道德勸導的層面。天文考古學成為朱熹對《易》感興趣的重要原因。這套理論地基建立後，他的《四書》體系才最終形成以《大學》為核心的倫理學架構，此為朱熹思想的一個重要側面。

第五章
朱熹的自然天文觀

因近代學者的烘托，當代人一般認為朱熹的「天」為道德之「人格天」，而不是先秦的「自然之天」。特別是「天」與「道」、「理」一起組成一個固定辭彙時，受影響的後人更易將「天」與「形而上的超驗天」相趨同，而忽視朱熹天的一個重要側面，也即「天文」之天。

從朱熹一生的生活軌跡來看，朱熹處於士大夫與庶民階層之間的過渡階段。他有短暫的為官經歷，也曾與皇帝與士大夫有頻繁的交往。同時，他長年居住在交通不便的南建州的五夫里（今福建省武夷山市五夫里鎮）的紫陽書院，可以直接感受到底層百姓生活的常態。同時，他為官也好，回鄉也罷，青年時期的貧困讓他更能感受到底層百姓所經受的遭遇。這一歷史背景下，他的思想才能反映南宋士大夫與貧民的真實境況。比如《堯山堂外紀》裡記載的一處朱熹為民爭利的故事：

> 文公為同安主簿日，民有以力強得人善地者，索筆題曰：「此地不靈，是無地理；此地若靈，是無天理。」後得地之家不昌。[1]

這頗具神秘主義色彩的故事反映出朱熹在為底層民眾發聲時的無奈。實際上，朱熹後來所作的《周易本義》、《家禮》等著作中，出現了「占卜」、「喪葬」等讖緯的思想，也體現了朱熹對底層人民無力反抗

---

[1] 蔣一葵著，呂景琳點校：《堯山堂外紀》（北京：中華書局，2019年），頁960。

時的無奈舉動。本質上說，底層民眾的讖緯迷信思想，是一種期盼通過神秘力量改變生活苦痛的方式。朱熹游離於士大夫與底層民眾之間，他自然也沾染了這兩個群體的特點。這就是說，他既有士大夫科學理性的一面，又有底層民眾讖緯、宗教的一面。在南宋的大背景下二者在朱熹這裡達到了統一。這一切，又在天文考古學的視角中被再度凸顯，形成了陰陽觀與生死之間的一種形而上學。

一　朱熹的自然之天說

朱熹對天的看法基本是呈一個自然天（物理天）的態度。

> 天左旋，一晝一夜行一周，而又過了一度。以其行過處，一日作一度，三百六十五度四分度之一，方是一周。只將南北表看：今日怎時看，時有甚星在表邊；明日怎時看，這星又差遠，或別是一星了。天一日周地一遭，更過一度。日即至其所，趕不上一度。月不及十三度。天一日過一度，至三百六十五度四分度之一，則及日矣，與日一般，是為一朞。[1]

這裡描寫的內容與當代的科學觀測事實基本如出一轍。天簡單指自然之天，而無人格天和道德天的面向。這是宋代民間看待天時最主要的一個維度。當然，朱熹在形容自然之天時，也常使用比附的手法。如：

> 天行至健，一日一夜一周，天必差過一度。日一日一夜一周恰好，月卻不及十三度有奇。只是天行極速，日稍遲一度，月必

---

[1] 黎靖德編，王星賢點校：《朱子語類》（北京：中華書局，1994年），頁13。

遲十三度有奇耳。因舉陳元滂云:「只似在圓地上走,一人過急一步,一人差不及一步,又一人甚緩,差數步也。」天行只管差過,故曆法亦只管差。堯時昏旦星中於午,月令差於未,漢晉以來又差,今比堯時似差及四分之一。古時冬至日在牽牛,今却在斗。[1]

朱熹將天的運動以「健」來形容,有人格天的面向。但這裡的描述,與天理和天道顯然是無關的。他只是用一種比喻的手法來說明天運行的周轉復始。這說明,朱熹早年受到過曆學家的影響,或者說,天文曆學知識在朱熹的時代已經是家喻戶曉的事情了。比如下面一段:

天最健,一日一周而過一度。日之健次於天,一日恰好行三百六十五度四分度之一,但比天為退一度。月比日大故緩,比天為退十三度有奇。但曆家只算所退之度,却云日行一度,月行十三度有奇。此乃截法,故有日月五星右行之說,其實非右行也。橫渠曰:「天左旋,處其中者順之,少遲則反右矣。」此說最好。《書疏》「璣衡」,《禮疏》「星回於天」,《漢志》天體,沈括《渾儀議》,皆可參考。[2]

這裡引用了理學家張載的思想,說明在北宋時期,觀測天象已經成為了理學家們常見的一個行動。自然之天的面向構成了理學家們理解「天思想」的重要的來源。
　　又如:

---

[1] 黎靖德編,王星賢點校:《朱子語類》(北京:中華書局,1994年),頁13。
[2] 黎靖德編,王星賢點校:《朱子語類》(北京:中華書局,1994年),頁13。

横渠說日月皆是左旋，說得好。蓋天行甚健，一日一夜周三百六十五度四分度之一，又進過一度。日行速，健次於天，一日一夜周三百六十五度四分度之一，正恰好。比天進一度，則日為退一度。二日天進二度，則日為退二度。積至三百六十五日四分日之一，則天所進過之度，又恰周得本數；而日所退之度，亦恰退盡本數，遂與天會而成一年。月行遲，一日一夜三百六十五度四分度之一行不盡，比天為退了十三度有奇。進數為順天而左，退數為逆天而右。曆家以進數難算，只以退數算之，故謂之右行，且曰：「日行遲，月行速」。然則日行却得其正，故揚子《太玄》首便說日云云。向來久不曉此，因讀《月令》「日窮於次」《疏》中有天行過一度之說，推之乃知其然。又如《書》「齊七政」《疏》中二三百字，說得天之大體亦好。《後漢曆志》亦說得好。[1]

這裡即反映北宋理學家對天文曆法的重視，也反映出北宋時期天文曆法的發展。作為中國古代社會中科技思想高度發達的兩宋，他們的天文曆法思想已經非常精確。這既得於傳統曆法的傳承，也得益於北宋數學演算法的發展。宋以前的曆法已經十分完備，這在一定程度上也促進了儒家從經學向理學的轉變。同時，曆法與天文也在這種契機中結合在一起。如：

天左旋，日月亦左旋。但天行過一度，日只在此，當卯而卯，當午而午。某看得如此，後來得禮記說，暗與之合。[2]

---

[1] 黎靖德編，王星賢點校：《朱子語類》（北京：中華書局，1994年），頁13-14。
[2] 黎靖德編，王星賢點校：《朱子語類》（北京：中華書局，1994年），頁14。

第五章　朱熹的自然天文觀 ❖ 91

從這裡可以看到，即便像《禮記》這樣的儒書，也記載著天文曆法知識。這是古代知識體系的一個典型特徵。從朱熹與其弟子的對話中，不難看到南宋觀象天文的精確。如朱熹與弟子關於天道與日月五星是否是左旋的討論：

> 天道與日月五星皆是左旋。天道日一周天而常過一度。日亦日一周天，起度端，終度端，故比天道常不及一度。月行不及十三度四分度之一。今人却云月行速，日行遲，此錯說也。但曆家以右旋為說，取其易見日月之度耳。至問天道左旋，日月星辰右轉。曰：「自疏家有此說，人皆守定。某看天上日月星不曾右轉，只是隨天轉。天行健，這箇物事極是轉得速。且如今日日與月星都在這度上，明日旋一轉，天却過了一度；日遲些，便欠了一度；月又遲些，又欠了十三度。如歲星須一轉爭了三十度。要看曆數子細，只是『璇璣玉衡』《疏》載王蕃《渾天說》一段極精密，可檢看，便是說一箇現成天地了。月常光，但初二三日照只照得那一邊，過幾日漸漸移得正，到十五日，月與日正相望。到得月中天時節，日光在地下，迸從四邊出，與月相照，地在中間，自遮不過。今月中有影，云是莎羅樹，乃是地形，未可知。」[1]

---

[1] 黎靖德編，王星賢點校：《朱子語類》（北京：中華書局，1994年），頁14-16。其餘部分為：義剛言：「伯靖以為天是一日一周，日則不及一度，非天過一度也。」曰：「此說不是。若以為天是一日一周，則四時中星如何解不同？更是如此，則日日一般，却如何紀歲？把甚麼時節做定限？若以為天不過而日不及一度，則趕來趕去，將次午時便打三更矣！」因取《禮記月令疏》指其中說早晚不同，及更行一度兩處，曰：「此說得甚分明。其他曆書都不如此說。蓋非不曉，但是說滑了口後，信口說，習而不察，更不去子細檢點。而今若就天裏看時，只是行得三百六十五度四分度之一。若把天外來說，則是一日過了一度。季通常有言：『論日月，則在天裏；論天，則在太虛空裏。若去太虛空裏觀那天，自是日月袞得不在舊時處

從朱熹與弟子的這段對話中，能明顯看到天文考古學中相關的知識印記。當然，這些同樣也將在他的墓葬思想中有所體現。具體的我們留在後面再談。總之，朱熹對天文曆法的掌握，一是來源於前輩曆家的傳播，二是來自理學內部的發展。很顯然，他的天文思想是在理學的薰陶下發展起來的。如：

> 程子言日升降於三萬里，是言黃赤道之間相去三萬里。天日月

了。』」先生至此，以手畫輪子，曰：「謂如今日在這一處，明日自是又袞動著些子，又不在舊時處了。」又曰：「天無體，只二十八星宿便是天體。日月皆從角起，天亦從角起。日則一日運一周，依舊只到那角上；天則一周了，又過角些子。日日累上去，則一年便與日會。」次日，仲默附至《天說》曰：「天體至圓，周圍三百六十五度四分度之一，繞地左旋，常一日一周而過一度。日麗天而少遲，故日行一日，亦繞地一周，而在天為不及一度。積三百六十五日九百四十分日之二百三十五而與天會，是一歲日行之數也。月麗天而尤遲，一日常不及天十三度十九分度之七。積二十九日九百四十分日之四百九十九而與日會。十二會，得全日三百四十八，餘分之積，又五千九百八十八。如日法，九百四十而一，得六，不盡三百四十八。通計得日三百五十四，九百四十分日之三百四十八，是一歲月行之數也。歲有十二月，月有三十日。三百六十日者，一歲之常數也。故日與天會，而多五日九百四十分日之二百三十五者，為氣盈。月與日會，而少五日九百四十分日之五百九十二者，為朔虛。合氣盈朔虛而閏生焉。故一歲閏率則十日九百四十分日之八百二十七；三歲一閏，則三十二日九百四十分日之六百單一；五歲再閏，則五十四日九百四十分日之三百七十五。十有九歲七閏，則氣朔分齊，是為一章也。」先生以此示義剛，曰：「此說也分明。」

天道左旋，日月星並左旋。星不是貼天。天是陰陽之氣在上面，下人看，見星隨天去耳。

問：「經星左旋，緯星與日月右旋，是否？」曰：「今諸家是如此說。橫渠說天左旋，日月亦左旋。看來橫渠之說極是。只恐人不曉，所以《詩傳》只載舊說。」或曰：「此亦易見。如以一大輪在外，一小輪載日月在內，大輪轉急，小輪轉慢。雖都是左轉，只有急有慢，便覺日月似右轉了。」曰：「然。但如此，則曆家『逆』字皆著改做『順』字，『退』字皆著改做『進』字。」

《晉天文志》論得亦好，多是許敬宗為之。日月隨天左旋，如橫渠說較順。五星亦順行。曆家謂之緩者反是急，急者反是緩。曆數，謂日月星所經歷之數。

星皆是左旋，只有遲速。天行較急，一日一夜繞地一週三百六十五度四分度之一，而又進過一度。日行稍遲，一日一夜繞地恰一周，而於天為退一度。至一年，方與天相值在恰好處，是謂一年一周天。月行又遲，一日一夜繞地不能匝，而於天常退十三度十九分度之七。至二十九日半強，恰與天相值在恰好處，是謂一月一周天。月只是受日光。月質常圓，不曾缺，如圓球，只有一面受日光。望日日在酉，月在卯，正相對，受光為盛。天積氣，上面勁，只中間空，為日月來往。地在天中，不甚大，四邊空。有時月在天中央，日在地中央，則光從四旁上受於月。其中昏暗，便是地影。望以後，日與月行便差背向一畔，相去漸漸遠，其受光面不正，至朔行又相遇。日與月正緊相合，日便蝕，無光。月或從上過，或從下過，亦不受光。星亦是受日光，但小耳。北辰中央一星甚小，謝氏謂「天之機」，亦略有意，但不似「天之樞」較切。[1]

朱熹這裡對天文曆法的闡述明顯帶著理學家的印記，這是一個重要的研究面向。朱熹對理學家天文思想的繼承，一是說明天文思想在理學家視野裡廣泛存在，並構成了他們談論天道思想存在的基礎。二是說明人在天文思想中的占比正在逐步提升。相比於「道」的純自然觀，「理」思想更加強調「天道維度下人發揮的作用」。人雖無力變更天道，但人在認知天道上有著獨特的作用與地位。於是，天帶來的神秘性或許可以經由人的接觸，而發展出一種「天文學知識」。如先民對日、月、北斗、星宿的描述，便是典型的天文考古學的知識。

日月升降三萬里之中，此是主黃道相去遠近而言。若天之高，

---

[1] 黎靖德編，王星賢點校：《朱子語類》（北京：中華書局，1994年），頁17。

則里數又煞遠。或曰八萬四千里,未可知也。立八尺之表,以候尺有五寸之景,寸當千里,則尺有五寸恰當三萬里之半。日去表有遠近,故景之長短為可驗也。曆家言天左旋,日月星辰右行,非也。其實天左旋,日月星辰亦皆左旋。但天之行疾如日,天一日一周,更攙過一度,日一日一周,恰無贏縮,以月受日光為可見。月之望,正是日在地中,月在天中,所以日光到月,四伴更無虧欠;唯中心有少壓翳處,是地有影蔽者爾。及日月各在東西,則日光到月者止及其半,故為上弦;又減其半,則為下弦。逐夜增減,皆以此推。[1]

---

[1] 黎靖德編,王星賢點校:《朱子語類》(北京:中華書局,1994年),頁17-19。除此還有:地在天中,不為甚大,只將日月行度折算可知。天包乎地,其氣極緊。試登極高處驗之,可見形氣相催,緊束而成體。但中間氣稍寬,所以容得許多品物。若一例如此氣緊,則人與物皆消磨矣!謂日月只是氣到寅上則寅上自光,氣到卯上則卯上自光者,亦未必然。既曰日月,則自是各有一物,方始各有一名。星光亦受於日,但其體微爾。五星之色各異,觀其色,則金木水火之名可辯。衆星光芒閃爍,五星獨不如此。衆星亦皆左旋,唯北辰不動,在北極五星之旁一小星是也。蓋此星獨居天軸,四面如輪盤,環繞旋轉,此獨為天之樞紐是也。日月薄蝕,只是二者交會處,二者緊合,所以其光掩沒,在朔則為日食,在望則為月蝕,所謂「紓前縮後,近一遠三」。如自東而西,漸次相近,或日行月之旁,月行日之旁,不相掩者皆不蝕。唯月行日外而掩日於內,則為日蝕;日行月外而掩月於內,則為月蝕。所蝕分數,亦推其所掩之多少而已。
日月升降三萬里中,謂夏至謂冬至,其間黃道相去三萬里。夏至黃道高,冬至黃道低。伊川誤認作東西相去之數。形器之物,雖天地之大,亦有一定中處。伊川謂「天地無適而非中」,非是。
先生論及璣衡及黃赤道日月躔度,潘子善言:「嵩山本不當天之中,為是天形敧側,遂當其中耳。」曰:「嵩山不是天之中,乃是地之中。黃道赤道皆在嵩山之北。南極北極,天之樞紐,只有此處不動,如磨臍然。此是天之中至極處,如人之臍帶也。」
季通嘗設一問云:「極星只在天中,而東西南北皆取正於極,而極星皆在其上,何也?」某無以答。後思之,只是極星便是北,而天則無定位。
南極在下七十二度,常隱不見。唐書說,有人至海上,見南極下有數大星甚明。此亦在七十二度之內。

宋代如此精確的天文考古學知識，讓今天的學者都對其來源感到不解。他們不知道古人在生產力如此低下的時代是如何測算出這些準確的天文星象軌跡，但這些知識卻又在真實地左右著先民們的農業生產。同時，觀象授時的天文考古學視角依然在兩宋發揮著作用。於是到這裡，就不得不談談朱熹對曆法的看法。

二 朱熹的曆法傳承說

中國的曆法發展到宋代，已經十分完備。如朱熹對月亮運行規律的理解就十分準確。他說，「每月二十九日半，六百四十分日之二十九計之，觀其合朔為如何。如前月大，則後月初二日月生明；前月小，則後月初三日月生明。」[1]這種判斷基本接近了現代人對月亮大小月的理解。一般來講，宋代民眾通過「觀象授時」來確定二分（春分、秋分）二至（夏至、冬至）已經沒有必要。觀象授時的活動在官方和民間雖然依然存在，但基本上與前面所講的「王權政治」及「測候農時」已無太大關聯。相對於距今六千五百年前的河南濮陽西水坡的仰韶時代蚌塑宗教遺跡，宋代已經屬於「近代」。在這漫長的農業生產與經驗總結中，曆法已經發展得相當完備，甚至有了一些新的變化。如朱熹說：

> 太史公《曆書》是說太初，然却是顓頊《四分曆》。劉歆作《三統曆》。唐一行《大衍曆》最詳備。五代王樸司天考亦簡嚴。然一行王樸之曆，皆止用之二三年即差。王樸曆是七百二十加去。季通所用，却依康節三百六十數。[2]

---

[1] 黎靖德編，王星賢點校：《朱子語類》（北京：中華書局，1994年），頁25。
[2] 黎靖德編，王星賢點校：《朱子語類》（北京：中華書局，1994年），頁25。

從中可以看出，無論是影響朱熹的北宋先師邵雍（邵康節），還是朱熹的門人蔡元定（蔡季通），都能熟練於使用曆法。朱熹本人也是這方面的專家，他曾指出宋代流傳曆法中的些許弊端，如「古今曆家只推算得箇陰陽消長界分耳。」[1]這足以說明朱熹對曆法更為精通。同時，他認為：

> 今之造曆者無定法，只是趕趁天之行度以求合，或過則損，不及則益，所以多差。因言，古之鐘律紐算，寸分毫釐絲忽皆有定法，如合符契，皆自然而然，莫知所起。古之聖人，其思之如是之巧，然皆非私意撰為之也。意古之曆書，亦必有一定之法，而今亡矣。[2]

這是朱熹對南宋曆法現狀的一種評價。中國農業曆法傳至宋代，確實發生了諸多變化。這其中除了有民間傳誦的誤差，還有天空諸星及黃道在歷經漫長時間後也發生了一定的偏移，這些因素使以往的測量方法難免出現一定程度的誤差。如：

> 三代而下，造曆者紛紛莫有定議，愈精愈密而愈多差，由不得古人一定之法也。季通嘗言：「天之運無常。日月星辰積氣，皆動物也。其行度疾速，或過不及，自是不齊。使我之法能運乎天，而不為天之所運，則其疏密遲速，或過不及之間，不出乎我。此虛寬之大數縱有差忒，皆可推而不失矣。何者？以我法之有定而律彼之無定，自無差也。」季通言非是。天運無

---

[1] 黎靖德編，王星賢點校：《朱子語類》（北京：中華書局，1994年），頁25。
[2] 黎靖德編，王星賢點校：《朱子語類》（北京：中華書局，1994年），頁25。

定，乃其行度如此，其行之差處亦是常度。但後之造曆者，其為數窄狹，而不足以包之爾。[1]

出現這種情況除了上述原因，還有的就是，觀測者所處地理位置的不同，也對觀測結果帶來一定影響。朱熹生活的南宋南劍州（今福建省南平市武夷山地區），緯度偏南，不是宋以前《大衍曆》等曆法出現的「中原地帶」（如今河南、河北、山東、山西、陝西等地），故用古法來測量天文，也註定會出現一些問題。朱熹的弟子子升曾問他：「人言虜中曆與中國曆差一日，是否？」朱熹回答說，「只如子正四刻方屬今日，子初自屬昨日。今人才交子時，便喚做今日。如此亦便差一日」[2]，也足見這個問題。但是，朱熹畢竟沒有去過北國（契丹或金國），他對「虜中曆與中國曆」的差別還停留在以往的理論之中。因此，諸多不同之處，在朱熹這裡依然是模糊的狀態存在著。如《語類》記載說：

問：「周公定豫州為天地之中，東西南北各五千里。今北邊無極，而南方交趾便際海，道裡長短夐殊，何以云各五千里？」曰：「此但以中國地段四方相去言之，未說到極邊與際海處。南邊雖近海，然地形則未盡。如海外有島夷諸國，則地猶連屬。彼處海猶有底，至海無底處，地形方盡。周公以土圭測天地之中，則豫州為中，而南北東西際天各遠許多。至於北遠而南近，則地形有偏爾，所謂『地不滿東南』也。《禹貢》言東西南北各二千五百里，不知周公何以言五千里。今視中國，四

---

[1] 黎靖德編，王星賢點校：《朱子語類》（北京：中華書局，1994年），頁25。
[2] 黎靖德編，王星賢點校：《朱子語類》（北京：中華書局，1994年），頁26。

方相去無五千里,想他周公且恁大說教好看。如堯舜所都冀州之地,去北方甚近。是時中國土地甚狹,想只是略相羈縻。至夏商已後,漸漸開闢。如三苗只在今洞庭彭蠡湖湘之間。彼時中國已不能到,三苗所以也負固不服。」(後來又見先生說:「崑崙取中國五萬里,此為天地之中。中國在東南,未必有五萬里。嘗見佛經說崑崙山頂有阿耨大池,水流四面去,其東南入中國者為黃河,其二方流為弱水黑水之類。」)又曰:「自古無人窮至北海,想北海只挨著天殼邊過。緣北邊地長,其勢北海不甚闊。地之下與地之四邊皆海水周流,地浮水上,與天接,天包水與地。」問:「天有形質否?」曰:「無。只是氣旋轉得緊,如急風然,至上面極高處轉得愈緊。若轉纔慢,則地便脫墜矣!」問:「星辰有形質否?」曰:「無。只是氣之精英凝聚者。」或云:「如燈花否?」曰:「然。」[1]

總體而來,曆法的常態沒有太多變化。《語類》中有這樣一句話:「先在先生處見一書,先立春,次驚蟄,次雨水,次春分,次穀雨,次清明。云:『漢曆也。』」[2]說明朱熹所見的曆法與千年之前是在同一個脈絡之下的。

朱熹的曆法思想受到他弟子蔡元定的影響,這是一個很有意思的存在。在朱熹身邊,真正實現了「三人行必有我師」的儒家思想。如:

曆法,季通說,當先論天行,次及七政。此亦未善。要當先論太虛,以見三百六十五度四分度之一,一一定位,然後論天行,

---

[1] 黎靖德編,王星賢點校:《朱子語類》(北京:中華書局,1994年),頁27-28。
[2] 黎靖德編,王星賢點校:《朱子語類》(北京:中華書局,1994年),頁26。

以見天度加損虛度之歲分。歲分既定，然後七政乃可齊耳。
或問：「季通曆法未是？」曰：「這都未理會得。而今須是也會布算，也學得似他了，把去推測，方見得他是與不是。而今某自不曾理會得，如何說得他是與不是。這也是康節說恁地。若錯時，也是康節錯了。只是覺得自古以來，無一箇人考得到這處。然也只在《史記》《漢書》上，自是人不去考。司馬遷班固劉向父子杜佑說都一同，不解都不是。」[1]

只不過，從邵雍處及蔡元定處獲得的曆法知識並未讓朱熹真正地信服。他自己曾嘗試依古法仿製觀測設備來加以驗證，頗有些南宋版的科學精神。如：

> 渾儀可取，蓋天不可用。試令主蓋天者做一樣子，如何做？只似箇雨傘，不知如何與地相附着。若渾天，須做得箇渾天來。[2]

> 渾象之說，古人已慮及此，但不說如何運轉。今當作一小者粗見其形制，但難得車匠耳。[3]

> 竹尺一枚，煩以夏至日依古法立表以測其日中之影，細度其長短示及。[4]

---

[1] 黎靖德編，王星賢點校：《朱子語類》（北京：中華書局，1994年），頁26-27。
[2] 黎靖德編，王星賢點校：《朱子語類》（北京：中華書局，1994年），頁27。
[3] 朱熹：《朱子全書》（上海：上海古籍出版社；合肥：安徽教育出版社，2002年），第25冊，頁4713。
[4] 朱熹：《朱子全書》（上海：上海古籍出版社；合肥：安徽教育出版社，2002年），第22冊，頁1968。

朱熹的這些天文曆法實踐雖然簡陋，也不一定能真正驗證邵、蔡二人天文知識的真偽。但是這些舉動也足以見他開始對自己「形而上之理」尋找「形而下之器」的依據。這在當今社會或許並非難事，但對於宋代那些主張「聖人文章」不可變動的腐儒[1]來說，已經是很大的進步。或者說，從朱熹對形而下踐履的實現，也足以發現他正試圖與他青年時見過的腐儒相區別。

朱熹對天文曆法的看法往往呈現出一種樸素的科學態度，如以下四個事例：

一是朱熹已經明確知道月亮發光是反射太陽的光所致。

> 月體常圓無闕，但常受日光為明。初三四是日在下照，月在西邊明，人在這邊望，只見在弦光。十五六則日在地下，其光由地四邊而射出，月被其光而明。月中是地影。月，古今人皆言有闕，惟沈存中云無闕。[2]

---

[1] 詳見本書第二章第三節「朱熹對聖人圖像的發展」中束景南先生的描述。

[2] 黎靖德編，王星賢點校：《朱子語類》（北京：中華書局，1994年），頁19-20。除此還有：「月無盈闕，人看得有盈闕。蓋晦日則月與日相疊了，至初三方漸漸離開去，人在下面側看見，則其光闕。至望日則月與日正相對，人在中間正看見，則其光方圓。」因云，禮運言：「播五行於四時，和而後月生也。」如此，則氣不和時便無月，恐無此理。其云「三五而盈，三五而闕」，彼必不曾以理推之。若以理推之，則無有盈闕也。畢竟古人推究事物，似亦不甚子細。或云：「恐是說元初有月時。」曰：「也說不得。」
問「弦望」之義。曰：「上弦是月盈及一半，如弓之上弦；下弦是月虧了一半，如弓之下弦。」又問：「是四分取半否？」曰：「如二分二至，也是四分取半。」因說曆家謂「紆前縮後，近一遠三」。以天之圍言之，上弦與下弦時，月日相看，皆四分天之一。問：「月本無光，受日而有光。季通云：『日在地中，月行天上。所以光者，以日氣從地四旁周圍空處迸出，故月受其光。』」先生曰：「若不如此，月何緣受得日光？方合朔時，日在上，月在下，則月面向天者有光，向地者無光，故人不見。及至望時，月面向人者有光，向天者無光，故見其圓滿。若至弦時，所謂『近

二是朱熹知道地球是不發光的,並且月亮的影子與地球無關。

> 或問:「月中黑影是地影否?」曰:「前輩有此說,看來理或有之。然非地影,乃是地形倒去遮了他光耳。如鏡子中被一物遮住其光,故不甚見也。蓋日以其光加月之魄,中間地是一塊實底物事,故光照不透而有此黑暈也。」問:「日光從四邊射入月光,何預地事,而礙其光?」曰:「終是被這一塊實底物事隔住,故微有礙耳。」(或錄云:「今人剪紙人貼鏡中,以火光照之,則壁上圓光中有一人。月為地所礙,其黑暈亦猶是耳。」)康節謂:「日,太陽也;月,少陰也;星,少陽也;辰,太陰也。星辰,非星也。」又曰:「辰弗集於房。」房者,舍也。故十二辰亦謂之十二舍。上「辰」字謂日月也,所謂三辰。北斗去辰爭十二來度。日蝕是日月會合處。月合在日之下,或反在上,故蝕。月蝕是日月正相照。伊川謂月不受日光,意亦相近。蓋陰盛亢陽,而不少讓陽故也。又曰:「日月會合,故初一初二,月全無光。初三漸開,方微有弦上光,是哉生明也。開後漸亦光,至望則相對,故圓。此後復漸相近,至晦則復合,故暗。月之所以虧盈者此也。」[1]

三是朱熹對日食與月食的看法基本接近於現代的科學主流觀點。他指出,「日月食皆是陰陽氣衰。徽廟朝曾下詔書,言此定數,不足

一遠三』,只合有許多光。」又云:「月常有一半光。月似水,日照之,則水面光倒射壁上,乃月照也。」問:「星受日光否?」曰:「星恐自有光。」問:「月受日光,只是得一邊光?」曰:「日月相會時,日在月上,不是無光,光都載在上面一邊,故地上無光。到得日月漸漸相遠時,漸擦挫,月光漸漸見於下。到得望時,月光渾在下面一邊。望後又漸漸光向上去。」

[1] 黎靖德編,王星賢點校:《朱子語類》(北京:中華書局,1994年),頁20-21。

為災異,古人皆不曉曆之故。」[1]從這一點可以看出,宋代的文人士大夫對天文星象的看法已經達到了一種科學式的共識。他們已經開始對以前的天文知識作出反思。

> 問:「自古以日月之蝕為災異。如今曆家却自預先算得,是如何?」曰:「只大約可算,亦自有不合處。有曆家以為當食而不食者,有以為不當食而食者。」
> 曆家之說,謂日光以望時遙奪月光,故月食;日月交會,日為月掩,則日食。然聖人不言月蝕日,而以「有食」為文者,闕於所不見。
> 日食是為月所掩,月食是與日爭敵。月饒日些子,方好無食。日月交蝕。(暗虛。)[2]

四是他們對彗星的看法也接近於現代科學,而非一般人認為的「災禍之星」。

> 星有墮地其光燭天而散者,有變為石者。
> 分野之說始見於春秋時,而詳於《漢志》。然今《左傳》所載大火辰星之說,又却只因其國之先曾主二星之祀而已。是時又

---

[1] 黎靖德編,王星賢點校:《朱子語類》(北京:中華書局,1994年),頁22。
[2] 黎靖德編,王星賢點校:《朱子語類》(北京:中華書局,1994年),頁21-22。除此還有:「遇險」,謂日月相遇,陽遇陰為險也。橫渠言,日月五星亦隨天轉。如二十八星宿隨天而定,皆有光芒;五星逆行而動,無光芒。緯星是陰中之陽,經星是陽中之陰。蓋五星皆是地上木火土金水之氣上結而成,卻受日光。經星卻是陽氣之餘凝結者,疑得也受日光。但經星則閃爍開闔,其光不定。緯星則不然,縱有芒角,其本體之光亦自不動,細視之可見。莫要說水星。蓋水星貼著日行,故半月日見。夜明多是星月。早日欲上未上之際,已先爍退了星月之光,然日光猶未上,故天欲明時,一霎時暗。

未有所謂趙魏晉者。然後來占星者又却多驗，殊不可曉。
叔重問星圖。曰：「星圖甚多，只是難得似。圓圖說得頂好。
天彎，紙却平。方圖又却兩頭放小不得。」又曰：「那箇物事
兩頭小，中心漲。」又曰：「三百六十五度四分度之一，想見
只是說赤道。兩頭小，必無三百六十五度四分之一。」[1]

以上朱熹關於天文星象及日月之象的記載，在一定程度上顛覆了今天部分人們對古人的認知。在建國初期的農村還一直流傳的天象災異之說，竟然在一千多年前的宋代就已經有了科學的解答。這是最令人感到詫異的。

三 朱熹的季節氣象說

先民對季節的掌握是觀象授時的最典型的特徵，而氣象又是自然與人交往的最直觀的仲介。先民往往以氣象映射著天的人格面向，如天喜為晴，天怒為雷電。民間傳說中的雷公電母往往被視為天怒的表現。但到了宋代，隨著人們認識的發展，天的自然面向慢慢被人所熟知。如朱熹就指出：

風只如天相似，不住旋轉。今此處無風，蓋或旋在那邊，或旋在上面，都不可知。如夏多南風，冬多北風，此亦可見。
霜只是露結成，雪只是雨結成。古人說露是星月之氣，不然。今高山頂上雖晴亦無露。露只是自下蒸上。人言極西高山上亦無雨雪。[2]

1　黎靖德編，王星賢點校：《朱子語類》（北京：中華書局，1994年），頁22。
2　黎靖德編，王星賢點校：《朱子語類》（北京：中華書局，1994年），頁23。

朱熹對氣象的認識已經接近於現代的知識構成。不僅如此，他還能準確知曉霜雪雲露之間的區別：

> 高山無霜露，却有雪。某嘗登雲谷。晨起穿林薄中，並無露水沾衣。但見煙霞在下，茫然如大洋海，眾山僅露峰尖，煙雲環繞往來，山如移動，天下之奇觀也！」或問：「高山無霜露，其理如何？」曰：「上面氣漸清，風漸緊，雖微有霧氣，都吹散了，所以不結。若雪，則只是雨遇寒而凝，故高寒處雪先結也。」[1]

甚至朱熹還認知到天的不同層次，如：

> 道家有高處有萬里剛風之說，便是那裏氣清緊。低處則氣濁，故緩散。想得高山更上去，立人不住了，那裏氣又緊故也。《離騷》有九天之說，注家妄解，云有九天。據某觀之，只是九重。蓋天運行有許多重數。（以手畫圖暈，自內繞出至外，其數九。）裏面重數較軟，至外面則漸硬。想到第九重，只成硬殼相似，那裏轉得又愈緊矣。[2]

顯然，這裡朱熹的認識已經接近了現代地理科學。雖然朱熹的很多解釋還停留在可觀察的空想階段，如「雪花所以必六出者，蓋只是霰下，被猛風拍開，故成六出。如人擲一團爛泥於地，泥必濆開成稜瓣也。又，六者陰數，大陰玄精石亦六稜，蓋天地自然之數。」[3] 但至少說

---

[1] 黎靖德編，王星賢點校：《朱子語類》（北京：中華書局，1994年），頁23。
[2] 黎靖德編，王星賢點校：《朱子語類》（北京：中華書局，1994年），頁23。
[3] 黎靖德編，王星賢點校：《朱子語類》（北京：中華書局，1994年），頁23。

明朱熹已經開始堅持用科學的態度來理解這個社會。這與人們一直認為古人多迷信的說法大相逕庭。如他對龍的解釋就很有意思：

> 問龍行雨之說。曰：「龍，水物也。其出而與陽氣交蒸，故能成雨。但尋常雨自是陰陽氣蒸鬱而成，非必龍之為也。『密雲不雨，尚往也』，蓋止是下氣上升，所以未能雨。必是上氣蔽蓋無發洩處，方能有雨。橫渠《正蒙》論風雷雲雨之說最分曉。」[1]

朱熹對氣象科學的看法與兩宋理學家達成了一種共識。

> 問：「雷電，程子曰：『只是氣相摩軋。』是否？」曰：「然。」「或以為有神物。」曰：「氣聚則須有，然纔過便散。如雷斧之類，亦是氣聚而成者。但已有渣滓，便散不得，此亦屬『成之者性。』張子云：『其來也，幾微易簡；其究也，廣大堅固。』即此理也。」[2]

在古代，雷一般被認為是天情緒的一種表達。民間也用是否遭到雷擊來形容一個人的德行好壞。然而，朱熹卻用一種自然之法談了這個問題。

> 雷如今之爆杖，蓋鬱積之極而迸散者也。
> 十月雷鳴。曰：「恐發動了陽氣。所以大雪為豐年之兆者，雪

---

[1] 黎靖德編，王星賢點校：《朱子語類》（北京：中華書局，1994年），頁23。
[2] 黎靖德編，王星賢點校：《朱子語類》（北京：中華書局，1994年），頁24。

非豐年，蓋為凝結得陽氣在地，來年發達生長萬物。」
雷雖只是氣，但有氣便有形。如蝘蜓本只是薄雨為日所照成影，然亦有形，能吸水，吸酒。人家有此，或為妖，或為祥。[1]

在這裡完全看不到任何神化或巫蠱的成份。將朱熹的存世文稿相對比，可以發現這裡隱含了一個非常有趣的問題：既然朱熹是以自然的視角來看待風雨雷電，且不語「怪力亂神」，那他又為何如此重視風水、符咒、墓葬、祭禮呢？要明白這些問題，就涉及到下一篇章的家庭與墓葬等問題。這裡暫時懸置。

總之，朱熹對氣象的理解已經接近於現代地理科學（如他對虹的解釋：「虹非能止雨也，而雨氣至是已薄，亦是日色射散雨氣了。」[2]）只不過，他的認知由於受到時代的限制，也有一些光怪陸離的想法。如下面這一段關於「雹是蜥蜴做」的對話：

> 伊川說：「世間人說雹是蜥蜴做，初恐無是理。」看來亦有之。只謂之全是蜥蜴做，則不可耳。自有是上面結作成底，也有是蜥蜴做底，某少見十九伯說親見如此。十九伯誠確人，語必不妄。又，此間王三哥之祖參議者云，嘗登五台山，山極高寒，盛夏攜綿被去。寺僧曰：「官人帶被來少。」王甚怪之。寺僧又為借得三兩條與之。中夜之間寒甚，擁數牀綿被，猶不煖。蓋山頂皆蜥蜴含水，吐之為雹。少間，風雨大作，所吐之雹皆不見。明日下山，則見人言，昨夜雹大作。問，皆如寺中所見者。又，《夷堅志》中載劉法師者，後居隆興府西山修道。山多

---

[1] 黎靖德編，王星賢點校：《朱子語類》（北京：中華書局，1994年），頁24。
[2] 黎靖德編，王星賢點校：《朱子語類》（北京：中華書局，1994年），頁24。

蜥蜴，皆如手臂大。與之餅餌，皆食。一日，忽領無限蜥蜴入菴，井中之水皆為飲盡。飲乾，即吐為雹。已而風雨大作，所吐之雹皆不見。明日下山，則人言所下之雹皆如蜥蜴所吐者。蜥蜴形狀亦如龍，是陰屬。是這氣相感應，使作得他如此。正是陰陽交爭之時，所以下雹時必寒。今雹之兩頭皆尖，有稜道。疑得初間圓，上面陰陽交爭，打得如此碎了。「雹」字從「雨」，從「包」，是這氣包住，所以為雹也。[1]

雖然朱熹對程伊川和十九伯兩人的談論持懷疑態度，但是科學知識欠缺的南宋卻也找不到合適的方式來檢驗。這可能是朱熹自然觀中的一個有趣的現象。

小結

從先民的天文考古思想發展到朱熹的天文觀，可以發現天文思想發展的脈絡是個越發清晰合理的過程。人們對天文知識的掌握，對考古文物、遺跡的繼承與解讀，慢慢形成了接近現當代的自然之天的理解方式。很顯然，宋代對天文的理解，基本上已經接近到現代科學水準。樂愛國指出：

> 朱熹對自然界事物有很大的興趣，並且做過深入的研究。儘管從現代自然科學家的角度看，朱熹對於自然界事物的研究既缺乏嚴格而精確的科學實驗和觀察，又缺少嚴密而深入的邏輯分析和推理，很難被認作是一種科學的研究。但是，從中國古代

---

[1] 黎靖德編，王星賢點校：《朱子語類》（北京：中華書局，1994年），頁24-25。

科技的發展看,朱熹通過自己的不懈努力,的確取得了一定水準的研究成果,其中某些成果代表了當時的科學水準。[1]

實際上當人們翻閱宋朝史料會發現,類似朱熹在天文學中研究的自然之天的面向已經非常普遍了。除朱熹外,曾被朱熹在同安一任時樹立的文人領袖蘇頌,他所研發的天文鐘「水運儀象台」,也是相當先進的天文觀測與查詢儀器。雖然,它們較之今日的儀器在精密度上略顯遜色,我們不必對其過於苛責。不管如何,假使以朱熹為代表的自然之天的思想能被後世之人完美繼承,那麼明清之際的學者對理學的看法可能會更加側重於「形而下」的理／氣／器,而非「形而上」的道。這是理解朱熹非常重要的一個方面。

---

[1] 樂愛國:《走進大自然的宋代大儒:朱熹的自然研究》(深圳:海天出版社,2014年),頁106。

第六章
農業文明與儒家家庭觀

　　南宋的家庭關係構成中，依然保留著農業文明權力的基因與殘影。基於此，在理解南宋的家庭問題時，時常會讓人感受到家庭成員之間有「權力等級」的現象。這種「權力等級」在家庭內部達成了以「權力」為核心的平衡樣態。家庭成員之間的「權力等級」是古代家庭生活的一個主要特徵。因此，為了探索南宋家庭問題的深層次動因，我們不妨先將視線集中到與天文考古學有關的農業文明之中，通過探明朱熹家庭思想來理解這一獨特的歷史背景。

一　農業文明與家庭源起

　　農業文明相對於採摘文明和遊牧文明，是產生家庭、家族的良好溫床。在一定程度上，農業文明與家庭具有先天本根性的聯繫。這種聯繫既取決於定居生活方式帶來的家庭內部族群的穩定，也取決於以血緣為根基的人與人之間核心家庭思維的形成。

　　「家」不只是一種單純形而上的概念，而是一種含有形而下的真實世界的現象的構成。在這個意義上說，對「家」的研究就具有經濟關係理性的現實意味。因此，在討論「家」問題之前，對於家的背景文化與文明的揭示，就顯得尤為重要了。「家」的文明底蘊也在這種思維下慢慢顯露出來了。既然談到了「家」產生的歷史背景，那麼這裡就有必要將思考的時間維度回溯到距今四五千年之前的先民時代，通過瞭解「家」在農業文明中的初級樣態，來理解朱熹家庭思想來源

中的天文地理知識。同時通過理解漢民族「家」文化的由來，也更容易理解朱熹家庭思想的理論動因。這樣的思考，既能將「家」放置於一個可信的視閾中來討論，也為本文接下來的討論省去了不必要的麻煩，避免大家在理解上產生不必要的歧義。

　　農業文明的建立離不開天文考古學的發展。從天文考古學的視角來看，古老的天文學的思想中蘊含了豐富的文化，可以揭示出儒家思想來源的底層邏輯。這對當代學者研究儒家的形而上之「家」是至關重要的。這也就是說，中國傳統文化源於中國傳統的文明。對中國傳統文明的瞭解，有助於清晰中華「家」文化的產生與演進。

> 中國傳統文明的首要義涵乃在於對古代制度及宇宙觀的建立，準確地說，古人定義文明並不特別注重他們創造的物質文明成果，至少不以其作為闡釋文明的第一要素。物質文明所展現的技術進步事實上是為政治與宗教服務的，而與物質文明的創造相比，先民早期知識體系、禮儀制度與思想觀念的形成則在根本上體現著人類擺脫野蠻狀態最重要的標誌，成為界定文明誕生的真正標準。很明顯，由於人類文明的歷史是由精神文明與物質文明共同構成的，因此，以重建古代歷史為己任的考古學研究不可能也不應該忽視對古代制度與形而上思想的探索。[1]

中國的古代制度與形而上思想對於談論「家」思想是不錯的兩個選擇。無論是家庭還是家族，它們在本質上都是一種社會制度下的產物。因此，這裡先將構成禮學、蒙學、血緣關係的古代制度做一簡短的梳理是十分有必要的。

1　馮時：《文明以止：上古的天文、思想與制度》（北京：中國社會科學出版社，2018年），頁1。

制度是在歷史的演進過程中，由古代先民通過生活生產實踐沉積出來的一種人與人之間的溝通方式。它並不是先天本有的存在。最原始的制度設計呈現不一定完美，甚至存在著粗糙、片面或迷信的部分。但是，這種制度的形成揭示了原始「家」思想形成的歷史邏輯。於是，在對古代制度及形而上思想的探索中人們無意中發現了「家」思想產生的邏輯地基。對這個「地基」的討論，可以揭開「家」思想中一直殘留的眾多謎題。如果進一步思考關於「家」的問題，又不得不回到以土地為核心的農耕文明這個視野中。這是一個迴環，但又是不得不走的一段路程。

　　人類的諸多思想、知識都來源於先民生活的這片繁榮的大地。「家」雖然以地為基，卻從未被限制於大地之上，它的諸多思想與天有關。人類的知識體系在地與天的相融中，展示出絢爛多彩的知識世界。

> 人類知識體系的形成根植於三種最古老的科學，即天文學、數學和力學。這三種科學之所以古老，原因就在於其直接服務於先民的生產和生活。如果說力學的產生是人類為從事農業生產而適應定居生活的需要的話，那麼天文學則是作為農業生產的基礎而存在的。[1]

這裡揭示了古代先民的知識與天文學的關係。馮時指出：

> 當先民擺脫了原始的採集狩獵經濟，而以人工栽培農業的生產方式為氏族提供有保障的食物來源的時候，天文學就應運而生

---

[1] 馮時：《文明以止：上古的天文、思想與制度》（北京：中國社會科學出版社，2018年），頁1。

了。眾所周知,地理的南北差異與氣候的冷暖變化直接影響著先民是否可以隨時採集果實維持生存,如果寒冷的季節過長,則在相當的時間內將無實可採,這意味著原始農業一定首先發生在寒暑季節變化分明的維度地區,而在這樣的地區從事農耕生產,一年中真正適合播種和收穫的時間非常有限,有時甚至只有短短幾天,顯然,瞭解並掌握時間——農時——對農作的豐歉至為關鍵。[1]

這裡指出了天文與農業之間的重要性。他接著指出:

因此就農業的起源而言,古人對時間的認識已成為其不可或缺的首要前提。事實上,沒有古人對時間的掌握不會有人工栽培農業的出現,我們不能想像,一個對時間茫然無知的民族可以創造出發達的農業文明,這種情況是根本不可能發生的。而對早期先民而言,解決時間問題的唯一方法只能到天上去尋找,這個工作就是觀象授時。顯然,原始農業對於時間的需要促使天文學最早發展起來。[2]

於是,家思想的本體論來源之一便顯現出來——時間。在農業文明與家思想之間,時間成為家思想研究中的主要媒介。對於中國的家思想的分析,顯然不是簡單地從形而上學的一些概念入手就可以解決問題。或者說,無論研究儒家的家思想,還是朱熹的以理學為背景的家

---

[1] 馮時:《文明以止:上古的天文、思想與制度》(北京:中國社會科學出版社,2018年),頁1。

[2] 馮時:《文明以止:上古的天文、思想與制度》(北京:中國社會科學出版社,2018年),頁1。

思想，都不能離開時間這個維度。因此，當我們闡明了時間這個維度，對朱熹家庭思想的本體論認知才會可能有腳踏實地的感覺。

現代人對時間觀念的哲學認識主要來自於運動呈現出來的一個範疇，這是最為樸素而又直觀的關於時間的描述。在這種描述中，時間被表述為一種「物質運動的持續性、順序性，特點是一維性，即時間的流逝一去不復返」。這個概念詮釋的優點是它表明了時間的特點，但缺點是沒有說明時間的作用。因此，人們對時間的認識還是源於電子產品或日曆上數字的變化，而較少關注「時間」觀念的由來。對時間觀念的漠然，讓我們很難回答「日常生活中」孩童們提問的諸多現象。兒童一些關於時間的簡單問題，常讓成人陷入無計可施的窘境。

時間與空間不一樣，空間是一種純粹客觀並可視化存在的物質現象，而時間是一種以空間為背景而存在的精神現象。它們的不同決定了空間可以度量，而時間只能類比。時間的類比性也曾一度讓物理學家施一公懷疑時間存在的可信性[1]，他甚至懷疑時間就是運動的一個部分。對於這個物理學公案我們無力去判斷是非，但時間的特點卻讓人們不得不重新認識時間、理解時間。

農業文明的產生與時間的產生是息息相關的。沒有時間，農業只能是先民的一場生存「豪賭」。不同緯度地區的春夏秋冬有著不同的季節長度。因此，試圖採用單一的種植方式來維持生活資料的想法註定是愚蠢的。可見，農時對於農業的存在就是不可或缺的前提條件。但是，這裡的問題是，這種「非可視化」的時間如何被「覺察」？這顯然不是一個普通人可以完成的事。

因此，農業文明的核心就又偏重到了「文明」這個層面。馮時認為，「何謂文明，澄清這一問題對正確認識中國文化及宇宙觀非常重

---

[1] 清華施一公院士演講：世界不客觀，時間不存在，我不知道。網址：https://zhuanlan.zhihu.com/p/425712765。

要。文明的誕生源自先民對於天人關係的獨特理解，體現了天文作為文明之源的固有思考。」[1]他的理由見於《周易・乾・文言》中「見龍在田，天下文明」的表達。他說：

> 龍本為上古時代觀象授時的重要星象，其由二十八星宿東宮七宿中的六宿所組成。每當黃昏日沿後蒼龍之角宿初現於東方的時候，這一天象被稱為「見龍在田」。古人又以東方屬陽，故龍星自東方地平線上升起的天象也就是所謂「陽氣在田」，而傳統則以陽氣主生，所以初民根據龍星東升天象的觀測以行農事，便「始生萬物」而享有豐年，終致天下有文章而光明。[2]

他認為「『天下有文章而光明』的思想，其本質所強調的實為人文之彰著，這裡的『文』也就是『文明』之『文』。」[3]

這段文字闡述了一套文明產生的本體論邏輯：天象構成農業存在的基礎，天決定著地面之物的生滅。文明之「文」不過是古代先民在農業生活中積攢下來的便於生產和生活效益的「約定俗成」。那麼，這裡的問題就是，這種由「天」決定「地」的思維邏輯是如何在現實生活中得以體現出來的，可能最終的答案也就只有時間。可以說，時間化身成為「天」對「地」使用權力的使者。

利用這套邏輯來分析《論語》中「文、質」之間的關係，會發現「文」的位階明顯要高於「質」一個層次。那麼，文是什麼？馮時認

---

[1] 馮時：《文明以止：上古的天文、思想與制度》（北京：中國社會科學出版社，2018年），頁2。

[2] 馮時：《文明以止：上古的天文、思想與制度》（北京：中國社會科學出版社，2018年），頁3。

[3] 馮時：《文明以止：上古的天文、思想與制度》（北京：中國社會科學出版社，2018年），頁3。

為,「文」是經德養之後所表現的文雅,通過內心修養所獲得的文雅自然是對初民本能之質的修飾,這種修養的文雅由內而外,以德容的形式彰顯出來,這便是古人所稱的「文明」本義。[1]質是什麼?「質」的思想表現人天生所具有的動物性本能。這裡,我們需要質疑的就是這個「古人」恐怕不是他先前提到的「先民」,而是周公春秋戰國時期的人們。

在農業文明中,家庭的生存必須有實效性保證,而不是簡單的「禮儀性」的「文雅」和「內心修養」就可以滿足的。用這種表述來形容周公建禮之後的中國家庭社會是沒有任何問題的,但需憑藉天文觀象授時以取得生存糧食的先民來說,他們更加關注的是「人對天象」把握的準確程度。

這就說明,觀象授時最初不是某個特殊階級的獨享,而是廣泛存在於先民的每個家庭之中。只不過,多個家庭在「觀象授時」時所採用方法是五花八門的,這種觀測的多樣性也就決定了每個人獲得的「時間」的準確性是無法保證的。因此,在立春、穀雨、春分、夏至等節氣才開始去種田的,比比皆是。但是,他們慢慢發現,只有東方出現「陽氣」並從插入地面的仙鶴腿骨中發出了一種奇怪的聲響的時候,他們的農業生產才能取得較好的收成。而這些「陽氣產生」與「仙鶴腿骨發出聲音」的時間,剛好與天空上一些固定的星團出現的時間相一致。在經年歷久的驗證下,先民們逐漸將所有的農業活動進行的實踐都匯集於「觀象授時」這一個主要維度中。

因為授時精確性決定農業生產的豐歉,關係到產生子嗣的多寡及應對自然災異的能力。先民們盡其所能地追求農業生產效益的最大化。於是,他們關於「授時」的比賽就在這種無聲的角逐中默默地發

---

[1] 馮時:《文明以止:上古的天文、思想與制度》(北京:中國社會科學出版社,2018年),頁3。

生著。先民們參與比賽唯一的籌碼就是「自己內心中授時的方法」，自然就有勝利方與失敗方。失敗一方放棄自己原來固有的「授時」方法來追隨勝利者。最早的權力關係就在這種看似沒有「損失」的情境中慢慢地孕育著。

人區別於動物的一個重要特徵就是人善於「溝通交流」。「溝通交流」提高了先民們獲得知識的便捷性，但同時也造成了洩漏自己的「隱私」為代價。當他與別人處於敵對狀態時，這些被洩漏的「隱私」極可能成為導致他失敗的關鍵因素。於是，交流成為一種有獎有罰的存在樣態。它無論在家庭中發生，還是在家族中發生，都在悄然孕育著一種新的生活方式：政治。在這種背景下，「能者優先」或「智者優先」在小的群體活動中的決策力，最終都會由成員「自願接受」變成成員「必然接受」。「必然接受」一旦通過外在強力得以鞏固，等級關係便在家庭與家族之間產生，家庭成員中「領導」與「被領導」的政治關係也就是水到渠成的事了。如馮時認為：

> 觀象授時雖然從表面上看只是一種天文活動，其實不然，它從一開始便具有強烈的政治意義。很明顯，在生產力水準相當低下的遠古社會，如果有人能夠通過自己的智慧與實踐逐漸瞭解了在多數人看來神秘莫測的天象規律，這本身就是了不起的成就。因此，天文知識在當時其實就是最先進的知識，這當然只能為極少數的人所掌握。《周髀算經》所謂「知地者智，知天者聖」，講的就是這個道理。[1]

這裡，馮時介紹了政治權利最為樸素的一種來源方式。他同時指出：

---

[1] 馮時：《文明以止：上古的天文、思想與制度》（北京：中國社會科學出版社，2018年），頁33。

一旦有人掌握了這些知識，他便可以通過觀象授時的特權實現對氏族的統治，這便是王權的雛形。理由很簡單，觀象授時是影響作物豐歉的關鍵因素，對遠古先民而言，一年的絕收將會決定整個氏族的命運。顯然，天文學事實上是古代政教合一的帝王所掌握的神秘知識，對於農業經濟來說，作為曆法準則的天文學知識具有首要的意義，誰能把曆法授予人民，誰就有可能成為人民的領袖。因此在遠古社會，掌握天時的人便被認為是瞭解天意的人，或者是可以與天溝通的人，誰掌握了天文學，誰就獲得了統治的資格。[1]

這一段描寫對於政治而言顯然過於「理想」，它基本上是政治上依據「能者居之」思維的運用。這種政治思維在家族層面存在著巨大的問題。首先，「觀象授時」之法在原始的先民生活中是很難被保存下來的。個別先民不會拿「觀象授時」的方法來換取一個短期看不到「實際利益」的權力。在二十世紀八〇年代之前，在天氣預報系統並不發達的時代，中國廣大的貧困農村依然會看到，村中少有的「能人」通過各種方式來預知天氣[2]，但他們多數因為與他人的意見不同，而被排擠在權力之外。權力的本質是人對人的操控，而不是人對天文學或知識的操控。因此，那種認為在家庭或氏族的層面掌握了天文學知識的人，就可以「成王」或「是王」，這種判斷顯然過於武斷。此外，通過地下古墓遺跡中的天文學知識（如河南濮陽西水坡45號墓中有左青龍右白虎的貝殼圖案）來判斷墓主人為王，也多少有臆測的成分。只能說，這些「掌握天文學知識」的人可能會被重用，或在社會上有

---

1 馮時：《文明以止：上古的天文、思想與制度》（北京：中國社會科學出版社，2018年），頁33。
2 如民間傳統相聲《黃半仙》中黃蛤蟆老婆的風濕病，可預知一天的陰晴。

一定的專屬地位,這樣的解釋可能會更為中肯一些。

不同的是,在家庭之中如果誰能掌握天文學的知識,他則可能成為家中的政治領導者。因為,以血親聯繫所組成的家庭成員在生存上無法存在明晰的界線,他們是緊密聯繫在一起的。家長(無論男女)掌握的農業知識會直接影響到家庭的各個方面,自然也包括家庭的權利構成。因此,以農業為核心的文明社會中,天文學知識的掌握甚至可以打破家庭原有的倫理綱常秩序。如朱熹在《朱子家訓》裡講的「有德者,年雖下於我,我必尊之;不肖者,年雖高於我,我必遠之。」[1]實際就是說明「知與文」在家庭生活中的重要作用,它可以跨越階層,成為主宰。這是理解朱熹家庭思想的第一個面向。

因此,觀象授時在國與家兩個層面的出現,也就揭示了家庭與「時間」在本體論層面存在著一定的關係。而時間的線索一旦被標出,關於家庭思想的所有問題也就在這個仲介上慢慢找到了自己的位置。甚至可以說,時間就是一條串聯家庭思想中眾多理念的那根紅繩。人們對家庭的關注絕不會停留在這條「紅繩」上。但是,如果這根繩子斷裂,關於家庭思想中的陰陽思想、美學思想、禮學思想和蒙學思想,就會以自己獨特的樣子變得一盤散沙。當代諸學科分類的混亂,很大程度是因為難以準確把握到連接諸概念的那個關鍵的本體鏈條。

二 時間本體與家庭權力

時間的本體性存在,可以從「天文考古學的證據」和「農業文明

---

[1] 這裡關於「德」的解讀雖然主要還是集中於道德層面,但它依然含有知識的面向。德、道、理在古代中國天然含有「規律」的屬性,是人對人與人、物與物、人與物之間必然關係的不同闡述。因此,家庭成員中如果有小輩掌握了「時間知識」,他也可被看成是有「德」的。

的存在」中尋找到相應的依據。除此之外，中國家庭內部的權力構成，也從側面論證了時間作為本體的重要作用。基於此，時間往往成為判定家庭權力分配的重要標準。例如，中國古代士大夫家庭中的嫡長子繼承制，就是這種以時間本體的現實體現。

　　在一個多子女的士大夫家庭中，即使這些孩子在身材、樣貌上並沒有明顯的區別，但是出生的順序往往決定了子女的長次，母親的身份決定了他的嫡、庶。這個長幼嫡庶決定了他未來在家庭中能獲取的政治權力的大小。「嫡長子」的權力說明了時間賦予家庭部分成員中家庭話語的絕對權威。正因為如此，在現實生活中他往往會獲得更多的物質背書[1]。從這一點上看，時間構成了中國家庭內部政治權利存在的基礎，透析出它在家庭中先天本有的社會價值。

　　雖然以時間本體的權力分布，往往呈現出家庭成員之間的權力分配「不公平」的現象，但是，它的先天優勢（如穩定性）依然決定了先民在傳承權力時將其定為首選。因為，「是否具有治理家庭的能力」與「出生優先的先天權力」相比，「先民的政治權力」與「時間的威信」相比，後者因直白和穩定顯然更具說服力。在這一點上，個人主體的「能力」往往要敗於先天客體的「時間」。這是以家天下為政治模式中最樸素的管理思維。這種管理思維在農業文明的長期運行中被檢證是有效的。當然，「時間本體」與「農業發展」只是中國古代政治權力來源中的一個，決定古代王朝的政治權力傳承的因素有很多。但是，時間本體的參考標準是不會被忽略的。那些替代「嫡長子」繼承者而產生的明君（如李世民、朱棣），時間本體對權力的影響一直是他們無法祛除的夢魘，這足以說明問題。時間本體至少說明這套思維在先民的政治思想裡是非常重要的。

---

[1] 如「兄友弟恭」的表達中，自然表明哥哥在話語權方面要優先於弟弟。同時，中國古代普遍實行「嫡長子繼承制」，也表現哥哥具有財產繼承的優先性。

相比於儒家思想中普遍流傳的「天道」、「太極」、「理氣」、「良心」等本體,「時間本體」在檢證的有效性方面更具優勢。在儒家學者看來,判定「天道」本體、「理」本體或「良心」本體時都需要再次引用權威的論證[1]。這明顯過於繁瑣,並且說理性不強。這種無限追溯的本體驗證最終會因歸納法本身的問題而被質疑為失敗。特別在對文化不高的民眾傳播儒家思想時,這套類似「邏輯套娃」的方式顯然存在說理性不足的缺點。特別是宋明時期,後世的傳承者找不到更好的解決方案時,就不乏「武斷」地發出儒家理論來源於一種「先天本有的道德律令」。

這種常見的解釋雖然能解決問題,但是明顯存在一種「詮釋暴力」。在這個背景下,兩宋之間孟子在儒家地位的崛起,也正是印證了這一道德律令的發展傾向。[2]但是,將時間本體定為儒家的來源,則可以省略這些不必要的麻煩。在檢證先民政治主導的候選人時,只要清晰地標識出政治候選人的出生日期或生活瑣事,檢證結果便一目了然了。這是時間本體存在有效性的理論基礎。

可以說,家庭與家族以時間本體為參照,給出的「長者為尊」的權力優先,在實際操作中因為它的實用便利,而受到了人們的極大歡迎。這種對時間本體的共同的認識逐漸演化為氏族內部的「約定俗成」。「約定俗成」一旦經過時間的挑選,「約定」的原因與前提就會被先民選擇性遺忘,而「俗成」慢慢進化為法或律,並進一步參與家庭內部權力的分割。這種以時間為根據的權力體系,在工業文明到來之前既是完備的,又是行之有效的。同時,時間本體規定的「效用有限性」,決定了家庭成員在面對「時間的選擇與支配」時,自覺或被

---

[1] 如,周文王、周武王、周公、孔子、孟子、老子、莊子、墨子、荀子等人的理論。
[2] 陳永寶:《朱熹主敬倫理思想的歷史傳承與理論建構》(新北:輔仁大學博士論文,2019年),頁35-40。

迫地將自己的時間「貢獻」出來，這構成了家庭或家族得以維繫的基礎。其中，從時間本體的視角來看，必然產生的一種特殊情境便是家庭某些成員的「時間犧牲」（Family-contribution）。時間本體作為一個具體的存在，是可以轉化為具體的家庭收益的。

所謂「時間犧牲」是指家庭成員將本來可以兌換成資本的時間轉化為「無效益收入」的家庭消耗。如，家庭中聘請的保姆給家庭成員做飯，他的勞動時間是可以以工資等方式轉化為資本；家庭中的父母給家庭成員做飯，她／他的勞動卻無法轉化為工資或其他資本形式，這就屬於一種「時間犧牲」。「時間犧牲」不是一種「時間貢獻」，因為這裡強調的是「時間」被剝奪的客觀性（不以家庭成員的主觀意志為轉移）和心理傾向（必須如此）。它不是一種道德的勸解與頌揚。

「時間犧牲」是相對於馬克思的「勞動時間」而提出的相對概念。「勞動時間」因為社會必要勞動時間的存在而在社會生產中轉化為資本，成為判斷勞動價值量的一個重要參考標準。但是，對於家庭而言，不會存在社會必要勞動時間的問題，也沒有「勞動二重性」（具體勞動與抽象勞動）與「商品二因素」（使用價值與價值）之間的關係。家庭中的勞動屬於「使用價值」，不存在著交換，也就沒有形成價值的可能。在商品世界來看，不能形成價值也就意味著它不可能形成資本，只是它有成為資本的可能。因此，這種家庭勞動就是一種「勞動時間的犧牲」，也就簡稱為「時間犧牲」。

中國家庭內部普遍存在著「時間犧牲」的現象。家長因為要不斷地處理家務勞動，他們相對於老人和兒童擁有較少的「自由時間」。這些家務勞動所耗費的時間，多數屬於「時間犧牲」。實際上，家庭部分成員的「時間犧牲」是傳統家庭得以存在和穩定的核心，它是必要的，也是必須存在的。因此，在農業文明的歷史框架中，家長成為「自由時間」被剝削最重的一類群體，他們也是家庭中負擔最重的一

類人。家長為了物質生活的必需品,必須不斷地貢獻自己的「自由時間」。家庭成員中生活資料的獲得,深深依賴於家長「自由時間」的供給。從時間本體這個角度來看,農業文明中家庭對父親角色的設定,往往傾向於使其成為「時間犧牲」者。

在農業文明中,「主外的角色」常由「父親」擔當。他被要求供養一家人生存所必須的生活資料。這就要求,一個已婚的男人一旦擁有了自己的子嗣,便需要他立刻開啟他的「時間犧牲」。當然,隨著家庭存續時間的延長,家中較大的兒子也可能在生活資料的獲得中貢獻出自己的「自由時間」。但相對於「父親」而言,兒子們的勞動時間犧牲數量或程度多數是可以選擇的,但父親的「時間犧牲」是沒有任何可選擇的空間。因為他必須要解決一個家庭的生存問題[1]。因此,農業文明中一個普通的男性父親角色被真正樹立起的那一刻,他便失去普通男人本有的「自由時間」。[2]

傳統先民對父親的依賴要多於母親,從而體現了父親在家庭存續中的核心地位。這種家庭中的核心地位是指,父親在農業文明下是生存權的主要供給者。雖然母親同樣為家庭瑣事操勞,但是遠沒有達到與父親一樣重要的程度。這種社會存在的現實也決定了古代先民在道德選擇上最終走上了父權的道路。「男主外」主要是解決家庭食物的主要來源,而「女主內」主要是家庭穿戴的主要來源。古代社會「吃」往往要比「穿」更加重要。於是,父親已經不再是一個普通的家庭成員,而是一個維繫家庭存在的主要工具。他通過貢獻自己的「自由時間」來換取整個家庭成員的生存權。這在古代中國是父親真實存在的工具屬性。

父親的工具屬性也引發了一些獨特且有趣的社會現象:

---

[1] 如魯迅筆下《故鄉》中的中年閏土。
[2] 當然,在父親角色缺位的特殊家庭裡,母親也同樣承擔這一角色:父親的角色。

家庭中父親去世後，一家人都很悲傷，但悲傷的根源卻不是對父親的情感依賴，而是物質依賴。母親因為父親的去世而不得不扮演「父親」角色，孩子由於「父親」的去世而開始自己的「時間犧牲」。

弔詭的是，他們對「父親」的「愛」慢慢變成了對父親的「恨」：恨他過早的逝去而讓一家人受苦。

在中國北方農村的清明節時，一些帶著孩子的寡婦在祭奠孩子的「父親」時，常以「恨」或「索取」方式來表達對其紀念的悼詞，這是一個十分有趣的現象。如：「你那麼早的離開，讓我一個人怎麼生活」……或者說：「你在下面保佑咱們一家平平安安，孩子們健健康康」……

總之，父親在家族裡呈現出的是一個工具性的存在。[1]家庭中出現這種充滿「恨」與「索取」的父親式命運，是一種獨特的家庭的心理體驗。因此，當這種現象由「晦暗難表」到「理直氣壯」時，它所呈現出的就是中國傳統文化背後的精神歸附與物質本源。

在中國傳統的農業文明中，父親在家庭中是具有工具性質[2]的存在。因此，父親的突然離世，對一個中國家庭來說則有著毀滅性的打擊。於是，「災難的反噬」反倒讓父親成為其他家庭成員宣洩的對象。這可以說是父親角色的悲哀，同時也是古代父親權力存在的合法性基礎。

以現代社會的視角來看，母親或其他女性在家庭中完全可以扮演「父親角色」。當經濟利益的糾葛並不是以十分明顯的方式呈現出來時，父親的離世也往往不再以「恨」的方式呈現出來。當然，這也預

---

[1] 除非母親替代了這個功能。
[2] 如認為父親是家庭的物質支柱與精神支柱。

示著男性在家庭中的權力越來越小。父親在家庭中的權利大小往往是由他本人的貢獻力而呈現的。這不僅對其它成員來說是如此，對「父親本人」亦是如此。很多老年父親常常擔憂無法為家庭成員提供「時間犧牲」而憂慮和不安，就是這種思想的體現。因此，在研究中國古代社會中男權為主的社會現象時，對家庭中父親「物質基礎」或「精神自由」的討論就顯得尤為重要。這也是朱熹的家庭思想中「男尊女卑」思想的一個主要鋪墊。

事實上，古代先民的家庭思想中，以時間為主要方面的思想顯見於生活的方方面面。典型的如男外女內，男耕女織。由於男性的工作總是與時間密切相連，相對於男性而言女性的工作在時間維度中則處於次要地位，這是「男尊女卑」思想的一個重要來源。同時，時間本體的思維影響到不斷發展的陰陽觀，導致陰陽觀最終也要回歸到時間的本體中才能找到合適的位置。這便構成了母系氏族社會和父權社會家庭權力的哲學思想。

其實，在所有的儒家本體思想中，天道思想是其重要的一支。這種思想有其內在的合理性。以哲學的本體溯源來看，天道確實在思維上無可批駁，但是「天道」如果缺少了檢證的可能性，則會因其知識論的缺乏而導致人們對天道本體的懷疑。人們對時間的誤解是家庭問題研究中存在的一個固有頑疾。要明確的是，家庭問題的解決並不是問題本身得到了化解，而是問題以有序的方式開始重新流轉。這是理解朱熹家庭思想的第二個面向。

在日常俗語中，人們關於時間認識的問題有很多。家庭教育中很多誤區實際上都是在面對時間這個問題的認識上出現了偏差。如果說窮人要想成為富人，首先要先擺脫吝嗇的毛病。能力不足的人要想強大，就不要與他人爭小利。這兩種常見家庭教育中所出現的問題也就是「時間認識」的誤區而導致了教育問題。

從時間本體來看中國的古代社會，可發現古代天文學知識研究多指向於時間，是有現實依據的。在天文學的知識的獲得中，觀測者多為男性，所有的物象（或天文星象）也最終指向了農業的時間。於是，農業社會家庭中男性的權力也就由此而產生。在關於古代先民生活的時間認識中，無論是簡單地二分二至（春分、秋分、夏至、冬至）的基本構成，還是複雜的「甲、乙、丙、丁、戊、己、庚、辛、壬、癸」十個天干和「子、丑、寅、卯、辰、巳、午、未、申、酉、戌、亥」十二個地支，都無法逃脫時間這條主線。也正因為如此，家庭中誰具有了解時間、支配時間的能力，那他就具有控制家庭其他成員的權力。

三　語言權力與家庭主導

家庭關係中的主導地位常以「語言權力」的形式存在。在「說了算」的家庭關係中，父親或其他成員取得話語權與決定權都是通過「語言」的方式來實現的。常見的語言權力是父親通過語言讓兒童或其他成員「禁聲」[1]。一般看來，「禁聲」的命令發出後，即使沒有實際的物質與精神損害，家庭成員依然會「遵從」命令。於是，語言在家庭的日常生活中充滿了權力的味道。林安悟認為：

> 人們經由語言、符號、象徵，這樣的媒介，來理解這個世界、詮釋這個世界，所構成的一大套系統性的、原則性的、有秩序、有步驟，有論證的這樣的一個系統，這樣的一個系統，我們把它叫做「人文學」。[2]

---

[1] 禁聲不等於禁言。它要求被禁止者不能發出一絲聲響，否則會受到嚴厲的懲罰。禁言通常指不在進行有意義的語言表達，它比禁聲要寬鬆。

[2] 林安悟：《人文學方法：詮釋的存有學探究》（臺北：讀冊文化公司，2003年），頁8。

人文學是「人與人之間」的一種權力關係。語言的選擇[1]、符號的指定[2]、語義的象徵[3]均在權力之中，這在社會生活中是有所體現的。因為：

> 「人文」無法脫離「語言」，「語言」即是「人文」的展現；對「人文」關懷，就須要對「語言」關切，而不是把「語言」看作沒有個性的工具，更不能無視「語言」對人作用分析、理解與改變「人」。[4]

這就指向語言權力的存在真實性。然而，語言的權力並不是語言本身所固有的，而是一種權力的「導線」，即語言構成了權力的載體。語言產生的權力之源還是來自對時間的確定。

先民中的領袖通過「觀象授時」，從天空星象與季節變化的關聯中獲得了權力的來源。這時權力的存在主要表現為以一種「勢」的態度存在於觀測者本身。他要想讓權力得以實現，則需要用「語言」來指示、命令、要求其他的成員「遵從」自己的意志。這個意志的權力需要依靠秋後「食物的回報」來加以維持。於是，語言構成了權力傳輸的「導體」。

但，並非所有的語言都是權力的「良導體」。語言本身的缺陷和語言發出者的意志決定了語言權力的大小及有效性。可以說：

> 語言並不能夠將「真實」還原，對使用語言的主體而言，語言

---

[1] 如，國家通行語言，哪種「方言」成為普通話。
[2] 如，與普通話適用的通行文字的制定。如簡化字的制定。
[3] 如，老公在古代是指太監，今天通行的語義是丈夫。
[4] 王行：〈「強暴犯」的諮商工作：從科學心理學轉向哲學詮釋學的思辨〉，《哲學與文化》2010年第1期，頁130。

只是「再現」了經驗中的真實。所謂「再現」是表徵性的而非實體性的、是篩選性的而非完整性的、是多重性的而非單純性的、是包含了建構性的而不只是模仿性的。[1]

也就是說，權力通過「語言導體」往往會產生放大或減小效果，導致了權力的勢弱與增強。同時，其他的先民們通過檢證的效果再次回饋於權力本身，他們或夯實觀測者的權力，或削減他的權力勢能。這種語言權力在當代社會中被有效地繼承下來。如，語言權力通常在法官判詞，軍隊領導的命令等社會層面表現得較為明顯。自然，家庭中的語言權力也會因成員間的親密程度或年齡差距而有所不同。這說明了家庭中語言權力的來源。

當語言以一種「權力體」的樣態存在時，語言則如海德格爾所言的存有。它是一種「存在的居所」。語言不只是一種表達、理解、溝通的工具，更是一種側重於「教化」與「控制」的手段。[2]因此，當語言以「教化」和「控制」的樣態存在時，它的真理性表現為它自身，而不再是主觀與客觀的相符合。C・里斯曼認為：

> 實在（The real）的議題是，是否確實有一個對於任何事物而言，所謂真實地再呈現，無論是單一或所有的再呈現，它們首先都嵌於語言當中，然後嵌卡於文化、制度和呈現者模糊的政治氛圍中。……我們必須接受這個事實再呈現，基本上就與許多「真實」之外的東西牽連、糾結、嵌入、編織在一起，真

---

[1] 王行：〈「強暴犯」的諮商工作：從科學心理學轉向哲學詮釋學的思辨〉，《哲學與文化》2010年第1期，頁131。

[2] 王行：〈「強暴犯」的諮商工作：從科學心理學轉向哲學詮釋學的思辨〉，《哲學與文化》2010年第1期，頁132。

實,它本身就是一種再呈現。[1]

　　這裡的表達暗示了語言在形成之際就已經夾雜了「權力的印記」和「權力的味道」,這是語言自身本有的特性。它無法消除,也不可避免。王行指出,「語言是存有的居所,人是存有的橋樑或鴻溝。承載歷史積澱的認識主體指向對象,朝向語言、奔向存有,卻也將對象給『對象化』。將對象給『對象化』的過程中,對象即遠離了其主體。」[2]「語言既是存有的居所,但在對象化的過程中,添加太多的與權力與控制有關的符號與意義,主體的存有反而離家出走。」[3]這也是語言在家庭生活中真實面向。

　　這裡之所以花大量筆墨討論語言權力問題,主要是為了指出:家庭中的語言使用也是一種語言權力的構成,而不只是一種成員之間的溝通。「語言並非人的一種表現,而是存在的一種顯現。思維並不表現人,它是讓存在作為語言事件而發生。」[4]高達美就認為:

> 基本上把語言視做是一種「溝通工具」的錯誤理論,還揭示了主體—客體模式的思維,在科學中對於觀念化作用的偏好,以及人之為宇宙的主宰及工具的操縱者,這一權力意志的技術觀等等扭曲。語言並不是人將非語言的思想和非語言的經驗,納入一個既有標示意義形式的一種手段;思維,理解和經驗都完

---

[1] C・里斯曼(C. Riessman)著,王永智、鄧明宇譯:《敘說分析》(臺北:五南圖書出版公司,2003年),頁35-36。

[2] 王行:《從儒家經典與我的知行反映中體悟諮商與助人之道》(新北:輔仁大學博士論文,2013年),頁97。

[3] 王行:〈「強暴犯」的諮商工作:從科學心理學轉向哲學詮釋學的思辨〉,《哲學與文化》2010年第1期,頁133。

[4] Palmer, R. E.著,嚴平譯:《詮釋學》(臺北:桂冠圖書公司,2002年),頁179。

全是語言的,因為通過語言,人才擁有了他所理解的世界。[1]

也正因如此,家庭活動中的一切行為都可以在「語言」的世界中看到痕跡。晚輩對長輩用「您」的稱呼,父母對孩子用的「乳名」,以及夫妻溝通之間「語氣與聲調」的高低,都是一種權力的體現。這一切,都在「禮」的可見形式中被凸顯出來。如朱熹《家禮》的一些記載:

> 凡為家長,必謹守禮法,以御群子弟及家眾。分之以職,授之以事,而責其成功。制財用之節,量入以為出,稱家之有無以給。上下之衣食,及吉凶之費,皆有品節,而莫不均壹。裁省冗費,禁止奢華,常須稍存贏餘,以備不虞。
> 凡諸卑幼,事無大小,毋得專行,必咨稟於家長。
> 凡為子為婦者,毋得蓄私財,俸祿及田宅所入,盡歸之父母、舅姑,當用,則請而用之,不敢私假,不敢私與。
> 凡子事父母,婦事舅姑。天欲明,咸起,盥,漱,櫛,總,具冠帶。昧爽,適父母、舅姑之所省問。父母、舅姑起,子供藥物,婦具晨羞。供具畢,乃退,各從其事。將食,婦請所欲於家長,退具而共之。尊長舉筯,子婦乃各退就食。丈夫婦人各設食於他所,依長幼而坐,其飲食必均壹。幼子又食於他所,亦依長幼席地而坐,男坐於左,女坐於右,及夕食亦如之。既夜,父母、舅姑將寢,則安置而退。居閒無事,則侍於父母、舅姑之所。容貌必恭,執事必謹。言語應對,必下氣怡聲;出入起居,必謹扶衛之。不敢涕唾、喧呼於父母、舅姑之側。父母、舅姑不命之坐,不敢坐;不命之退,不敢退。

---

[1] Palmer, R. E.著,嚴平譯:《詮釋學》(臺北:桂冠圖書公司,2002年),頁268。

> 凡子受父母之命，必籍記而佩之，時省而速行之，事畢則返命焉。或所命有不可行者，則和色柔聲，具是非利害而白之，待父母之許，然後改之。若不許，苟於事無大害者，亦當曲從。若以父母之命為非，而直行己志，雖所執皆是，猶為不順之子，況未必是乎？[1]

在朱熹的《家禮》記載中，出現了明顯的「命令式」的表達方式。這也說明，在家庭的成員之間，長幼之間的關係並不是「可商量」的道德勸導，而是「必須為之」的道德律令。只不過，在不同的社會階層中，這種道德律令的嚴苛程度有所不同。如宋代皇族、士大夫、官宦地主階層相對嚴苛（甚至出現「以禮殺人」的事件），但平民與農民則多無這方面的擔憂。這也體現漢唐思想「刑不上大夫，禮不下庶人」思想殘留的遺跡。[2]當清楚這一切，對於使用語言類的文體（包含語類或語錄）來推斷朱熹的家庭思想，是有一定的可信性的。但是，必須要明確的是：

> 語言無法還原任何經驗下的真實，而只是再現人文與社會關係的意義，而人即是活在意義中的主體，並且不斷地建構自身的意義。人無法成為生命的作者，卻能成為自身故事的敘說者！我們不斷地借著語言敘說自身，透過敘說中的語言表徵與建構出「我即是⋯⋯」與「⋯⋯即是我」的人文與社會意義。[3]

---

1 朱熹：《朱子全書》（上海：上海古籍出版社；合肥：安徽教育出版社，2002年），第7冊，頁880-882。
2 同時，不常倫常之間的嚴苛程度也不一樣。祖父與孫子這些隔輩的嚴苛度較輕，而父子之間的嚴苛度往往較重。這是一個有趣的家庭現象。
3 王行：〈「強暴犯」的諮商工作：從科學心理學轉向哲學詮釋學的思辨〉，《哲學與文化》2010年第1期，頁132。

林安梧認為：

> 在中國的哲學裡，《老子》、《莊子》蘊藏了相當豐富的意涵，它一方面指出一切的話語活動，在這個主體的對象化活動過程裡，伴隨而生的意義、訊號、權力、趨勢，它必然會導致話語的「異化」，也就是我所謂的「亡其宅」（not at home）的狀態，離開了它的居所，走出、出離其自己。[1]

這正是對語言權力討論的用意所在。同時，如何突破語言權力的鉗制，是現代家庭權力應該探討的方向。王行認為：

> 存有的開顯，並非在於語言的記憶，也非停留在語言之後的結構性把握中，而是：「……突破記憶的堆積，到一種結構性的把握，進到一種想像的交會，一種生命的交會……。」這種生命的交會是穿透語言的系統，經由詮釋與參贊而來，在經歷「說出」而達到「不可說」的「感而遂通」之境。[2]

正是在這種交會中，家庭權力流動才具有了可能性。於是，在家庭中「權力是流動的」[3]而不是一成不變的。權力的流動性也可以幫助人們看到現代家庭中解決問題的突破口。

因此，接下來研究重點並非簡單以「還原論」的思維來如實描述

---

1 林安梧：《人文學方法：詮釋的存有學探究》（臺北：讀冊文化公司，2003年），頁8。
2 王行：〈心在人文：從書寫中遇見生命〉，《應用心理研究》2008年第40期，頁13。
3 王行：《從儒家經典與我的知行反映中體悟諮商與助人之道》（新北：輔仁大學博士論文，2013年），頁157。

宋代的家庭倫理思想。[1]而是更希望通過對這些材料的梳理，挖掘出家思想的哲學內涵。這裡理解朱熹家庭思想的第三個面向。

四　儒家禮學與家庭仁學

「禮」最初應是一種人與天象交流互動的模式。古代先民無法準確地理解人與天象及氣候之間的關係，他們無法用現代科學精確地判斷個人行為與客觀物質世界之間的必然聯繫。因此，在天降祥瑞的主觀判斷中，他們認定天人之間必然存在著一種神秘主義的客觀聯繫，這也就是後人所熟悉的「道」。「道」並不是古代先民隨意創造的心靈安慰劑，而是反映「二分二至」（春分、秋分、夏至、冬至）季節下的農業生長的運行軌跡，這種軌跡以「道」的非直觀的方式呈現在先民的思想中。

於是，與天溝通，與道相融，成為古代先民不得不遵從的事情。這裡，豐收後的郊祭成為了這種人與天溝通的一個重要活動，也在他們的生活經驗和思想中達成共識。實際上，多數先民們並不清楚為什麼要選擇「秋祭」，也可能不清楚為什麼要選擇在郊野之外舉辦這樣的活動，但以現在的眼光看，在時空上「秋天的時間」與「郊野的地點」確實解決了很多與天溝通而帶來的麻煩，這也確實合乎於「道」。於是，常見的現象就是祭天於郊野成為了古代先民樸素的與天溝通的重要方式。現在我們已經無法理解古代先民為什麼採取那些特定的禮儀模式，但這種在今天人們看似怪誕的行為確實也成為了古代先民與天溝通不可或缺的存在，這是一件有意思的事。

---

[1] 事實上這種「尋找歷史的真實性」只是本文討論朱熹家思想的材料或前提，它們是我們討論朱熹家庭思想的二級「原料」。它們不是不重要，只是對它們過多的關注會將討論的方向引入史學的方向，失去了本文寫作的初衷。

這些看似怪誕的禮儀行為並不是祭祀者的「隨意編造」或者「約定俗成」，而是由一些最早能觀測天上星相的智者在物質生活與精神臆想的結合中「創造」出來的一種與天溝通的方法。他們認為這種方式可以有效達到人與天溝通的目的取向。參與祭祀的其他人因智者農業知識的準確，認同他的「祭祀行為必然有著合理的因素」。這種心理暗示類似於在東北地區伐木或者採集野山參時，人們採用了一種特殊的行為禮儀。如伐木時要喊一聲「泰山倒了」，採集人參時見到蛇要說成是「錢串子」而不能說「蛇」。沒有人知道這些名稱的具體由來，但是傳統的伐木人與採參人一直秉承著這個「傳統的禮儀」。

　　《周禮》也好，《禮儀》也罷，它們的一個典型的特徵就是多是以喪儀為主（或者為首），附之於昏（婚）禮等其他禮儀。這也不是古人隨意安排的，而是因為喪禮活動往往是最能代表人與天合的一種禮儀。《周禮》之後，「王」由於行政事務的繁多而將祭祀的主持角色慢慢讓渡於專業的祭師，這就導致了禮在踐行中因「主持人的轉變」而變得失去了它本初的權力含義。在秦朝以前，人在集權制中體會到「人類理性的強大」，這種自我意識的膨脹伴隨著周文疲弊和禮崩樂壞的現實而逐步消亡。「天」與「道」由於讓位於人的主觀意志「性」與「理」進而退居後位。於是，「人定勝天」的理性思想開始左右秦以後的人們的行為。在秦二世後暴發的大澤鄉農民起義中，陳勝與吳廣喊出那句「王侯將相寧有種乎」更是把「人的理性」與「天道使然」的角逐推到了白熱化程度，該事件將人的理性抬到了一個新的高度。

　　可以說，隨著先民對土地控制能力的加強，天對人的控制能力在同步減弱。於是，人與天溝通的重要性伴隨著「人對土地控制」的強化而逐漸減弱甚至消失。如今人對農業的漠視和對農業行為的鄙夷，都源於人的這種「自大的理性控制力」。失去「天道」思想的束縛也往往構成了當代家庭問題的一個重要思想根源。

「禮」由喪事而建，這基本是儒家禮儀存在的根基。孔子也曾「習禮」而被認為是以喪為食的士人。儒家的「禮」思想基本上保留了先秦古代先民中「天道與農業文明結合」的活動跡象，它最終以一種完整的行為方式被繼承了下來。當儒家與王權再度結合（如董仲舒的罷黜百家，獨尊儒術）後，它們由於更為貼近「天象與人文的橋樑」而再度復興。

　　有意思的是，隨著魏晉道教的興起，儒家與天象連通的歷史作用逐漸被取代；隨著佛教的東來，儒家與天溝通的「剛需」變成了「可有可無」的儀式。漢唐農業的高度發達遠超先秦人們對農業的依賴，市坊的規模打亂了時間對人的絕對束縛。因此，除了以農業為主體的農人與地主，很多與天象相關的祭祀再也看不到它最初的目的。於是，在追求「美化」的內心作用下，先民們將傳統禮儀進行了多重改造，最終形成「禮」不知來處的尷尬局面。

　　所幸的是，其中的一些「禮」因「樂」的變換而被記錄下來。中國古代先民之「樂」最初的目的是接地氣[1]，後來隨著節氣的完善，「樂」逐漸由農業生產的物質需要變成了人們的精神寄託，「樂」在改造的過程中依然呈現著人對天運行規律的模仿（如喪樂即是一種人逝後與天溝通的方式）。「樂」與娛樂完全不是一回事。樂與歌不同，歌由人而發，是喜怒哀樂四種情緒的表達，而「樂」完全是一種農業文明的客觀需要。只是到了西周後期，「樂」的純樸作用逐漸消失（如雅樂），而其娛樂之「樂」開展盛行（如「八佾之舞樂」[2]）。當「樂」由祭祀向娛樂轉化時，「樂」的原初印記自然蕩然無存。樂器

---

[1] 先民最初用仙鶴的腿骨做成笛子狀，放在原野上發生聲響（音樂），進而判斷節氣的變換。

[2] 《論語》記載說：「八佾舞於庭，是可忍也，孰不可忍也？」參見朱熹：《四書章句集注》（北京：中華書局，2011年），頁61。

的原本作用也隨之消失。加之新樂器的融入，秦以後的人們對「樂」的理解自然也就停留到「人的理性層面」（樂理），失去探討對它原來作用的追求。即使後來兩宋喪禮恢復了「樂」的加入，但由於先民古本的消失，加之後人的創造，「樂」之本意已經很難被發現。所幸通過地下墓葬考古中對「樂」的整理，以及學人向天道思想的回溯，後人能再次看到禮的原始印記。

有一點需要說明的是，宋代及以前的「禮」是嚴格圍繞以土地為中心而展開的，這就導致宋代的家庭生活方式依然是圍繞時間而進行角色分配：分配權力與責任的擔當。如《孝經》開始就說：

> 仲尼居，曾子侍。子曰：「先王有至德要道，以順天下，民用和睦，上下無怨。汝知之乎？」曾子避席曰：「參不敏，何足以知之？」子曰：「夫孝，德之本也，教之所由生也。復坐，吾語汝。身體髮膚，受之父母，不敢毀傷，孝之始也。夫孝，始於事親，中於事君，終於立身。《大雅》云：『無念爾祖，聿修厥德。』」[1]

這裡的「先王」、「上下」等基本預設了「禮」存在的時間根據。因此，在理解兩宋及以前的「禮」思想時，時間依然是理解「禮」思想必須參考的一個標準。只有對這一個角度重視，才有可能明確先民生活中家庭問題的內在脈絡。

一個值得關注的角度是，宋代的文人士大夫將「禮」進行「理化」的過程中，逐漸揭示出先秦孔子制「禮」思想的一個內在矛盾。這個矛盾在宋代一度被擴大並成為兩宋至明清發展的一個矛盾中心。

---

[1] 徐豔華譯：《孝經》（北京：北京聯合出版公司，2015年），頁5。

這個矛盾是：

> 「仁」（內在的自主向善性）與「禮」（外在的規範性倫理），之間所存在的緊張與對立，……禮與仁之間的矛盾可成為一種「創造性的張力」，在批判於禮反思於仁的辨證性動態過程中，漸漸地生成對禮之目的性體會，與仁之意義性領悟。[1]

也就是說，從前秦儒學到宋明理學的轉化中，「禮」達到了由「外」向「內」的深層過渡。其中，宋明理學家更重視的是孔子的「人而不仁如禮何」的道德本體。

> 在不同地情境中仁與禮之間的比重也不同，這種變易不僅無法套用計算公式來得到既定答案，而且非在生活的實踐中生成創造性的體會與領悟不可。這種超越性的實踐理性智慧，使「禮教不能吃人」同時「仁心不被濫用」，而成為儒者一生努力的生命境界。然而努力的過程是透過矛盾的張力，也就是說若沒有突破既定規律的企圖也就不會有超越性的提升機會。[2]

其實，儒家的「家」思想是非常重視不同成員行為之間的「度」的考量，這在「仁」與「禮」上也表現得十分明顯。

> 在客觀規律與主體意願之兩極相對的必然中，人透過實作的體

---

[1] 王行：《從儒家經典與我的知行反映中體悟諮商與助人之道》（新北：輔仁大學博士論文，2013年），頁143-144。

[2] 王行：《從儒家經典與我的知行反映中體悟諮商與助人之道》（新北：輔仁大學博士論文，2013年），頁144。

驗而創造出恰如其分的平衡點。「度」的和諧美是在不隱定中生成，對體制的批判行動也是在爭議中「校準」到適切的「節度」。[1]

因此，儒家思想發展到朱熹這裡時，他最終將《中庸》作為《四書》體系的收筆之作，也是有一定的道理的。這是理解朱熹家庭思想的第四個面向。

禮學的存在本意是為家庭的倫常次第服務的。它在規定家庭成員的權利義務時，便將時間賦予的權力彰顯出來。禮學存在的一個最樸素的標準就是以時間為前後。人們常見的尊卑、長幼基本上是以時間為存在標準。並且，這種時間的存在標準會因特殊情況而被放大。典型的就是「長兄如父」之類的家庭倫理思想。

在以農業為中心的家庭關係中，父權普遍是大於兄權。因為家庭或家族的主要經濟來源（如土地）往往被掌握在父親手中，這樣就導致了即使長子的體力與腦力已經完全超越了父親，但是「權力」並沒有因為父親體力或智力的消退而轉移。父權的神聖性也就在這種的經濟環境中被固定下來。

但是，如果家中父權消失（如父親死亡或孩子分開單過），那麼兄權的比重會增大。普遍的現象是長子因經濟的獨立而擺脫父權的束縛，或因父親的年老導致耕種能力的低下，逐漸被兄權替代。特殊的現象是，父親去世後，兄長便承擔起整個家族的責任，他成為家庭或家族主要的權力行使人。常見的如家族的族長，或者是一般家庭中的「長兄如父」。因此，由父權、兄權繁衍出的以土地為中心的家庭關係，逐漸發展成儒家的禮教系統。

---

[1] 王行：《從儒家經典與我的知行反映中體悟諮商與助人之道》（新北：輔仁大學博士論文，2013年），頁144。

中國古代社會中的權力經常與禮學糾結在一起。這種綁定如果過度出現，則會導致禮對人們正常家庭生活的嚴重干擾，甚至發展到清朝戴震喊出的「以理殺人」的程度。在朱熹的理學系統中，「理」與「禮」基本是二位一體，而「以理殺人」，也往往是表現為「以禮殺人」。這種「禮」不是以道德勸導的方式讓人感受到「懲罰或羞恥」，而是將「禮」以「法」的形態使違背者付出沉重的肉體懲罰為代價。因此，人們批判「禮」時常習慣使用「封建禮教」，這裡的重點是將「禮」與「教」相結合而形成的「法」的形態，使「禮」對他人自由的阻礙。「禮」因「教」而有了權力的趨勢，並逐漸發展為一種至上的權力存在。

「禮」的權力並非來自本身，而是語言傳導下的終端體現。[1]這種權力構成貫穿於以農業文明為核心的整個封建社會。處於封建社會始端與末端的家庭具有相似的結構。這是封建家庭的結構性因素。這其中，「禮」在結構中扮演著權力「做功」的狀態。

《說文解字》中對「禮」的界定為，「履也。所以事神致福也。從示，從豊，豊亦聲。譯文：禮，履行。祭神以致福的事。由示、豊會意，豊也表聲。」[2]從《說文解字》中可以看出，禮的產生源於「祭神」。禮的最早含義應該為祭祀的流程與內容。這一切均與天文考古學中的時間崇拜有著密切的關係。

禮最初應該沒有形而上層面的預設，它只是樸素地表達了古代先民祈求農業豐收、消災避難的一種心靈寄託。也就是說，禮的本質在

---

[1] 如果以電力傳導為比喻：觀象授時是權力的蓄電池，時間是權力的勢能，語言是權力的導線，禮法則是權力的用電器。這構成封建王朝的一個閉合回路。而是否糧食豐收，是否有地震災禍，都是檢驗電路是否通常的電流錶與電壓表。皇權與大臣只是這個電路中的滑動變阻器和半導體。

[2] 許慎：《(文白對照)說文解字》(北京：九州出版社，2006年)，頁4。

於人對現實農業生活的一種另類的體現與摹寫。《周禮》的開篇言曰：「惟王建國，辨方正位，體國經野，設官分職，以民為極。乃立天官塚宰，使帥其屬而掌邦治，以佐王均邦國。」[1]足可見禮思想的最終由來也與天象與時間有關。

小結

　　中國的家庭觀離不開農業文明這個前提條件。道、理、性、心、誠、敬都離不開與「天」的互動，也離不開人們對其思考。其中，先民們從事「觀象授時」的古老活動，奠定了中國家庭觀最樸素的結構體系和文化觀念。同時，農業文明是以男性為主體的社會構成，這表明了討論朱熹的家庭思想時無法規避的內容。時間並不是一個「精神意識」，而是一個現象界的「本體存有」。這種「本體存有」決定了家庭關係的權力結構，也決定了思考宋代家庭觀的理論底色。語言並不只是一種溝通的工具，而是一種「權力載體」。人與人之間的權力作用是以語言工具而存在，這讓語言在「言說」過程中呈現出一種權力姿態。這一切，在「禮」的進行中進一步變成「可視化」，最終在朱熹的家庭思想的集大成中被逐步地凸顯。

　　權力是什麼？它常表現出一種對他人的支配狀態。權力與職位的高低、年紀的長幼、從業的長短沒有必然關係，但它卻能真切地決定人的命運。在社會層面，權力因利益的明確分割而清晰可見；但在家庭中，卻因利益的混亂往往隱而不見。夫妻與父子／母子之間的權力因家庭場景的變化而呈現出諸多複雜的樣態，但這並不是說明這種權力結構可以忽略不見。當男性充當「照顧者」角色時，他時常面臨著

---

[1] 鄭玄注，賈公彥疏，彭林整理：《周禮注疏》（上海：上海古籍出版社，2010年），頁1-6。

公平、自由、義、利等哲學問題的追問,他與妻子的爭吵也面對「理性思維」與「感性思維」的考量;在單親爸爸的家庭中,他要重新思考「孝」與「資本勞動」之間的權衡。兩性關係的主體地位與思維的「一致性溝通」[1]也是值得思考的重要社會問題。當社會工作與心理學理論無法很好地解決家庭問題,並不代表二者的理論過時或理論錯誤,而是缺少「哲學」的地基,從而讓「美麗的房屋」無法穩固。本質上,家庭的哲學思考已經成為理解家庭問題的一個不可或缺的因素。

不論是從本體論的天道、天理、人性、氣質、良心、器、誠信,還是從工夫論的明心見性、盡心知性、敬義夾持,抑或是倫理學的「蠟燭兩頭燒」的電車理論難題,這些都是左右當代家庭問題的「切膚之痛」。家哲學不像「元哲學」問題,它無法表現出「空中樓閣」狀態。即使「元哲學」沒有獲得良好的「思考回饋」,結果也對現實生活的影響不大。但是家哲學的問題是我們現實生活中無法回避的「牛氓」。

從「觀象授時」到「禮學體系」,兩性中的男性視角是一個有趣的存在。在對存世文本的梳理中,鮮見有女性的加入。這並不能得出從漢唐到兩宋女性「從未接受知識教育」這個簡單的結論。如唐代的武則天和宋代的唐婉與李清照,可瞭解到受教育的女性的資料也並非個例。但是,古代社會卻凸顯了一個十分有趣的「男性視角」。

朱熹家哲學遵循的邏輯結構為:仁－義－理－禮－法。這表明了宋代儒家由內向外,由虛到實,由暗到明的道德向法律的轉化與發展趨向。但是,儒家思想更願追求的是從「仁」到「法」的中和之態,

---

[1] 王行:《從儒家經典與我的知行反映中體悟諮商與助人之道》(新北:輔仁大學博士論文,2013年),頁14。「一致性溝通」即是:察覺並表達自我內在的情感、同理對方的心理感受,並理性的尋求問題解決之道。「一致性溝通」即是通往個人成長,人際親密與家庭動力改變之路,而「一致性溝通」是可以透過學習與練習而獲得,並且從具體的外在行動中內化為心理態度與生命價值觀。

也就是孔子所言的「從心所欲不逾矩」。這既兼顧了「仁」的內在本心，也兼顧「法」的外在律令，本質上是一種「度」的探求。朱熹的道德本體論通過「仁」與「禮」的面向來達成「正君心」、「格物事」的「家庭」基礎，最終完成治國、平天下的政治理想，同時祈求回到北宋王安石「共商國是」的理想與鴻願。

近些年來，中國社會中少子化、高離婚率及老齡化問題的多重交織，顯然已經成為當今社會發展中一個不可迴避的現實問題，這也一度成為社會工作與心理諮詢的工作重點。但是，心理諮詢與社會工作的介入並沒有解決這些負面的現象，也沒有取得良好的效果。甚至在一定程度上造成案主對「諮詢師」公信力的集體懷疑。諸多一線進行輔導的心理諮詢師甚至自嘲自己為「精神娼妓」和「不如廟裡師姑」[1]，就說明了這種懷疑對整個行業的挑戰，也道出了他們在面對這些社會問題時內心的無奈。

除心理學外，哲學方法也被用來解決上述社會問題。從歐美和臺灣地區的薩提爾心理治療方法風行時，不少學者就已經注意從哲學的視角來思考家庭問題。臺灣輔仁大學的黎建球主導的「哲學諮商」更是將哲學方法直接應用到一線，取得了一定的成果。同時，從哲學方法思考家庭問題是否有進一步的發展空間，這也是需要關注的。在這種語境下，家庭與哲學的交叉融合也就是順理成章的事情了。但是，相對於元哲學的問題而言，家哲學思考的不僅僅是本體論、知識論、形而上學與倫理學的抽象問題，還要涉及歷史學與心理學的研究。在

---

[1] 王行的一個心理諮詢案例：「一次是家庭暴力中心轉給我的案子，強制輔導一位因婚姻不順、情緒低落而責打孩子的媽媽。第二次進諮商室時她對我直說，自己已接受過兩位以上專家的輔導，覺得這套方法對她幫助不大。反倒是最近到廟裡去給一位師姑開導，心理比較容易平靜。這位中年女性希望可以轉到廟裡給師姑做親職輔導，……。」（王行：《從儒家經典與我的知行反映中體悟諮商與助人之道》〔新北：輔仁大學博士論文，2013年〕，頁26。）

一定程度上，甚至需要用心理學與歷史學的材料來論證哲學思考的可能性。這便是「家哲學」、「兒童哲學」與「漢語哲學」無法避免的問題，也是它可能成為「邊緣哲學」的其中一個原因。

　　總之，天文曆法代表著人類文明發展的高度。天文知識的完備與地面耕種方式的改進是人類文明得以發展的重要前提。當然，人的一生處於流變與動態之中，往往不可琢磨。而地下的墓葬作為人一生的終止，反而可以將人們的生活方式以一種獨特的方式進行留存。這是一個很有意思的現象：人類通過死亡（時間的消逝）而達到了存在的永恆（時間的恆定）。因此，在討論完朱熹的天文曆法知識以後，就不得不談及他的墓葬、讖緯、風水、宗教思想。這些看似光怪陸離的生活現象從另一個側面反映了南宋人民日常生活的家長裡短。這些看似難尋邊際的現象最終都指向了一個源頭：家庭。這就是說，人在日常生活中的所有關於「神秘主義」的活動，都有意無意地集中於家庭這個角度並得以呈現出來。

　　以此為前提，或許再來理解朱熹的家庭與墓葬，就更能明白他那些神秘儀式後面要反映的真實含義。這一切，都由下篇來解答。

下篇
家庭與墓葬

第七章
朱熹的家庭生死觀

　　對於古代先民而言，天文代表著天時，是時間的開始，而大地影射著墓葬，是時間的結束。前者代表著人們在固定的土地上獲得生存的權力；後者代表著人們物理生命的結束。人們習慣用「天堂」映射人逝後的再生，也習慣用「地獄」述說靈魂的寂滅。由此，「天」往往被貫以「生生」之象，如乾卦所言，「大哉乾元！萬物資始，乃統天」，或象曰：「天行健」。這些表達都代表著時間的延續與永恆；而大地被稱為寂靜之象，如坤卦則言，「坤厚載物，德合無疆」，或象曰：「厚德載物」。這些都代表著時間的靜止或消逝。如果將「坤厚載物，德合無疆」中的「厚德載物」與墓葬結合在一起，則又可以看出人生的另一種景象：大地最終是人類肉體的歸宿，也是人類精神的安靜之處。

　　天文與考古，二者既可以結合在一起分析，也可以將二者分開來看。天文多與星象有關，代表著人類生活中的時間；考古多與墓葬有關，側重於人類生活的空間。同時，「天」在上以「形而上思維」左右著人們的生養，「墓葬」在下以「形而下思維」左右著人們的未來。天文中側重於天時的特點，是一種「由生而死」的過程；墓葬中側重於地利的特點，是一種「向死而生」的過程。由此可知，墓葬存在的本質上並不在墓葬本身，而是墓主人及其家人在未來生活的好壞。到宋代時，這一思想得到進一步鞏固。於是，「墓葬的風水」與「後世家族的興旺」開始有了密切關係。典型的就是《堯山堂外紀》中記載朱熹的父親朱松選墓的故事：

> 朱韋齋，晦庵父也。酷信地理，嘗招山人擇地，問富貴何如，山人久之答曰：「富也只如此，貴也只如此，生個小孩兒，便是孔夫子。」後生晦庵，果為大儒。[1]

故事的真偽這裡暫且不談，但從其流傳的範圍之廣泛可以看出，當時人們堅信墓葬的風水會決定了家庭的興衰榮辱。事實上直到今日，在我國南方的農村地區，認為墓葬的位置、規制會影響家庭未來命運的想法也依然存在。

於是，對於朱熹理論的天文考古學研究，採用天文與考古兩個角度來闡述可能較為穩妥。這種考慮是基於中國古老的陰陽觀與生死觀。一般來看，天文以星象變化判斷農時，主「生」；考古的對象多為墓葬，主「死」。古代先民對天文的習得與熟悉是為了生存或者更好地生活。同時，在宋代民眾陰陽雜糅的觀念中，生與死並不是截然為二的兩極，而是一種「中庸式的統合」。這是朱熹的存世文本中常出現的一個面向。朱熹理論中的「主生之天」（天文）與「主死之地」（葬禮），實際上是他理解人生觀的兩個方面。這是學者們理解朱熹天文考古學的一個重要面向。這二者往往會在家庭的背景下有機地結合在一起。

家庭往往是討論天文考古學內容最為集中的陣地，家庭也是理解天文考古學不可缺少的前提。實際上，墓葬得以產生，是根植於定居的家庭形式，及足以養活一家人的自給自足的農業生產。沒有充足的物質生活資料，喪葬儀式就不可能存在。中國先民對墓葬形式的重視，多數是祈求「借助先人的力量」來換取更好的「生活方式」，而非簡單的紀念之意。正因為如此，墓葬系統往往被設計出複雜的喪葬

---

[1] 丁傳靖：《宋人軼事彙編》（北京：中華書局，1981年），卷17，頁939。

儀式，也衍生出讖緯這種喪葬儀式的變種。在各種讖緯儀式之中，人們將對美好生活的希望，由早期的寄託於自然神靈，慢慢向寄託於「家族神」過渡。在這個背景下，「今人之生」與「逝人之死」在喪葬和讖緯等神秘儀式中達到了有機的統一。中國古代先民、現代生產力落後的鄉村，讖緯的思想依然流行，都從側面反映出人對自然的無奈，那種來自內心中對「生」的期盼。因此，接下來的篇章中，就有必要談談宋代及當今這些神秘的社會現象。我們將以平實的視角來分析這些現象產生的原因，內容及歷史作用，點明這些所謂的「神秘」，更多的是反映人們對「以死換生」的心理祈盼。

一　家庭觀念與墓葬系統

後世學者在研究朱熹的《喪禮》時，將其歸類於《家禮》這一卷中，足見「喪禮」本身是朱熹家思想的一個重要組成部分。「喪禮」在本質上是家庭生活的衍生物。在一定程度上甚至可以說，「喪禮」就是另一種家庭生活的真實呈現。換句話說，「無家庭」則「無喪禮」。因此，歷史上諸多喪禮形式的開展，都是「寄生」在家庭這個主體之上。同時，「喪禮」對家庭生活的衝擊，往往會衍生出新的含義。如朱熹與陸九淵在「鵝湖之辯」產生了深刻的分歧，但最終二人合好也是因為陸母的去世讓陸氏兄弟（陸九淵（子靜）、陸子壽）不得不重新重視朱熹的「道問學」中的喪禮之道。

朱熹等南宋士大夫如此地重視喪禮，這不僅是儒家的孝道表示，也有宋代的人們認為死亡是另一種生命活動的開始。張聰曾經通過介紹了「劉摯葬親」的故事來說明了喪禮與孝道的關係：

宋仁宗康定元年（1040），河北東光人劉居正（997-1040）在衡陽任官期間於他鄉去世，他的妻子也在同一年於那裡亡故。他們的獨

子劉摯（1030-1098）當時年幼，只有十一歲，於是他們的喪禮則由劉居正的親弟幫忙料理。但是，劉居正夫婦並沒有按照傳統的方式進行土葬，而是將遺體火化存於東光的一座佛寺中權厝。劉摯的政敵利用這件事一度趁機給他貼上「不孝之子」的標籤。為了消除這種不利影響，劉摯於宋神宗熙寧五年（1072）為父母下葬占卜，並將他們的骨灰連同祖父母、曾祖父母的遺骸一起，從東光運到了鄆州（外祖的住址）的一處新墓地。在此之後二十年裡，劉摯仕途較為順利，多次獲得為祖上三代封贈的榮耀。因此，位於鄆州的家塋隨著劉摯官階的升高而不斷的升級。最後，朝廷示恩允許劉摯在東光和鄆州設立四座功德墳寺，以圍護劉家的墓地。[1]

張聰認為，「通過對亡父不斷地祭祀追思，劉摯繼續塑造著自己的孝子形象。」[2]從劉摯這個故事來看，兩宋士大夫中往往將「孝道」表示與「墓葬」形式緊緊地捆綁一起，成為一種客觀的存在的文化現象，進而影響在世人的生活。

在這個文化背景下，個人的主觀意願要受限於「墓葬」存在的客觀形式，而不只是一種個人道德意願的表示。在北宋的文化語境下，判斷一個孝子的標準一般有以下五個：一是將逝者去世的消息通知到位；二是將逝者的遺體運送到權厝之地或安葬之地；三是卜筮安葬的時間與地點；四是準備好必要的喪葬資金；五是著手辦理喪葬儀式。[3]這構成了兩宋孝道文化的基本元素。對這些標準的達成，「北宋官員……不辭辛勞讓已故父母早日安息於地下，遵從父母的特定安葬

---

[1] 張聰著，劉雲軍譯：《家庭・鄉里・朝堂：北宋士人與孝道》（上海：上海古籍出版社，2023年），頁155-156。

[2] 張聰著，劉雲軍譯：《家庭・鄉里・朝堂：北宋士人與孝道》（上海：上海古籍出版社，2023年），頁156。

[3] 張聰著，劉雲軍譯：《家庭・鄉里・朝堂：北宋士人與孝道》（上海：上海古籍出版社，2023年），頁160。

指示，以及盡心圍護家墓而贏得孝子名聲。」[1]可以說，評判一個士大夫或者官員是否為「孝」，喪禮的細節成為了至關重要的一環。於是，朱熹在《家禮》中如此注重喪禮的細節，就能明白他思想中的內在的形成邏輯。

為了說明這個問題，我們先來看看朱熹中喪禮的一個具體細節：

> 初終。疾病，遷居正寢。凡疾病，遷居正寢，內外安靜，以俟氣絕。男子不絕於婦人之手，婦人不絕於男子之手。既絕乃哭。復。侍者一人，以死者之上服嘗經衣者，左執領，右執要，升屋中霤，北面招以衣，三呼曰：「某人復。」畢，卷衣，降，覆尸上。男女哭擗無數。上服，謂有官則介服，與官則襴衫、皂衫、深衣；婦人大袖背子。呼某人者，從生時之號。立喪主，凡主人謂長子；無，則長孫承重，以奉饋奠。其與賓客為禮，則同居之親，且尊者主之。主婦，謂亡者之妻；無，則主喪者之妻。護喪，以子弟知禮能幹者為之，凡喪事皆稟之。司書，司貨，以子弟或吏僕為之。乃易服不食。妻子、婦妾皆去冠及上服，被髮，男子扱上衽，徒跣。餘有服者皆去華飾。為人後者，為本生父母及女子已嫁者，皆不被髮、徒跣。諸子三日不食。期九月之喪，三不食；五月三月之喪，再不食。親戚鄰里，為糜粥以食之，尊長強之少食可也。扱上衽，謂插衣前襟之帶。華飾，謂錦繡、紅紫、金玉、珠翠之類。治棺。護喪命匠擇木為棺，油杉為上，柏次之，土杉為下。其制方直，頭大足小，僅取容身，勿令高大及為虛簷高

---

[1] 張聰著，劉雲軍譯：《家庭・鄉里・朝堂：北宋士人與孝道》（上海：上海古籍出版社，2023年），頁158。

足。內外皆用灰漆。內仍用瀝清溶瀉，厚半寸以上。練熟材米灰鋪其底，厚四寸許。加七星版。底四隅各釘大鐵環，動則以大索貫而舉之。……訃告於親戚僚友。護喪、司書為之發書，若無，則主人自訃親戚，不訃僚友。自餘書問悉停，以書來吊者並須辛哭，後答之。[1]

朱熹在這裡介紹了古人去世後最初的一些準備工作。可以看出，朱熹在這裡的描寫非常細緻，可是說是一個宋代版的喪葬「操作流程」。在這裡，朱熹介紹了逝者去世後對服侍人員的要求，哭時的方位與節奏，親友在服喪其間的生活坐息、棺槨的顏色及規制，事無巨細。在朱熹看來，這些「細節」本身並不是簡單的行為呈現，而是後世子女對「孝」思想的有形轉化。在現代人看來，這種接近於古板的操作流程，卻在宋代的士大夫面前呈現出一種真實的「孝子圖像」。也就是說，對於士大夫集團來說，在判定一個人是否符合孝子的要求，主要的參照物則是親子在喪葬過程中呈現的「細節圖像」。因此可知，鵝湖之會以後，陸子壽與陸九淵為何不辭辛勞來找朱熹來為母親辦理喪事，也足見喪禮對兩宋士大夫的重要性。

從今天的視角來看，朱熹的喪禮過於複雜。這種複雜不僅是上面的「初終」之禮，還伴隨著「沐浴、襲、奠、為位、飯含、靈座、魂帛、銘旌、小斂、袒、括髮、免、髽、奠、代哭、大斂、成服、朝夕、哭奠、上食、吊、奠、賻、聞喪、奔喪、治葬、遷柩、朝祖、奠、賻、陳器、祖奠、遣奠、發引、及墓、下棺、祠後土、題木主、成墳、反哭、小祥、大祥、居喪雜儀」等，諸多繁雜的喪葬禮儀耗費

---

[1] 朱熹：《朱子全書》（上海：上海古籍出版社；合肥：安徽教育出版社，2002年），第7冊，頁902-903。

的人力物力是十分巨大的。因此，這種墓葬的「細節」可能要再次迎接宰我的「三年之喪」的拷問，這是朱熹必須要解決的問題。

> 宰我問：「三年之喪，期已久矣。君子三年不為禮，禮必壞；三年不為樂，樂必崩。舊穀既沒，新穀既升，鑽燧改火，期可已矣。」子曰：「食夫稻，衣夫錦，於女安乎？」曰：「安。」「女安則為之！夫君子之居喪，食旨不甘，聞樂不樂，居處不安，故不為也。今女安，則為之！」宰我出。子曰：「予之不仁也！子生三年，然後免於父母之懷。夫三年之喪，天下之通喪也。予也有三年之愛於其父母乎？」[1]

朱熹對這段的解釋說：

> 禮。父母之喪：既殯，食粥、粗衰。既葬，疏食、水飲，受以成布。期而小祥，始食菜果，練冠縓緣、要絰不除，無食稻衣錦之理。夫子欲宰我反求諸心，自得其所以不忍者。故問之以此，而宰我不察也。初言女安則為之，絕之之辭。又發其不忍之端，以警其不察。……而再言女安則為之以深責之。……宰我既出，夫子懼其真以為可安而遂行之，故深探其本而斥之。言由其不仁，故愛親之薄如此也。……又言君子所以不忍於親，而喪必三年之故。使之聞之，或能反求而終得其本心也。[2]

從「喪禮」的構成要素來看，對「細節」的注重及對「複雜程式」的依賴，在某種程度上構成了「反求本心」的現實觀照。從人們的日常

---

1 朱熹：《四書章句集注》（北京：中華書局，2011年），頁168-169。
2 朱熹：《四書章句集注》（北京：中華書局，2011年），頁168-169。

情感來看，死亡的逝者對親人凝聚著強烈的道德情感，但如果想讓這種道德情感得以表達，則只能借助於「喪禮」。這並不是一個祭奠者的個人認同，而是兩宋時期形成的一個群體的集體認知。在這種文化背景的影響下，繁瑣的喪葬儀式也能使「親人」感到一種心安。張聰指出：「宋代精英們坦言，對於推遲讓父母的遺體入土為安，他們深感內疚和焦慮」[1]。典型的就是石介，他為了籌措足夠的安葬費，在十七個月內，他「未嘗敢一飯甘、一寢安、一衣暖、一飲樂。坐不敢下履，終日戰戰慄慄，若懷冰炭，若負芒刺。」[2]可見這些複雜的儀式並不只是逃避政治懲罰的手段，它本身也存在著心理慰藉的作用。

因此，無論談到西水坡仰韶文化那座規模弘大的墓葬，還是朱熹在這裡指出的普通士大夫的喪禮，都體現出一種濃重的情感寄託和理想歸附。從先秦簡單的逝後埋葬，發展到西水坡強大的墓葬系統，再到宋明以來的「孝道」表達，可以看出墓葬系統逐漸由形而下向形而上的面向發展。到這裡，墓葬本身的重要性已經弱於墓葬行為所反映的「德性」問題。可以說到了兩宋時期，天文與人文在墓葬行為的再度融合，最終以「德性」的方式被慢慢固定下來。這是兩宋墓葬系統中一個十分有意思的社會現象。

二 家庭觀念與祭禮禮儀

如果說「喪禮」是古代先民逝者物質生命終結的標誌，那麼「祭禮」則是逝者精神生命的開始。如果說西水坡仰韶墓葬文化是墓主人

---

[1] 張聰著，劉雲軍譯：《家庭‧鄉里‧朝堂：北宋士人與孝道》（上海：上海古籍出版社，2023年），頁174。
[2] 張聰著，劉雲軍譯：《家庭‧鄉里‧朝堂：北宋士人與孝道》（上海：上海古籍出版社，2023年），頁175。

對精神生命延續的訴求,那兩宋的「祭禮」則表示墓主人的晚輩對他的精神延續的請求。很難判斷從什麼時候起,形成了墓的形制與地理位置與後人的命運相關聯的說法。不過,從風水學與墓葬相結合並受到後世重視來看,這種現象的產生恐怕是十分久遠。我們所能知道的,就只有早期先民「以地效天」,以「地文效仿天文」。至於這種「效仿」是什麼時候從「墓主人」本身轉變為「墓主人」的後人,這確實也是值得探究的問題。

「風水」與「風景」、「山水」雖只一字之差,但前者與後兩者的意思卻有了明顯的不同。「風水」雖然從表意來看是指一定的地理環境,然而在民間的流傳中它總是含有一種「超自然力量」的存在印記。於是,「風水」連同「命運」成為了卜筮者與堪輿師常用的「專有名詞」。關於這個問題,我們在以後的章節再具體展開。

在眾多的歷史文獻中,「風水」在宋及以後朝代的學者的言詞中出現得比較多,這是一個有趣的現象。這種現象可以說明一個問題,那就是至少在宋代的時候,先人的墓葬就已經與後人的「命運」捆綁在一起。於是,宋朝墓葬中出現的最為明顯的祭祀儀式與祭品,反映出宋代祭祀行為已完成了由「祭天」到「祭地(人)」的轉變。除了前文提到的劉摯、石介,還有司馬光、呂陶、程頤,甚至皇帝如宋仁宗、宋哲宗[1]也開始重視喪葬和祭祀,多有這方面的原因。

因此到了有宋一朝,墓葬與祭祀已經不是個人的私事,而是關乎國家、朝廷和家族命脈的核心事件。在這一點上,他們與古代先民的主要區別就在於將對「天」的側重逐漸轉變為對「地」的偏重。

---

[1] 宋哲宗元祐六年(1191)頒佈詔令,命令御史臺對那些父母去世十年後仍然沒有下葬的官員進行彈劾或暫停晉升。參見:宋哲宗:〈令御史臺彈奏無故十年不葬父母臣僚詔〉,《全宋文》(上海:上海辭書出版社;合肥:安徽教育出版社,2006年),第150冊,卷3240,頁287。

「墓」已經不是簡單逝者的魂歸之處，而是活著的人得以「如何活」的現實保證。由「祭天」到「祭地」的轉變，預示著中國文化由天文到地理的轉折。

由於墓葬與祭祀已經與當時人們的現實生活無法分割，那麼在這種文化環境下孕育出一套詳細且複雜的祭禮系統，也就不是什麼奇怪的事。我們簡單以朱熹的《祭禮》中的《四時祭》中的一個片段為例：

> 時祭用仲月，前旬卜日。孟春下旬之首，擇仲月三旬各一日，或丁或玄，主人盛服，立於祠堂中門外，西向。兄弟立於主人之南，少退，北上。子孫立於主人之後，重行，西向，北上。置卓子於主人之前，設香爐、香合、珓及盤於其上。主人縉笏，焚香薰珓，而命以上旬之日，曰：「某將以來月某日，諏此歲事，適其祖考，尚饗！」即以珓擲於盤，以一俯一仰為吉。不吉更卜中旬之日。又不吉，則不復卜，而直用下旬之日。既得日，祝開中門，主人以下，北向立，如朔望之位，皆再拜。主人升，焚香，再拜。祝執辭，跪於主人之左，讀曰：「孝孫某，將以來月某日，祇薦歲事於祖考，卜既得吉，敢告。」用下旬日，則不言「卜既得吉」。主人再拜，降，復位，與在位者皆再拜。祝闔門。主人以下復西向位。執事者立於門西，皆東面，北上。祝立於主人之右，命執事者曰：「孝孫某將以來月某日，祇薦歲事於祖考，有司具修。」執事者應曰：「諾。」乃退。[1]

從這些文字中可能看到，朱熹對參與活動的時間（孟春、仲月、三

---

[1] 朱熹：《朱子全書》（上海：上海古籍出版社；合肥：安徽教育出版社，2010年），第7冊，頁936-937。

旬），成員的站位（中門外、門西）、語言（尚饗、諾）、行為（少退、北上、再拜）都做了十分詳細的描述。從這簡短的文字的描寫中，可以讓讀者感受到十分生動的畫面感。不過，這只是活動的大體流程，這個活動還有諸多前期準備。如：

> 前期三日齋戒。前期三日，主人帥眾丈夫致齋於外；主婦帥眾婦女致齋於內。沐浴，更衣。飲酒，不得至亂；食肉，不得茹葷。不弔喪。不聽樂。凡凶穢之事，皆不得預。
> 前一日，設位陳器，主人帥眾丈夫深衣，及執事灑婦正寢，洗拭倚卓，務令蠲潔。設高祖考妣位於堂西北壁下，南向。考西妣東，各用一倚一卓而合之。曾祖考妣、祖考妣、考妣以次而東，皆如高祖之位。世各為位，不屬祔位，皆於東序，西向北上，或西序相向，其尊者居西。妻以下則於階下。設香案於堂中，置香爐、香合於其上，束茅聚沙於香案前，及逐位前地上。設酒架於東階上，別置卓子於其東，設酒注一、醉酒盞一、盤一、受胙盤一、匕一、巾一、茶合、茶筅、茶盞托、鹽楪、醋瓶於其上。火爐、湯瓶、香匙、火筯於西階上，別置卓子於其西，設祝版於其上，設盥盆帨巾各二，於阼階下之東，其西者有臺架，又設陳設大牀於其東。省牲，滌器，具饌。主人帥眾丈夫深衣省牲涖殺，主婦帥眾婦女背子滌濯祭器，潔釜鼎，具祭饌。每位果六品，菜蔬及脯醢各三品，肉、魚、饅頭、糕各一盤，羹、飯各一椀，肝各一串，肉各二串，務令精潔，未祭之前，勿令人先食及為貓犬蟲鼠所污。[1]

---

[1] 朱熹：《朱子全書》（上海：上海古籍出版社；合肥：安徽教育出版社，2010年），第7冊，頁937。

為了使閱讀不顯得過於累贅，眾多的祭禮環節無法一一在文中展現。實際上，朱熹的祭禮相比較於先秦禮儀和北宋司馬光的禮儀，已經作了大幅度的刪減。但即便這樣，我們也可以看到宋代這些被朱熹改良後的「祭禮」，依然十分繁瑣。單從這些事情的準備工作來看，古人的「禮不下庶人」可能含有經濟層面的考量。

　　事實上，兩宋的喪葬與祭禮也確實是一個耗費錢財的活動。根據程民生的研究：

> 在宋代，一具棺材的價格可能在一到一百貫錢之間。墓地、墓室修建和送葬隊伍可能額外花費百貫。占卜和宗教服務的費用、墓誌銘作者的潤筆費以及墓葬品的費用差別也很大。因此，一次喪葬費可能輕易達到數百貫錢。在考慮喪葬成本時，……北宋一個「中等人戶」的家產是一千貫到數千貫錢。這意味著正常家庭通常會在葬禮上花費相當大一部分淨資產。[1]

這些還不包括另外的三項支出：「行旅費用、葬禮宴會和大規模的家庭葬禮」[2]，這些遠非一個平常人家可以支付得了。

　　那麼問題就油然而生了：為何宋代會產生如此繁瑣，又耗費人力物力的喪葬或祭祀系統？簡單地以皇權喜好或政治引導為由，可能不足以說明這個問題。因為這裡有很多作法明顯與皇權的意志相違背。

---

[1] 轉引張聰著，劉雲軍譯：《家庭・鄉里・朝堂：北宋士人與孝道》（上海：上海古籍出版社，2023年），頁178。程民生：《宋代物價研究》，頁359-364、454-465頁、572-573頁。

[2] 張聰著，劉雲軍譯：《家庭・鄉里・朝堂：北宋士人與孝道》（上海：上海古籍出版社，2023年），頁179。如石介埋葬家中五代人多達七十多口，不算墓地用錢依然需要五百貫錢。

[1]可見，影響官員士大夫的喪葬和祭祀行為應該有另一個面向：為後世子女保佑祈福。在這種觀點下，逝者不再只是後人的一種精神的追思，而是逝者與在世子女的共在。這種「共在」不僅只是精神層面的共存，也涉及到「物質層面」的福報。也就是說，宋代的士大夫相信家人的死亡是他／她的一種「超自然能力」的轉化。這種「超自然能力」會反過來維護在世子女的物質生活（保佑他們物質豐盈）。於是，墓葬與風水相結合，以祈求逝者的「超自然能力」的恩澤，也就不是什麼奇怪的事了。同時，由於逝者的墓葬與後世的生活共在，祭祀開始由「向天的感恩」變成了對「先祖的索取」。在當代北方農村祭祀活動時女性常見的樸素的悼詞：如「你死了叫我怎麼活啊！」、「你在下面保佑咱們一家平平安安，孩子們旺旺興興的」。這裡的悼詞更多地體現一種「索取」。實際上，《四時祭》中記載的具體作法中，也多有這個層面的含義：

> **厥明夙興，設蔬果酒饌**
> 主人以下深衣，及執事者俱詣祭所，盥手。設果楪於逐位卓子南端，蔬菜、脯醢相間次之。設盞盤醋楪於北端，盞西楪東，匙筯居中。設玄酒及酒各一瓶於架上，玄酒，其日取井花水充。在酒之西，熾炭於爐，實水於瓶。主婦背子炊煖祭饌，皆令極熱，以合盛出置東階下大牀上。
> **質明，奉主就位**
> 主人以下各盛服，盥手帨手，詣祠堂前。眾丈夫敘立，如告日

---

1 如宋哲宗的「無故十年不葬父母」與前面所講的劉摯三十二年後才將父母正式下葬。明顯就是一個矛盾。按照張聰的研究，北宋墓誌銘中充斥著久不克葬的記載。入葬時間跨度由十一個月到三十二年不等。（張聰著，劉雲軍譯：《家庭・鄉里・朝堂：北宋士人與孝道》〔上海：上海古籍出版社，2023年〕，頁171。）

之儀。主婦西階下，北向立。主人有母則特位於主婦之前，諸伯叔母諸姑繼之。嫂及弟婦姊妹在主婦之左，其長於主母主婦者，皆少進，子孫婦女內執事者，在主婦之後重行，皆北向東上，立定。主人升自阼階，搢笏焚香，出笏，告曰：「孝孫者，今以仲春之月，有事於皇高祖考某官府君，皇高祖妣某封某氏，皇曾祖考某官府君，皇曾祖妣某封某氏，皇祖考某官府君，皇祖妣某封某氏，皇考某官府君，皇妣某封某氏，以某親某官府君，某親某封某氏祔食，敢請神主出就正寢，恭伸奠獻。」告辭仲夏秋冬各隨其時。祖考有無官爵封諡，皆如題主之文。祔食，謂旁親無後者及卑幼先亡者，無即不言。告訖，搢笏斂櫝。正位祔位，各置一筍，各以執事者一人捧之，主人出笏前導，主婦從後，卑幼在後，至正寢置於西階卓子上。主人搢笏啟櫝，奉諸考神主出就位。主婦盥帨升，奉諸妣神主亦如之。其祔位則子弟一人奉之。既畢，主人以下，皆降復位。

參神
主人以下敘立，如祠堂之儀。立定再拜。若尊長老疾者，休於它所。

降神
主人升，搢笏，焚香，出笏，少退立。執事者一人開酒，取巾拭瓶口。實酒於注；一人取東階卓上盤盞立於主人之左；一人執注立於主人之右。主人搢笏，跪。奉盤盞者亦跪，進盤盞，主人受之。執注者亦跪，斟酒於盞，主人左手受盤盞，右手執盞，灌於茅上。以盤盞授執事者，出笏，俛伏興，再拜，降，復位。

進饌
主人升，主婦從之。執事者一人以盤奉魚肉，一人以盤奉米麵

食，一人以盤奉羹飯，從升。至高祖位前，主人搢笏奉肉，奠於盤盞之南；主婦奉麵食，奠於肉西。主人奉魚，奠於醋碟之南；主婦奉米食，奠於魚東。主人奉羹，奠於醋碟之東；主婦奉飯，奠於盤盞之西。主人出笏，以次設諸正位，使諸子弟婦女各設祔位。皆畢，主人以下皆降，復位。

初獻

主人升，詣高祖位前。執事者一人，執酒注立於其右，冬月即先煖之。主人搢笏，捧高祖考盤盞位前，東向立。執事者西向，斟酒於盞，主人奉之，奠於故處。次奉高祖妣盤盞，亦如之。出笏位前，北向立。執事者二人，奉高祖考妣盤盞立於主人之左右。主人搢笏跪，執事者亦跪。主人受高祖考盤盞，右手取盞祭之茅上。以盤盞授執事者，反之故處，受高祖妣盤盞，亦如之。出笏，俛伏興，少退立。執事者炙肝於爐，以碟盛之，兄弟三長一人奉之，奠於高祖考妣前，匙筯之南。祝取版立於主人之左，跪讀曰：「維年歲月朔日子，孝元孫某官某，敢昭告於皇高祖考某官府君，皇高祖妣某封某氏，氣序流易，時維仲春，追感歲時，不勝永慕，敢以潔牲柔毛、粢盛醴齊，祇薦歲事，以某親某官府君，某親某封某氏祔食，尚饗！」畢，興。曾祖前稱「孝曾孫」。祖前稱「孝孫」。考前稱「孝子」，改「不勝永慕」為「昊天罔極」。凡祔者，伯叔祖父祔於高祖，伯叔父祔於曾祖，兄弟祔於祖，子孫祔於考，餘皆放此。如本位無，即不言「以某親祔食」。祖考無官，及改夏秋冬字。皆已見上。主人再拜，退詣諸位獻祝如初。每逐位讀祝畢，即兄弟眾男之不為亞終獻者，以次分詣本位所祔之位，酌獻如儀。但不讀祝。獻畢，皆降復位。執事者以它器徹酒及肝，置盞故處。

亞獻

主婦為之。諸婦女奉炙肉及分獻,如初獻之儀。但不讀祝。

終獻

兄弟之長或長男或親賓為之。眾子弟奉炙肉及分獻,如亞獻之儀。

侑食

主人升,搢笏,執注就斟諸位之酒,皆滿,立於香案之東南。主婦升,扱匙飯中西柄正筯,立於香案之西南。皆北向。再拜,降,復位。

闔門

主人以下皆出。祝闔門。無門處即降簾可也。主人立於門東,西向,眾丈夫在其後。主婦立於門西,東向,眾婦女在其後。如有尊長,則少休於它所,此所謂厭也。

啟門,祝聲三噫歆,乃啟門。主人以下皆入。其尊長先休於它所者,亦入就位。主人主婦奉茶,分進於考妣之前;祔位,使諸子弟、婦女進之。

受胙

執事者設席於香案前,主人就席,北面。祝詣高祖考前,舉酒盤盞,詣主人之右。主人跪,祝亦跪。主人搢笏,受盤盞,祭酒啐酒。祝取匙並盤,抄取諸位之飯各少許,奉以詣主人之左嘏於主人曰:「祖考命工祝,承致多福於汝孝孫,使汝受祿祿於天,宜稼於田,眉壽永年,勿替引之。」主人置酒於席前,出笏,俛伏興,再拜,搢笏,跪受飯嘗之,實於左袂,掛袂於季指,取酒卒飲。執事者受盞,自右置注旁,受飯自左亦如之。主人執笏,俛伏興,立於東階上,西向。祝立於西階上,東向。告利成,降復位,與在位者皆再拜。主人不拜,降復位。

辭神

主人以下皆再拜。

納主

主人、主婦皆升，各奉主納於櫝。主人以笥歛櫝，奉歸祠堂，如來儀。

徹，主婦還監，徹酒之在盞注它器中者皆入於瓶，緘封之，所謂福酒；果蔬、肉食並傳於燕器，主婦監滌祭器而藏之。

餕

是日，主人監分祭胙品，取少許置於合，並酒皆封之，遣僕執書歸胙於親友，遂設席。男女異處，尊行自為一列，南面，自堂中東西分首。若止一人，則當中而坐，其餘以次相對，分東西向。尊者一人先就坐，眾男敘立，世為一行，以東為上。皆再拜。子弟之長者一人少進立。執事者一人執注立於其右；一人執盤盞立於其左。獻者搢笏跪。弟獻則尊者起立，子姪則坐。受注斟酒反注受盞。祝曰：「祀事既成，祖考嘉饗，伏願某親，備膺五福，保族宜家。」授執盞者，置於尊者之前。長者出笏，尊者舉酒。畢，長者俛伏興，退復位，與眾男皆再拜。尊者命取注，及長者之盞置於前，自斟之。祝曰：「祀事既成，五福之慶，與汝曹共之。」命執事者以次就位，斟酒皆徧。長者進跪受飲畢，俛伏興，退立。眾男進揖，退立飲。長者與眾男皆再拜。諸婦女獻女尊長於內，如眾男之儀。但不跪。既畢，乃就坐，薦肉食。諸婦女詣堂前，獻男尊長壽，男尊長酢之如儀。眾男詣中堂，獻女尊長壽，女尊長酢之如儀。乃就坐，薦麵食。內外執事者，各獻內外尊長壽如儀，而不酢，遂就斟在坐者徧，俟皆舉，乃再拜退，遂薦米食，然後泛行酒，間以祭饌酒饌，不足，則以它酒它饌益之。將罷，主人

頒胙於外僕，主婦頒胙於內執事者，徧及微賤。其日皆盡，受者皆再拜，乃徹席。[1]

宋代祭祀中出現的繁瑣的儀式，最終的直接目標是為了後世子孫的生活富足。這也是農村普遍進行「遷墳移墓」現象的主要動因。在宋仁宗慶曆三年，高若訥為了為其父高懷證、爺爺高審釗尋找一塊理想的墓址，就在其父去世三十五年後，爺爺去世五十四年後，才在開封為他們舉行了葬禮。[2]這種後人為逝者選墓址的意圖，顯然已經不等同於西水坡仰韶文化的45號的墓主人。

三　家庭觀念與生死觀念

對於家庭中的生死觀，應該從兩個角度來分析，一是墓主人自己期望的物質性「永生」，表現為墓葬的規制與隨葬品的種類；二是墓主人至親希望精神性的「永生」，表現為祭祀活動的繁雜。下面，我們就這兩個方面進行敘述。

一是墓主人自己期望的物質性永生。這裡以福建地區墓葬為例。按照許曼的研究，「北宋初期的一些福建墳墓延續了五代的前後雙室風格，而從南宋中葉開始，並列三室和四室的石室越來越流行。……與中國北方的墳墓不同，為夫婦修造的並列多室墓葬逐漸取代了單室墓葬，成為流行於福建的常見合葬方式」[3]。

---

[1] 朱熹：《朱子全書》（上海：上海古籍出版社；合肥：安徽教育出版社，2010年），第7冊，頁937-941。

[2] 張聰著，劉雲軍譯：《家庭・鄉里・朝堂：北宋士人與孝道》（上海：上海古籍出版社，2023年），頁175。另一種說法是他是因為母親的長壽而才將葬禮推遲。

[3] 許曼著，劉雲軍譯：《跨越門閫：宋代福建女性的日常生活》（上海：上海古籍出版社，2019年），頁255。

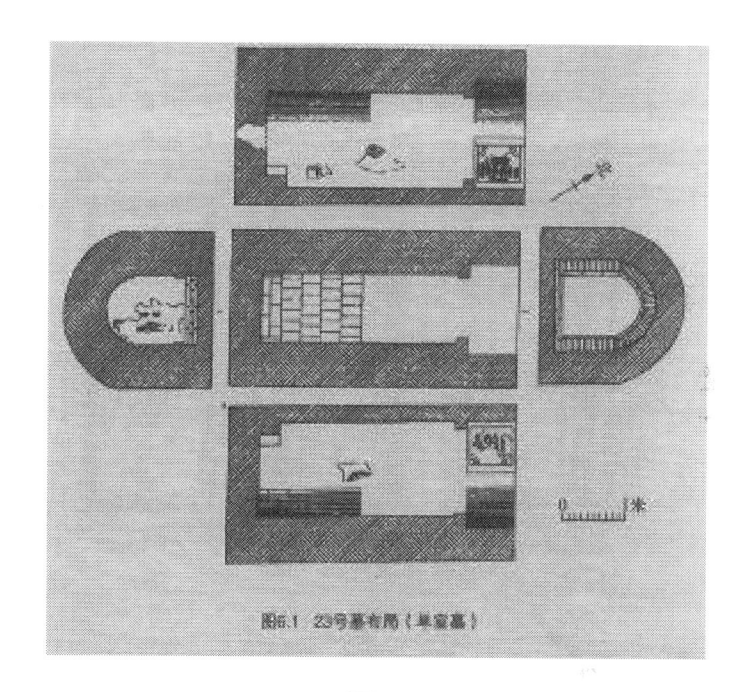

第七章　朱熹的家庭生死觀 ❖ 163

图6.1 23号墓布局（单室墓）

圖一

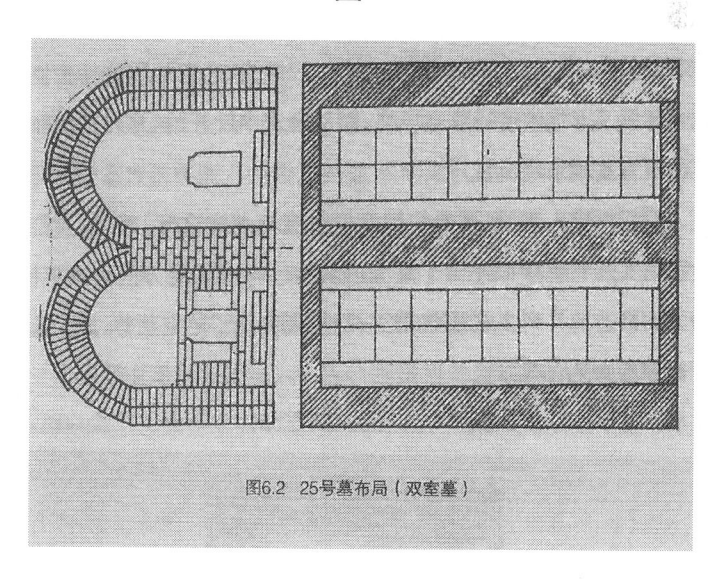

图6.2 25号墓布局（双室墓）

圖二

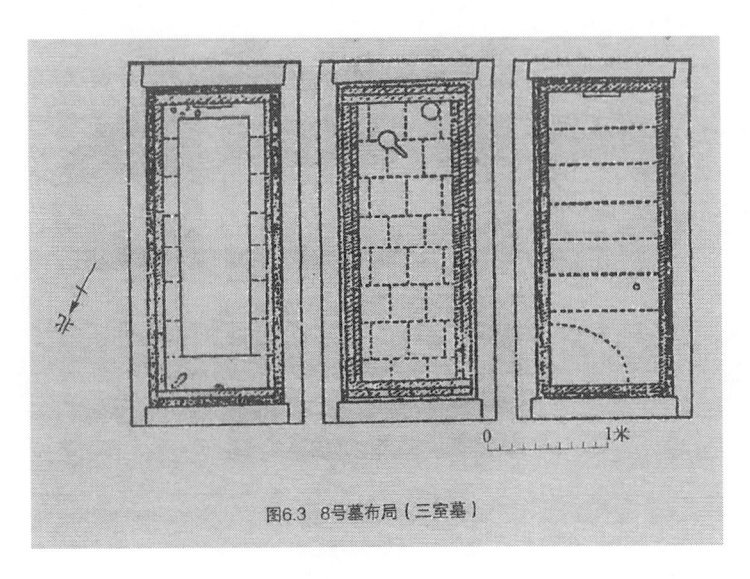

图6.3　8号墓布局（三室墓）

圖三

以上三圖取自許曼：《跨越門閫：宋代福建女性的日常生活》，頁255-256。

從以上的墓制可以看到，兩宋時期，逝者在去世前希望他的死後世界能與生前的家庭保持一致。雖然以墳墓為代表的「陰宅」、「從來不是逝者陽間居住生活的翻版」[1]，但是在逝者追求「永生」的思維下二者的聯繫卻越來越緊密。這一點可以從兩宋的墓制形態與陪葬品的種類中分析出來。相比於前文談到的濮陽西水坡仰韶文化的45墓的單人墓穴的注重於個人的飛升，兩宋的人們則更傾向於「同塚同穴」，希望逝後繼續保留家庭的樣態。朱熹認為：

> 夫婦之義，如乾大坤至，自有等差。故方其生存，夫得有妻有妾，而妻之所天不容有二。況於死而配祔，又非生存之比。橫

---

[1] 許曼著，劉雲軍譯：《跨越門閫：宋代福建女性的日常生活》（上海：上海古籍出版社，2019年），頁255。

> 渠之說似亦推之有大過也，只合從唐人所議為允。況又有前妻無子、後妻有子之礙，其勢將有甚扤阢而不安者。唯葬，則今人夫婦未必皆合葬，繼室別營兆域宜亦可耳。[1]

這裡，朱熹認為墓葬以一夫多妻合葬的「家庭模式」是唐代就產生的習俗。但是否如此，可能還需要更多的地下考古材料來證明。不管如何，在朱熹所在的年代，墓葬的制式類似於正常家庭形式的作法，已經是十分普遍的事情。甚至在民間已經形成一種約定俗成的禮制。

除此之外，南宋的陪葬品也越來越趨近於生前的「日常生活用品」。許曼在研究四十一座福建宋代墓葬的隨葬品時，發現隨葬品中有出現與生活息息相關的物品，比如說有「釵、盤、碗、罐、杯、剪刀、牛、鏡、壺、燈盞、火盆、盅、茶壺、茶杯、硯臺、灶、鍋」[2]，給人的感覺是，「他們」只是將「生前的世界」搬移到「地下世界」，是一種「生」的再延續。相對於西水坡仰韶文化45號墓中的大量貝殼、人骨等象徵著財富和權力及向北極星為主的「天的歸附」，南宋的墓葬陪葬中的生活日用品更傾向於對「家的嚮往」。也就是說，在朱熹生活的南宋時代，逝後是否「歸天」已經不是人們的首選，而與家人保持某種聯繫才是他們的願望。於是，他們希望即便在逝後，通過物質性的陪葬來達到一種「永生」存在。他們並不認為自己經歷死亡後就會消失，而是換了一個地方居住。從生前之家到逝後的墓穴，這個過程看起來並不像是逝者的離去，而更像是一種逝者的「搬家」。

二是墓主人的至親希望的精神性永生。這裡主要表示為祭祀禮儀

---

1 朱熹：《朱子全書》（上海：上海古籍出版社；合肥：安徽教育出版社，2010年），第23冊，頁3017。
2 許曼著，劉雲軍譯：《跨越門閫：宋代福建女性的日常生活》（上海：上海古籍出版社，2019年），頁279-282。

的繁瑣。從朱熹《家禮》中這些複雜的細節中可以看出，這些行為已經不能簡單用對「死」的描述來形容，它更傾向於一種活著的人對「生」的美好追求。道德基礎上的墓葬系統與祭祀禮儀，本質上就是現實的人追求「以死換生」、「以死祐生」和「以死衛生」，這構成了中國古人樸素的世俗文化。正因為如此，這個文化現象為民間的符咒、占卜、風水測繪等活動的產生提供了操作空間。從這一點中可以知道，為什麼在科學文化如此發達的今天依然存在眾多的迷信行為。它們非但沒有消逝，相反是以另一種形式在發展壯大。這是一個有意思的社會現象，也是一個值得思考的社會問題。這構成了我們透視現代文明發展的一個非常重要的視角。

　　對於一個普通家庭來說，家庭成員在逝去後並不會因為他肉體生命的消逝而消失。相反，他殘存的遺跡依然與家庭成員共在。許曼指出：「一具屍體經過各種葬儀，最終被安置在一個挖掘好的坑中，以獲得永生。之後，一個象徵性的神主被立在家中，享受祭祀，維持著他或者她與前生活空間的聯繫。」[1]這裡出現的一個典型特點是，當他人普遍對死亡和墳墓心生恐懼時，墓主人的至親對墳墓卻心生「依戀」。甚至，墓地一度成為他們的「另一個家園」。在宋以後的文化環境中，捍衛墓產與破壞墓產，曾一度成為人們在對敵鬥爭中不可或缺的一部分。民間常見的一種表達方式是，以「祖墳冒清煙」來預示著家庭成員的興旺發達。於是，一個遠離居住房屋的「土堆」或「山穴」因逝者遺體的殘存，變得有了新的含義：這就是對健在的人的物質束縛與精神牽絆。

　　宋代的墓葬遺跡和文本材料出現了大量自然家庭的生死交織在一

---

[1] 許曼著，劉雲軍譯：《跨越門閫：宋代福建女性的日常生活》（上海：上海古籍出版社，2019年），頁253。

起的現象，它逐漸形成一種文化並影響至今。[1] 逝者的死與其它家庭成員的生，變成一個跨越時空的共在。這也決定了家庭成員在祭拜逝者的時候要採取諸多複雜的祭祀儀式。如前文朱熹《家禮》所說的「厥明夙興，設蔬果酒饌。質明，奉主就位，參神，降神，進饌，初獻，亞獻，終獻，侑食，闔門，啟門，受胙，辭神，納主，徹，餕。」雖然朱熹在司馬光的《居家雜儀》的基礎上作了大量的刪減，但他留下下來的祭祀禮儀過程依舊十分複雜，所耗費錢財也不在少數，這遠非一般人家可以承擔。

面對這種情況，朱熹給出了一個折中的中心思想：「凡祭，主於盡愛敬之誠而已，貧則稱家之有無，疾則量筋力而行之，財力可及者，自當如儀。」[2] 到這裡可以看出，過程的複雜與簡化並不是祭祀活動的核心，關鍵在於心的「愛敬意誠」。這裡已經可以看到朱子理學的痕跡了。也就是說，誠敬之心是朱熹等一批理學家理解生死的關鍵紐帶。

同時，在閱讀這個複雜的禮儀時，可能要關注一下儀式中的話語，如「祀事既成，祖考嘉饗，伏願某親，備膺五福，保族宜家」和「祀事既成，五福之慶，與汝曹共之。」這與前面所說的家庭成員的生死融合之說極為契合。總之，對死的依戀，本質上是對活的嚮往。對逝者的追思，也反映了健在的人對美好現實生活的祈求。

1　在二十一世紀的中國南方地區，一個普通的鄉鎮「修墓」也基本上要花費二至四萬不等。同時，在親人的遺體火化後，要從火化後的灰爐中拿出一部人放在一個泥質的神龕下面的香爐中，以供後人祭拜。這種行為普遍存在於福建、江西一帶的廣大農村之中。

2　朱熹：《朱子全書》（上海：上海古籍出版社；合肥：安徽教育出版社，2010年），第7冊，頁941。

小結

　　朱熹生活的南宋時期的墓葬與祭祀，反映出「死」與「生」兩種主角的轉化。墓葬的主角是逝者，它代表著一種終結與結束。墓葬構成了以逝者為中心的行為活動。不管在葬禮的行為中體現了多少子孫後世的思想，它在本質上是一種「生的結束」的反映。但逝者之「生的結束」並不代表「逝者」的消逝，而更類似是一種「搬離」。朱熹等人注重墓葬的風水及墓葬的形制，基本上也是堅持「逝者仍在」的潛在意識。只是，逝者與子女的溝通方式發生了轉變。這種轉變就是祭祀。南宋的祭祀已經不再集中於「人與天的溝通」，而趨向於「人與逝者的交流」。於是，祭祀文化中雖然雜糅著各種宗教圖騰，本質上還是一種逝者與在世人的交流。

　　南宋墓葬體現出來的生死觀，間接地指明理學家產生的時代背景。以朱熹為代表的理學家在窺探天道的過程中，受此文化的影響慢慢地將「天道」轉向了「人理」。這是兩宋「以人為本」的思想所浸染出來的。在這種背景下，朱熹慢慢由「關注大自然的運行規律」的「道」轉變為「關注人生存所必須遵循」的「理」。所以，不管是朱熹含有哲理味道的理學論辯，還是關於「鬼神」的非神秘論述，都在這種思維中一一得以體現。

　　總的來說，天文與墓葬，構成了朱熹思考世界的兩個方向。這也是他為什麼晚年如此重視《易經》和《家禮》思想的一個文化語境。正是明白了朱熹從「道」到「理」的發展，所以朱熹被稱為理學家，也就實至名歸了。

第八章
朱熹的讖緯神祕思想

家庭血親與墓葬儀式的神祕性，最終在民間形成了樸素的讖緯學說與卜筮之道。縱觀中國民間讖緯之道，雖形式多樣，但其核心本質均源於對家庭關係的維繫。無論是傳統墓葬的風水之學，或是借助神祕力量的符咒儀式，以及算命占卜的讖緯之學，都是圍繞「家庭」這個核心而運轉。

因此，當這些現象背後的本質被一一揭示後，再來分析這些神祕現象也就不是什麼難事。這些看似神祕又光怪陸離的神祕現象此時也有了可解釋的土壤與途徑。當然，為了說明這些現象，首先要做的工作還是要介紹一下讖緯、符咒和風水，基於朱子理學的思維去分析，大家就可以明白朱熹的讖緯學說與儒家「子不語怪力亂神」是如何實現真正的統一的。

讖緯之說在中國先秦時代就已經存在。只不過，在漢代經學、道教方術等的刺激下，讖緯發展成為一種在民間大肆蔓延的思潮。讖緯的主要特點是通過「神話式」、「超自然式」的方式為經學的發展或日常生活作出解釋。從事讖緯之說的人將這些解釋系統化，並藉助道教中的「外丹」方術等神祕的方法，發展出一套系統的讓人信服的理論與實踐，從而構成了兩漢魏晉時期一種獨特的社會現象。

受商周思想的影響，在秦漢時代幾乎所有重要的活動都與神靈崇拜有關。較為典型的是「秦始皇伐匈奴、四出巡行、焚書坑儒，陳勝『魚腹丹書』大澤鄉起義，劉邦『斬白蛇舉事』，漢武帝征大宛取汗血馬，巫蠱之禍，赤眉起義，劉秀舉兵，黃中起義等，以上事例不是

因天象、災異、圖讖或某種信仰、風謠等迷信引起，就是借助某種迷信手段發動的。秦漢社會充斥著多種神靈崇拜與迷信思想。」[1]實際上，秦漢的諸多迷信思想，又都可以在先秦考古學的資料中找到合理的解釋。

在先秦時代，由於知識被王侯將相、門閥貴族所壟斷，普通百姓是很難得到受教育的機會。加之天文學中的一些知識因為與王權相關，又被統治階層以各種方式加以限制，導致古老天文學的傳播受限，這種官方的阻隔加以民間的臆想，就逐步走向了「神秘化」。典型的如「四方」、「郊祀」等，都在不同程度上沾染了神秘主義的色彩，就連先民對大地最簡單的祭祀的「社」，也出現「社神」的表示進而使祭祀活動異常複雜。這種複雜活動慢慢地將先民對「祭祀」的本意逐漸掩蓋，演化為一種「人與神」共在的交流活動。人們因豐收而對大地產生的感恩，也變成了一個「社神」主導的超自然神力。於是，諸如長安西北太一祠這樣大規模的「郊」和「郊祀」就在這種背景下產生。

春秋戰國時期對商周嚴密等級制度（公、侯、伯、子、男）的破壞，使原本只有王才能進行的祭祀活動，被其他各種類型的代理人所代替。典型的是漢代主持的祭祀、占卜師、巫術師、望氣官和方士。這些人的出現打破了王對天的壟斷權。

同時，天文思想對普通民眾的影響，及他們面對生老病死產生的精神的恐懼，都讓巫蠱之術成為普通民眾獲得心安的一個「精神良藥」。於是，「在秦漢人的意識中，萬物有靈，鬼神無處不在。『巫』具有能夠審知鬼神世界諸事且示之以人界的特殊能力，為了達到祈福禳災的目標，人們必須借助於巫與巫術，與鬼神溝通。……民間普遍

---

[1]《中國思想史》編寫組：《中國思想史》（北京：高等教育出版社，2018年），頁127。

信仰巫師的法力。」[1]「巫師是人們生活中不可或缺的社會角色,是人民安居樂業的重要保證。長生不老的神仙思想在當時社會也是影響甚廣,追求長壽和長生成仙成為一種世風,滲透到人們生活的方方面面。」[2]讖緯思想在一定程度上成為了當時人們生活的「精神安慰劑和必需品」。

漢末兩晉多戰亂,人們在不可控且又不可期待的時代,試圖尋找一種「非人力的超自然力」來解決現實中的苦難,這是讖緯思想不可或缺的土壤。時至今日,在一些偏遠的鄉村或一些原始部落,讖緯思想依然在發揮著作用。儒家神學化是儒學發展史上的必然過程,且是一個不可繞過的重要環節。普通民眾所能接受的教育資源十分有限,他們對世界的理解多集中於主觀經驗之中。因此,當「非經驗」的自然現象及人文規律出現時,讖緯思想就常常被作為一種「解釋力」,使其在普通民眾中發揮著作用。

實際上,對於普通民眾而言一個無奈的現實是:解決問題往往要弱於解釋問題。如果問題可以得到解決,那麼解釋多是一種「贅述」,解釋只為幾個好奇者為之。但是當他們無法依靠現有的認識解決問題時,「解釋」往往起到化解內心陣痛的功效,從而使民眾達到一種短暫的心安。這就是宗教或迷信的最大作用。迷信的解釋力,類似於一種「精神鴉片」,雖無法化解問題,但可以達到暫時「鎮痛」的效果。這多是經濟欠發達地區中,認識不足的民眾會常有的無奈選擇之舉。

一些學者認為,兩漢時期的宗教多呈現出一種政教合一的樣態,這為神靈與迷信思想提供了合理化的溫床。當道教開始以「人間宗

---

[1] 《中國思想史》編寫組:《中國思想史》(北京:高等教育出版社,2018年),頁128。
[2] 《中國思想史》編寫組:《中國思想史》(北京:高等教育出版社,2018年),頁128-129。

教」的樣態出現，並借用神仙方術的方式來進行傳播。這樣做的結果要麼是為了實現某種生活，要麼是從事某種政治活動[1]，道教的發展越來越神秘就是自然而然的事情了。我們要知道一個事實是，迷信的本質在「信」，而且對「信」的強化模式要遠大於「迷」。也就是說，「信」成為了人們作為一個團體連接起來的基礎，而「迷」則是在這個基礎上的一種連接。二者不必然達到一種統一，但二者的結合則會在現實中發揮出巨大的作用。典型的張角利用太平道發動農民起義，義和團利用「所謂的刀槍不入的神功」來吸引教眾，本質上都符合上面所說的這種情形。

佛教為了爭取存活的需要，開始放棄古印度（今印度與尼泊爾地區）的苦行修行模式，並開始關注現實生活。它們逐漸從觀察與思考人在世的精神世界，演變為以倫理道德為基礎的「積善修福」的傳教模式。後來，這一大套方式被基督教的一些牧師採取，成為吸收底層民眾的「精神糖果」。當「積善修福」發展到「因果輪迴」，那「精神糖果」也發展成「精神律條」。用《遙遠的救世主》中的話來說：「從眾生處說是以貪制貪、以幻制幻的善巧，雖不滅敗壞下流，卻無礙撫慰靈魂的慈悲。」[2]這個在後面講宗教的時候會詳細論述。

讖緯迷信的作用不僅對普通民眾具有一定的影響，對作為統治階級的帝王也出現了反噬的作用。如漢武帝就是一個迷戀長生不老的皇帝，足見讖緯思想的影響之大。

---

1 如張角的「太平道」，它表現採用「大道、陰陽五行、符籙咒語」等迷信形式，其真實目的在於提出「蒼天已死，黃天當立，歲在甲子，天下大吉」的政治主張。
2 豆豆：《遙遠的救世主》（北京：作家出版社，2005年），頁237。

一　迷信思想與讖緯由來

朱熹面對人力難為之事，也多寄情於讖緯。如朱熹在任同安縣主簿的時候，看到當地豪強搶佔民地的無奈，曾寫過「此地不靈，是無地理；此地若靈，是無天理」[1]這樣的讖緯之言。朱熹的這種作法實際就道出普通百姓從事讖緯之事的一個前提語境：對社會不公的抗議。一般看來，當人在遇到自我認知無法解決的問題時，讖緯行為往往構成一種對自己的心靈寄託。抑或是，帝王或一個政治人物假借讖緯之說，來達到維持政治統治或推翻王朝統治的工具。在朱熹這裡，他也常常以「讖緯」之法作為與皇權溝通的媒介。[2]顯然，讖緯並非只是「迷信」那麼簡單。

什麼是讖緯？所謂「讖，即預示人間吉凶禍福的啟示和隱言。」[3]所謂「緯，即對經書的解釋。緯書因經而成，是以經書為核心的注釋讀本。」[4]通俗來說，讖是一種「隱言」，也就是不將事情說的清清楚楚，保留一種讓人猜測和迷惑的語言或文字；緯，是諸多解釋讖語的書，相當於「讖」的字典與名詞解釋。「緯」與漢以後「注疏體」很像，但與讖相聯，故給人一種神秘的感覺。《四庫全書總目提要》之《易緯》按語中解釋到：

> 儒者多稱「讖緯」，其實讖自讖，緯自緯，非一類也。讖者詭

1　蔣一葵著，呂景琳點校：《堯山堂外紀》（北京：中華書局，2019年），頁960。
2　如朱熹在給皇帝的《山陵議狀》中，頻繁提到風水和卜筮之法。這作為他與皇權溝通的一種方式。實際上，朱熹在理學家被人重視，也有他熟悉卜筮、喪禮等方面知識的原因。朱熹：《朱子全書》（上海：上海古籍出版社；合肥：安徽教育出版社，2010年），第20冊，頁729-730。
3　《中國思想史》編寫組：《中國思想史》（北京：高等教育出版社，2018年），頁115。
4　《中國思想史》編寫組：《中國思想史》（北京：高等教育出版社，2018年），頁115。

為隱語，預決吉凶。《史記・秦本紀》稱盧生奏錄圖書之語，是其始也。緯者，經之支流，衍及旁義。《史記》自序引《易》「失之毫釐，差以千里」，《漢書・蓋寬饒傳》引《易》「五帝官天下，三王家天下」，注者均以為《易》緯之文是也。蓋秦漢以來，去聖日遠，儒者推闡論說，各自成書，與經原不相比附。如伏生《尚書大傳》，董仲舒《春秋陰陽》，核其文體，即是緯書。特以顯有主名，故不能托諸孔子。其他私相撰述，漸雜以術數之言，既不知作者為誰，因附會以神其說。迨彌傳彌失，又益以妖妄之詞，遂與讖合而為一。然班固稱：「聖人作經，賢者緯之。」楊侃稱：「緯書之類，謂之秘經。圖讖之類，謂之內學。河洛之書，謂之靈篇。」胡應麟亦謂：「讖緯二書，雖相表裡，而實不同。」則讖與緯別，前人固已分析之。後人連類而訊，非其實也。[1]

方光華認為，「讖本來與經學關係不大，但隨著緯書的興盛而成為經學研究的思想基礎之一。在漢代，《易》、《書》、《詩》、《禮》、《樂》、《春秋》、《孝經》各有大量緯書，其中也夾雜讖言內容。讖緯的首要內容是將孔子神化。」[2] 雖然孔子一直主張不要「怪、力、亂、神」[3]，但這絲毫沒有影響秦漢之人對其思想的神秘性發揮。《隋書・經籍志》就記載「孔子既敘六經，以明天人之道，知後世不能稽同其意，故別立緯及讖，以遺來世。其書出於前漢，有〈河圖〉九篇，〈洛書〉六

---

[1] 紀昀總纂：《易緯・坤靈圖一卷・永樂大典本》，《四庫全書總目提要》（石家莊：河北人民出版社，2000年），頁184。

[2] 《中國思想史》編寫組：《中國思想史》（北京：高等教育出版社，2018年），頁115-116。

[3] 朱熹：《四書章句集注》（北京：中華書局，2011年），頁95。

篇，云自黃帝至周文王所受本文」[1]方光華指出，「讖緯將禮制視為人人必須遵守的不易法度。君臣、父子、夫婦為三綱，諸父、兄弟、族人、諸舅、師長、朋友為六紀，它們是社會秩序的總綱。……緯書反覆證明這些倫理道德都有天道依據，履行得好，必然得到祥瑞，履行不好，必然得到災殃。」[2]他以《易緯·通卦驗》解釋說：

> 不順天地，君臣職廢，則乾坤應變。天為不放，地為不化，終而不改，則地動而五穀傷死。上及君位，不敬宗廟社稷，則震巽應變，飄風發屋折木，水浮梁，雷電殺人，此或出人暴應之也。不改，人山澤，不順時卦，失山澤之禮，則民不應變期，雲不出，則山崩。恩澤不下，災則澤涸，物枯槁不生。夫婦無別，大臣不良，則四時易。政令不行，白黑不別，愚智同位，則日月無光，精見五色。[3]

從中可以看出，風雨雷電這些自然現象，及一些不規律的天文奇觀，都能演化為因人的行為而導致的上天懲罰。這是一種樸素的天人感應思想。正因為如此，秦漢之際的王權統治者將「天人感應」作為自己皇權的合法性來源，同時也在不經意間承受這種思想帶來的反噬。總之，從皇權到民間，讖緯迷信之說，就一直流傳下來。這構成了宋代讖緯迷信之說的背景，也構成理解朱熹讖緯之說的一個重要側面。實際上，在朱熹的思想中，日月之象常用來解釋讖緯之說。這也是一個很有意思的存在。他也曾以讖緯之說，來化解民眾的苦楚，和達到與

---

[1] 魏徵、令狐德棻：《隋書》（北京：中華書局，1978年），頁941。
[2] 《中國思想史》編寫組：《中國思想史》（北京：高等教育出版社，2018年），頁116。
[3] 安居香山、中村璋八輯：《緯書集成》（石家莊：河北人民出版社，1994年），頁217-218。

皇權相橋接的作用。但是，現實的情況卻完全沒有如他所願。

讖緯最為主要的兩個方面，一個是符咒，一個是占卜。下面，我們分別從符咒和占卜來談談讖緯思想。

二　符咒現象與民間信仰

關於墓葬和死亡所進行的各種形式中，人們在活動現場經常可以見到不同類型的符咒。這些符咒大致分為兩類：一種是葬禮或祭祀的主持者在活動中發出的聲音，一種是張貼在棺槨或相關禮器上的文字或符號[1]。隨著喪禮文化向日常家禮的過渡，這種符咒也會出現在一般家庭的房屋外門或房間的某個地區。朱熹曾一度對這些符咒感興趣，為此他還特意作了一本道教著作《陰符經注》。因內容較長，這些暫且只將《陰符經》的主體部分摘抄如下：

> 觀天之道，執天之行，盡矣。天有五賊，見之者昌。五賊在心，施行於天。宇宙在乎手，萬化生乎身。天性，人也。人心，機也。立天之道，以定人也。天發殺機，龍蛇起陸。人發殺機，天地反覆。天人合發，萬化定基。性有巧拙，可以伏藏。九竅之邪，在乎三要，可以動靜。火生於木，禍發必克。姦生於國，時動必潰。知之修煉，謂之聖人。
> 天生天殺，道之理也。天地，萬物之盜。萬物，人之盜。人，萬物之盜。三盜既宜，三才既安。故曰：「食其時，百骸理。動其機，萬化安。」人知其神之神，不知不神之所以神。日月有數，小大有定，聖功生焉，神明出焉。其盜機也，天下莫能

---

[1] 通常寫在一張紅色、黃色或白色的紙上，張貼在一些指定的地方。

見，莫能知。君子得之固躬，小人得之輕命。

聾者善聽，聾者善視。絕利一源，用師十倍。三返晝夜，用師萬倍。心生於物，死於物，機在目。天之無恩而大恩生。迅雷烈風，莫不蠢然。至樂性餘，至淨性廉。天之至私，用之至公。禽之制在氣。生者死之根，死者生之根。恩生於害，害生於恩。愚人以天地文理聖，我以時物文理哲。人以愚虞聖。我以不愚虞聖。聖人以奇其聖，我以不奇其聖。沉水人火，自取滅亡。自然之道靜，故天地萬物生。天地之道浸，故陰陽勝。陰陽相推，而變化順矣。是故聖人知自然之道不可違，因而制之。至靜之道，律曆所不能契。爰有奇器，是生萬象。八卦、甲子，神機鬼藏。陰陽相勝之術，昭昭乎進乎象矣。[1]

由此可見，《陰符經》體現了一種獨特的符咒文化。那麼，什麼是符咒文化呢？

符咒文化作為讖緯思想中的一種，一些學者將其歸為道教中的一支或一個組成部分。但是，從民間收集的符咒內容來看，這種分法顯然是過於草率。在民間信仰中，不存在嚴格的儒釋道三家之分。因此，這也造就了流傳於民間的符咒文化也是三者的雜糅。以「六字大明咒」來說，它的內容為「嗡、嘛、呢、叭、咪、吽」[2]，這裡多是佛教的咒語。同時，符咒中也存在著大量天文學的內容，如一般符咒的符腹內容中往往包含十天干咒（甲、乙、丙、丁、戊、己、庚、辛、壬、癸）、十二地支咒（子、丑、寅、卯、辰、巳、午、未、申、酉、戌、亥）、二十八星宿咒（角、亢、氐、房、心、尾、箕、斗、牛、

---

[1] 朱熹：《朱子全書》（上海：上海古籍出版社；合肥：安徽教育出版社，2010年），第13冊，頁511-519。

[2] 諸葛綾：《符咒大法典》（臺南：文圖書局，2012年），頁55。

女、虛、危、室、壁、奎、婁、胃、昴、畢、觜、參、井、鬼、柳、星、張、翼、軫）。這是中國古代典型的天文學考古學的內容。

（一）符咒的架構

符咒的內容變化多樣，但是它產生的核心均指向一個方面，那就是「解決人們日常中那些所謂的『超自然』力產生的苦難」。這是符咒產生的目標，也是它產生的土壤。先民由於缺乏對各種物理現象與化學現象的知識，對一些自我「認知之外」的現象無法理解。於是，他們將這些無法解釋的「風雨雷電」解釋為人力不可控的「超自然」力，並形象地給這些「超自然」賦予他們認知程度可以理解的事物。

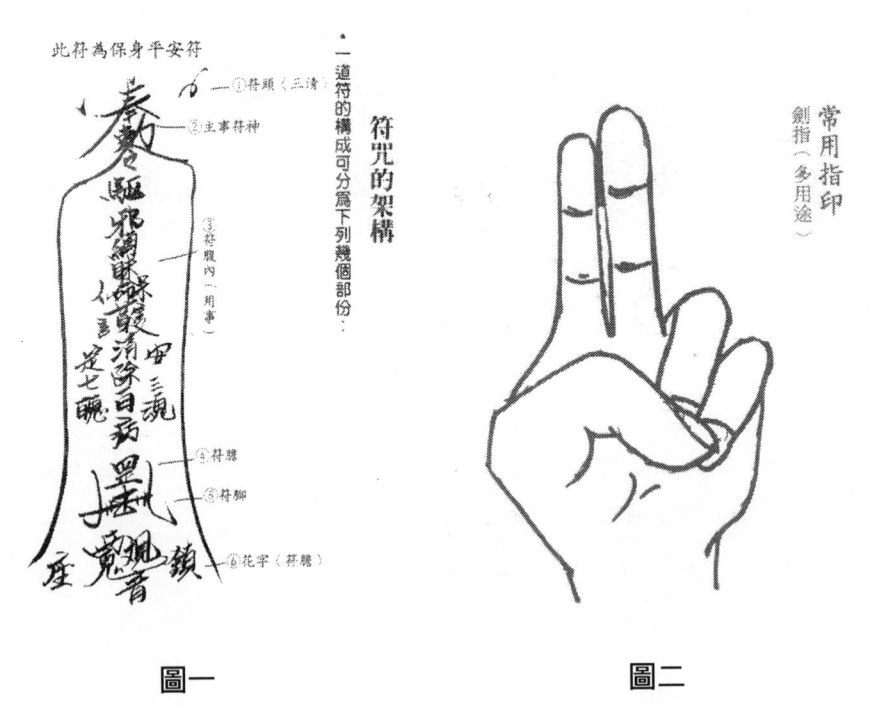

圖一　　　　　　　　　　　圖二

圖一、圖二來自諸葛綾：《符咒大法典》（臺南：文圖書局，2012年），頁7、84。

第八章　朱熹的讖緯神秘思想 ❖ 179

在這種情況下，將「無法理解」的事物或現象理解為各種魑魅魍魎，也是人之常情。但是，中國先民的內在精神中總包含一種抗爭精神，這促使他們覺得可以憑藉自己現有的認知開發出一種對抗這些「超自然力」的方法。顯然，「符咒」與「手勢」就是其中比較典型的兩種。

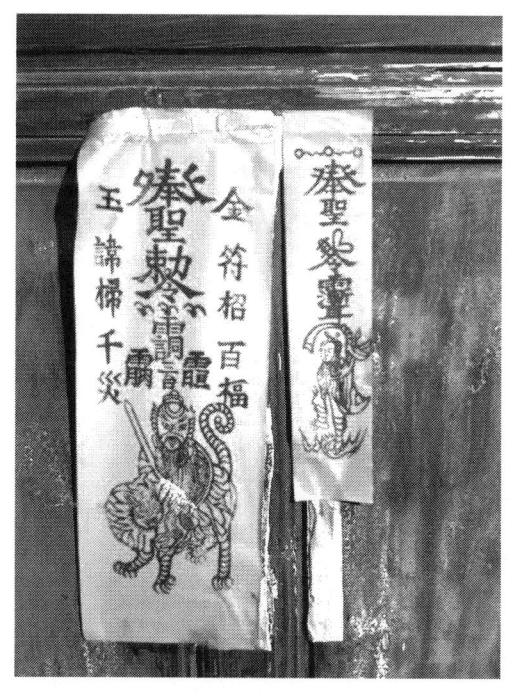

圖三　　　　　　　　　　　　　　圖四

圖三、圖四來自福建省大田縣建設鎮房門貼件「平安符」。

一般「符」分為符頭、主事符神、符腹內（用事）、符膽、符腳和花字（符膽）六個部分組成。以圖二為例：

「符頭」是畫符法師[1]最先開筆的地方。其中，在「敕令」符號

1　不同地方對畫符的人叫法不一，有稱「法師」、「道長」、「先生」，南北方不同地域的民間叫法都不同。

上面有「三個點」代表「三清」,在下面有三個點為祖師、城隍、土地;這個符的符頭為「三清」。一般點「三個點」要配合「下筆咒」、「祖師咒」或「三清咒」。不同用途,下筆咒往往不同,後面常附上百姓熟知的「急急如律令」的咒語,或者是「吾奉□□□急急如律令」。這種「下筆咒」常與《易經》有一定的關係,如治病與治邪用的下筆咒,開頭用的就是「元亨利貞」。這正是《易經》乾卦的首句。說明符咒文化與《易經》文化有著千絲萬縷的聯繫。一般民間常將符咒與《易經》相連,認為《易經》本身就是一本「神秘的超自然」的書。實際上,這是對《易經》知識的不了解。從天文考古學的角度來看,《易經》中那些看似玄幻的表述,只是在闡述一種鮮為人知的自然現象。但是,由於符咒的「密傳」模式,加以信奉此法的人大多知識程度不高,所以,當聽到「元亨利貞」時,他們往往覺得神秘而又凝重。

「主事符神」主要是指使用此符時必須請降的神明,一般有太上老君、九天玄女、天地等。不同用途的符咒,所請的主事符神是不同的。民間信奉者一般會給不同的神明,賦予不同的「功能」,使其解決與自己相關的問題。如關公掌握財權,文昌帝君主管科考。因此,符咒中出現的「主事符神」一般為一個固定區域內大家共同信奉的神明。有趣的是,同一個神明在不同的地區,所起到的作用不同;同樣,同一個地區,不同神明可能起到相同的作用。這主要看「畫符法師」的師承脈絡。

「符腹內」是指符的主要功效。如治病、斬邪、治鬼或安胎。這是一個符咒最為核心的部分。它是「求符者」心中的內在訴求。一般來講,民間的「訴求」是五花八門的,就如同病人的疾病也是多種多樣的。畫符法師會像「醫生」一樣,根據「求符者」的「實際情況」設計不同的符咒內容。但是,在大體上不會相差太多。甚至同一個符

咒可以起到不同的作用。或者，不同樣式的符咒可以起到相同的作用。但主體上是圍繞「求符者」的訴求來進行的。

「符膽」是指此道符的命令，類似於民間常用的印章。常見的符膽有「罡」、「斬化」、「兵馬印令」等。這個符膽的畫法要有固定的順序。以「天罡咒」為例：

一、開天門
二、殺鬼兵
三、開地府
四、殺鬼卒

圖五

來自諸葛綾：《符咒大法典》（臺南：文圖書局，2012年），頁14。

從這個畫符的順序可以看出，符咒對數字、前後等空間排布、時間前後的觀念比較側重。參照《周髀算經》書中的內容，符咒本質上也是一種空間與時間的融合體。因此，符咒文化看似神秘，但與中國傳統的數算義理則十分相近。一般符膽要配合專門的咒語。這往往是符咒

最神秘的部分，是「求符者」完成願望的「超自然力」的部分。畫符法師如同指揮者一樣，「命令」相應的主事符神完成符咒內的訴求。畫符膽時也要配合咒語。這樣的咒語就比較常見，為「十天干」、「十二地支」和「二十八星宿」。這與我們前面介紹的河南濮陽西水坡文化的天文考古學思想是一致的。不過，一般「畫符法師」並不知道天干、地支和二十八星宿的真正含義，多是把它們當成一種「神秘力量」的來源。

「符腳」一般被認為是符咒靈驗的必不可少的部分。它的種類很多，同時也需要配合咒語同時使用。如「平安符」中的「天圓地方，日月紅光，何神敢見，何鬼也當，靈符在內，諸煞滅亡，人病消除，保命安康，乾亨利貞，九天玄女，太上老君」[1]

「花字」一般被認為是符咒中最重要的組成部分。有些花字是與符膽寫在一起，有些是分開寫，還有的法師將符膽、花字和符腳全部寫在一起。這種類似「江湖造字」的形式是每個畫符法師最為神秘的部分，類似人民幣中的防偽標誌。畫符法師創造花字，往往是出於保密的考慮，不讓他人知道他所寫的內容具體是什麼含義。

一般畫符畫師在經過「敕符手續」後，往往會進行送神，也就是「請神歸位」。這個與東北地區臘月二十三至三十之間請灶王爺「上天言好事，回宮降吉祥」的道理相通。東北地區的「請神」文化也存在這樣一道程式。

因不同地區人們認知的局限，即使在科學思想較為發達的現代，符咒文化依然在中國的鄉村中普遍存續著。其中，被這種文化左右的並不局限於普通的老人，臺灣地區一些擁有博士等高學歷人士也相信這種「神通」，並對其堅信不移。對於這一文化現象，如果我們只將

---

[1] 諸葛綾：《符咒大法典》（臺南：文圖書局，2012年），頁16。

其理解為「迷信」，那就未免有些武斷。它存在的本質原因在於它的現實「應用」。也就是說，它能為「求助者」提供一種心安，一種「樸素的心理諮詢」。他們的做法無論怎樣違背生活常識和科學觀念，但是這種做法確實為一些人解決了問題。即使這些問題多數指向「精神問題」或者「心理」問題。這也標誌著當代西方精神思想與心理思想在中華大地的失效。只不過，隨著鄉村教育的振興，這種現象越來越少，以至於此現象在很多鄉村已不常見。

（二）符咒的內容

符咒的內容大致分為以下四個部分：

首先，符咒需要用到文房四寶（筆墨紙硯）。但在實際操作時也需要水，因此應該是「五寶」。這個組合說明了符咒應有兩個方面：一是撰寫符咒之人，一定是識字有些文化，普通的農人是無法勝任的；二是符咒的用法與日常生活讀書寫字相一致，不需要其它的媒介。因此，符咒一般包括勅筆咒、勅紙咒、勅硯咒、勅墨咒，勒紙筆咒。這五個咒是符咒起作用的前期準備。這裡的「勅」字的意思是「加持」，意味著符咒要起作用，需要神明布光加持。這些符咒裡的祖師（如玉帝）或者主事符神（如北帝紫薇大帝）是符咒產生作用的關鍵。一般來說，符咒的祖師或符神是當地人較為熟悉的民間信仰神之一。因此，南北方雖然都存在著形式類似的符咒寫法，但主神往往會不同。同時，各別地區，這些主神甚至是一些當地常見的動物（如我國東北地區的狐、黃、白、柳、灰五大仙，分別指狐狸、黃鼠狼、刺蝟、蛇、老鼠），這是一個很有意思的民間信仰現象。因此，符咒進行的形式基本上是以識緯者通過一種神秘儀式，呼喚（或借助）一種非人的神秘力量，從而達到對人生命運的一種控制。

其次，符咒的內容遵循著德性為本。這與儒家的思想保持一致。

如「請普唵祖師咒」中有這樣一段:「救渡眾生行省法,修橋鋪路結善緣」[1]。此外,符咒的實施也必須遵守誠信原則,如符咒中多處出現的「弟子一心三拜請,□□□□降來臨」,基本遵循儒家的倫理原則。在中國廣大的農村區域,儒家的德性思想依然在民間信仰中起著關鍵作用。即使是儒家一直反對的「怪力亂神」們,也吸收了儒家的「德性為本」作為自己理論的內在思想邏輯。因此,不論是從事符咒的畫符法師,還是前來的救助者,符咒行為都必須堅持以「誠」、「信」為前提。這兩個儒家典型的特徵,在讖緯中往往會被過度的放大,如讖緯者反覆強調求助者的心誠如何等等。當我們形容這些「借助神明來行人事」的舉動為「迷信」時,也指向了「信」這個維度。因此,讖緯之術雖然在商代就已經產生,但是自從儒家思想出現後,它們也沾染了大量的儒家因素。這也是中國的讖緯與西方那些神祇之間較為典型的不同之處。

再次,符咒有明確使用範圍。符咒的作用取決於符咒的「主事符神」。「主事符神」不同,這個符咒所起的作用也不一樣。一般民間符咒中常見的太上老君、九天玄女、天帝等符神,他們所「主管」的範圍均有所差別。這也決定了畫符法師在下筆之前,必須充分調查請符者的利益訴求。否則符咒無法達到應用的目的,也就是無效。這些「主事符神」往往與在地民眾的信仰相同,因此中國南北方的「主事符神」差異很大。一般當地的民眾多數不知道這些神明的來歷,及他們在神仙體系中的位置。他們只是認為「神仙有超越人的神力」,可以幫助自己解決問題。於是,中國從北至南的民間廟宇中,各種神祇琳琅滿目。而現在我們在這些廟宇前的碑文中所看到的所謂的「流傳故事」,也多為今人仿古人所編撰,多數出於現代人之口。因此,即

---

[1] 諸葛綾:《符咒大法典》(臺南:文圖書局,2012年),頁5。

使在不同的地方看到了相類似的符咒形式，他們「主事符神」也多不相同。這也是有趣的事。

最後，符咒的存在意義。在符咒中常出現的「令」字下包含的「符腹內」，往往有一個「罡」、「斬化」、「兵馬印令」等字，它們的作用或是治病，或是斬邪，或是治鬼，或是安胎。所有的符咒均有一個具體的作用。符咒本身代表著一種非自然的強力。它需要解決人在現實世界中的真實問題。總體來說，符咒的作用是圍繞人的「生、老、病、死」四個面向而展開的。這是人生無法避開的四個生活境遇。隨著現代醫學的發達，在城市中已經很少能見到有人用符咒在解決這些問題。但在生產力欠發達的古代，人們面對「生死」問題而感到無能為力時，往往祈求這種「超自然神力」的加持。

有意思的是，在符咒的使用中，無效基本是常態。但是在古人看來，這種「無效」並不是符咒本身無效，而是求助之人「德性不足」，故符咒主神不願幫忙。如前所說，這裡的符咒主神有著強烈的德性為本的色彩。當然，我們不知道這種說辭是否為讖緯者的推脫之詞。總而言之，符咒之事之所以被當代人拋棄，除了人們文化水準提高的原因外，主要原因還是在於它的無效。

時至今日，信奉符咒之事者，高學歷的依然有之。他們或許經歷過所謂的「神跡」，於是對讖緯之事相信頗深。這與人們常認為的「學歷改變認知」的思維完全不同。實際上，無論是農村流行的讖緯之事，還是符咒之能，本質還是一種人與人關係的調節。我們刨除千奇百怪的各種神秘儀式，最終依然可以用儒家的「正心誠意，格物致知」來理解這一切。

總之，以現代觀念來看，古代符咒的作用可以近似看成醫生、警察、監獄、心理醫生的作用。在剝離他們的神秘形式的迷信思想內核後，確實可以在心理治療上有一定的作用。同時，符咒文化也說明了

一個問題：那就是中華文化中「誠信為本」的思想內核。在西方文明的引入大潮中，我們慢慢習慣了「批判與質疑」，而忽視了「誠信為本」的內核。因此，當今社會中符咒文化的再度復興，也與西方文化在華失效有一定的關聯。

（三）符咒與人的關係

符咒的載體是文字，或者說它是一種以文字為主的衍生物。這是中國民間讖緯之術的一個核心。但這種文字並非只是記錄自然現象與人文事實，而是本身就有一種獨特的存在，或者說是一種獨立的生命體，「他」可以直接左右符咒使用者的命運。以一個從事讖緯之事的中國北方人，他口述的傳統選擇繼承人的方式為例：

> 一九四九年以前，中國北方鄉村存在著大量的巫蠱人士（東北地區俗稱「跳大神」）。這些巫蠱人士多是無兒無女的孤寡殘疾之人。於是，在他們身體不便之時，往往會在本村或者隔壁村去物色一個男童作為自己的繼承人。這種繼承的人選擇往往有兩個特徵：一是男童的原生家庭家徒四壁，沒有飯吃，跟著巫蠱人士不會餓死；二是男童家是多子女家庭，且這個男童是身體較差的一個。因此，巫蠱選徒弟往往要男童父母同意，基本是將孩子「送」給巫蠱人士。但有意思的是，男童的父母並不以男童即將有飯吃或掌握「神通」而開心，反而常常有些無奈的落寞。這種現象往往是經濟條件落後地區常見的現象。
>
> 巫蠱人士將男童帶回自己的家（他們的家往往是在村邊或者離村較遠的一個單獨的房子），安排好男童的晚飯之後就開始睡覺。半夜時分（一般是子時左右），巫蠱人士會帶著香爐、貢果、三個碗及其它的一個專用設備，叫醒男童，讓其跟在自己的身

後。出房門前他會對男童說:「跟著我走，一直向前。無論你聽到什麼或者看到什麼，千萬別回頭」。巫蠱人士往往會選擇一處遠離村莊的郊外，找一個地勢平坦的地方。用土或木頭或其他的材料等擺成一個方臺。將香爐、貢果依次擺好。在香爐前，他將帶來的三個碗倒扣，每個碗裡分別有一個紙條，上面分別寫著：貧、孤、夭。

於是，巫蠱人士以他師傅傳給他的一套特殊儀式，口中默念或小聲念著咒語（如請神咒：承差土地，急忽千里，通天透地，出幽入冥，聞吾關召，不得留停，上天下地，十卅三島，飛符走篆，召請無停，速到壇前，接吾符命，有功之日，名書上清。）念畢，讓男童磕頭拜師。拜完後，他讓男童從三人碗中選擇一個，拿出裡面的紙條。而這個紙條上寫的字，就是這個男童今後一生的命運。

比如說，選擇「貧」時，就是說男童從事巫蠱之事後，一輩子窮困潦倒，但無性命之憂；選擇「孤」時，就是說男童從事巫蠱之事後，不能與任何人（包括家人或朋友）住在一起。如果親人和他一起住，要麼他的親人死光，要麼他自己死去；選擇「夭」時，就是說男童從事巫蠱之事後，會「短命」。也就是說他可能不會窮，也有家人陪伴，但是要用「陽壽」來換。

之所以有這樣的規律，這個巫蠱人士會解釋說：我們替人消災避禍，本身是違背自然天道之事。人的禍事是不能被「消除」的，只能被轉移。而巫蠱的活動就是把他人的禍事轉移到自己身上，以換取自己能活下去的資本。因此，從事巫蠱之事，無論對方和自己的關係有多好，都必須接收銀錢，不可免。這是巫蠱這一行當的規矩。……

以上是對中國北方農村中進行符咒讖緯傳承之事的描述。從中我們可以看出，符咒有三個作用：一是存在超自然的神人，可以左右從事讖緯者的命運；二是符咒本身遵循自然規律，尊重「福禍的能量」守恆，三是讖緯者的咒語中有一種命令語氣，意味著這種超自然力可以被有效控制。因此，一些學者認為，如果刨除符咒中那些神秘的因素，將巫蠱之術看成古代簡易的科學實驗，它也符合我們現代科學的基本方法。只不過，神秘力量的加持將其呈現出一種「迷信」的外顯，多是古代生產力低下的表現。

時至今日，巫蠱之事在北方農村依然存在，但信眾不多。這種師徒的傳承方式也大量簡化，往往由巫蠱者的子女來繼承（多數為女性）。但由於城市化的繼承，子時去郊外擺祭壇的方式逐漸被「供房」或者「寺廟」所取代。而且，隨著現代科技的影響，他們使用的工具也越發現代化。這是一個非常有意義的現象。讖緯之術作為中國古代平民文化中一個組成部分，雖其中夾雜著大量迷信的成分，但它的形式在另一個側面反映出中國傳統文化中人與天合的理念。

從今天殘留的符咒文化來看，不管它的呈現形式是如何五花八門，依然圍繞德行為本的內在主旨，依然遵循著朱熹留下來的倫理法則。

其實朱熹理論中的一些「符號」也常被當成「符咒」使用。典型的就是河圖、洛書與八卦圖式。

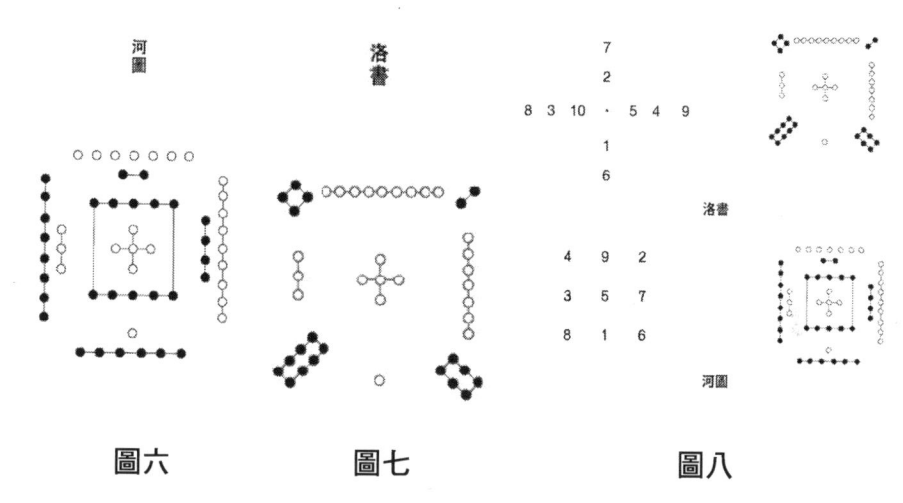

第八章　朱熹的讖緯神秘思想 ❖ 189

河圖	洛書		

　　　　　　　　　　7
　　　　　　　　　　2
　　　　　　　8 3 10・5 4 9
　　　　　　　　　　1
　　　　　　　　　　6

　　　　　　　　　　　　　　洛書

　　　　　　　4 9 2
　　　　　　　3 5 7
　　　　　　　8 1 6

　　　　　　　　　　　　　　河圖

圖六　　　　圖七　　　　　　圖八

圖六、圖七圖片來自朱熹的《周易本義》。
圖八圖片來自：吾妻重二：《朱子學的新研究》，頁164。

　　在朱熹的易學思想中的一些圖示，及他的河圖洛書圖式，也一直被民間當做符咒來使用。一個民間的堪輿師會將河圖、洛書、太極、八卦等印刻在自己的房門上，以祈求達到鎮邪避災的作用。

圖九　福建省三明市大田縣建設鎮居民房屋圖

　　實際上無論是河圖洛書，還是太極八卦，房屋的使用者並不清楚它原本的含義。對於他們來說，只要房屋印刻上這些「具有特殊含義的符

號」,那麼這些「符號」就會保佑他們全家幸福安康。當然,在建造房屋時當地的「風水先生」自然是存在一套美好的說辭。但這多是為了取悅房主人的「情感滿足」的需要。至於效果如何,這遠非一個「符號」可以囊括的。總之,福建多地區對朱熹易學思想的使用,多偏向於一種實用主義的傾向。吾妻重二指出:

> 河圖中分佈著從一到十的數字,洛書則分佈了從一到九的數字,奇數用白點表示,偶數用黑點表示。……河圖與洛書兩圖的差異,根源在於其所據思維方式的不同。正如《尚書・洪範篇》以及《禮記・月令篇》中所述,河圖是把一到十這十個數字的排列加以了圖像化。而洛書則是根據《大戴禮記・明堂篇》內容而成的魔方陣,其特徵就是無論是縱・橫・斜的任何一列,相加結果都是十五。[1]

> 河圖以五生數(一二三四五)統五成數(六七八九十),生數與成數各配成對,分佈於同一方位(一與六,二與七,三與八,四與九,五與十)……是數的「體」。而洛書為五奇數(一三五七九)統四偶數(二四六八),奇數位於四正(東南西北)與中央,偶數分佈於四維(東北、東南、西南、西北),表示以陽(奇數)為中心統帥陰(偶數),肇始數字的變化,是數之「用」。[2]

於是,我們從中大致可以發現,這些看似神秘的符號,實際上是古代

---

[1] 吾妻重二:《朱子學的新研究》(北京,商務印書館,2017年),頁163。
[2] 吾妻重二:《朱子學的新研究》(北京,商務印書館,2017年),頁163。詳見頁189,圖八。

的數學、地理學與天文學的抽象呈現。是先民用來測量天象、地理方位等用的一種工具，本身並無太多的神秘性可言。但是，數學本身就存在著一定難解的方面，讓這些數字的迭加呈現出一種世人難解的「迷紗」，也是情有可願。

三　朱子理學與占卜現象

在天人感性的思想下，以朱熹為代表的士大夫相信卜筮是人與天等溝通的一種方式。雖然這種方式無法給出確切的科學解釋，但卻可以影響日常之家的生活方式。卜筮經過朱熹的整理，慢慢發展成一套較為系統的禮儀。比如，朱熹占卜中的《筮儀》：

> 擇地潔處為蓍室，南戶，置狀於室中央。牀大約長五尺，廣三尺，毋太近壁。蓍五十莖，韜以纁帛，貯以皂囊，納之櫝中，置於牀北。櫝以竹筒或堅木或布漆為之，圓徑三寸，如蓍之長，半為底，半為蓋。下別為臺函之，使不偃仆。設木格於櫝南，居牀二分之北。格以橫木版為之，高一尺，長竟牀。當中為兩大刻，相距一尺。大刻之西為三小刻，相距各五寸許。下施橫足，側立案上。置香爐一於格南，香合一于爐南，日灶香致敬。將筮，則灑掃拂拭，滌研一，注水，及筆一、墨一、黃漆版一於爐東，東上。筮者齋潔衣冠，北向，盥手，焚香致敬。筮者北向，見《儀禮》。若使人筮，則主人焚香畢少退，北向立，筮者進立於牀前少西，南向受命。主人直述所占之事，筮者許諾。主人右還西向立，筮者右還北向立。兩手奉櫝蓋置于格南爐北，出蓍于櫝，去囊解韜，置於櫝東。合五十策，兩手執之，熏於爐上。此後所用蓍策之數，其說並見《啟蒙》。命之曰：「假爾泰筮有常，假爾泰筮有常。某官姓名，今以某事云

云,未知可否,爰質所疑於神於靈。吉凶得失、悔吝憂虞,惟爾有神尚明告之。」乃以右手取其一策反於櫝中,而以左右手中分四十九策,置格之左右兩大刻。此第一營,所謂「分而為二以象兩」者也。次以左手取左大刻之策執之,而以右手取右大刻之一策掛於左手之小指間。此第二營,所謂「掛一以象三」者也。次以右手四揲左手之策。此第三營之半,所謂「揲之以四以象四時」者也。次歸其所餘之策,或一,或二,或三,或四,而扐之左手無名指間。此第四營之半,所謂「歸奇於扐以象閏」者也。次以右手反過揲之策於左大刻。遂取右大刻之策執之,而以左手四揲之。此第三營之半。次歸其所餘之策如前,而扐之左手中指之間。此第四營之半,所謂「再扐以象再閏」者也。一變所餘之策,左一則右必三,左二則右亦二,左三則右必一,左四則右亦四。通掛一之策,不五則九。五以一其四而為奇,九以兩其四而為偶。奇者三而偶者一也。次以右手反過揲之策於右大刻,而合左手一掛二扐之策,置於格上第一小刻。以東為上。後放此。是為一變。再以兩手取左右大刻之蓍合之,或四十四策,或四十策。復四營如第一變之儀,而置其掛扐之策於格上第二小刻,是為二變。二變所餘之策,左一則右必二,左二則右必一,左三則右必四,左四則右鈴三。通掛一之策,不四則八。四以一其四而為奇,八以兩其四而為偶。奇、偶各得四之二焉。又再取左右大刻之蓍合之,或四十策,或三十六策,或三十二策。復四營如第二變之儀,而置其掛扐之策於格上第三小刻,是為三變。三變餘策與二變同。三變既畢,乃視其三變所得掛扐、過揲之策,而畫其爻於版。掛扐之數,五四為奇,九八為偶。掛扐三奇合十三策,則過揲三十六策,而為老陽,其畫為口,所謂重也。掛扐兩奇一偶筮儀一六九合十七策,則過揲三十二策,而為少陰,其畫為--,所謂折折也。掛扐兩偶一奇合二十一策,則過扐二十八策,而為少

陽，其畫為━，所謂單也。掛扐三偶合二十五策，則過扐二十四策，而為老陰，其畫為×，所謂交也。如是每三變而成爻。第一、第四、第七、第十、第十三、第十六凡六變並同。但第三變以下不命，而但用四十九蓍耳。第二、第五、第八、第十一、第十四、第十七凡六變亦同。第三、第六、第九、第十二、第十五、第十八凡六變亦同。凡十有八變而成卦。乃考其卦之變而占其事之吉凶。卦變別有圖說，見《啟蒙》。禮畢，韜蓍，襲之以囊，入櫝加蓋。斂筆、硯、墨、版。再焚香，致敬而退。如使人筮，則主人焚香，揖筮者而退。[1]

朱熹在這裡記載了占卜的具體流程與細節，是流傳較廣的占卜方法。在這個文本中可以看，朱熹的「卜筮之法」與《易經》有著一定的關係。史少博就認為，「朱熹肯定《易》是卜筮之書，探討了《易》的卜筮方法，他為了研究揲蓍法而撰寫了《周易啟蒙》。他論卜筮以《易》筮為主，但是對於《易》筮以外的卜筮法也有所論及。」[2]需要指出的是，朱熹對卜筮之法的重視，遠非我們所理解的「日常」假借神明之用，而是他對邵雍、程顥易學思想的一種形而下的再現。如朱熹說：

「易有太極，是生兩儀，兩儀生四象，四象生八卦」。熹竊謂此一節乃孔子發明伏羲畫卦自然之形體次第，最為切要，古今說者惟康節、明道二先生為能知之。故康節之言曰：「一分為二，二分為四，四分為八，八分為十六，十六分為三十二，三

---

[1] 朱熹：《朱子全書》（上海：上海古籍出版社；合肥：安徽教育出版社，2010年），第1冊，頁168-170。
[2] 史少博：《朱熹易學和理學的關係探賾》（哈爾濱：黑龍江人民出版社，2005年），頁233。

十二分為六十四,猶根之有榦,榦之有枝,愈大則愈少,愈細則愈繁。」而明道先生以為加一倍法,其發明孔子之言又可謂最切要矣。

蓋以《河圖》、《洛書》論之,太極者,虛其中之象也。兩儀者,陰陽奇耦之象也。四象者,《河圖》之一合六、二合七、三合八、四合九,《洛書》之一含九、二含八、三含七、四含六也。八卦者,《河圖》四正四隅之位,《洛書》四實四虛之數也。

以卦畫言之,太極者,象數未形之全體也。兩儀者,一為陽而一為陰,陽數一而陰數二也。四象者,陽之上生一陽則為⚌而謂之太陽;生一陰則為⚍而謂之少陰。陰之上生一陽則為⚎,而謂之少陽;生一陰則為⚏,而謂之太陰也。四象既立,則太陽居一而含九,少陰居二而含八,少陽居三而含七,太陰居四而含六。此六、七、八、九之數所由定也。

八卦者,太陽之上生一陽則為☰,而名乾;生一陰則為☱,而名兌。少陰之上生一陽則為☲,而名離;生一陰則為☳,而名震。少陽之上生一陽則為☴,而名巽;生一陰則為☵,而名坎。太陰之上生一陽則為☶,而名艮;生一陰則為☷,而名坤。康節先天之說,所謂乾一、兌二、離三、震四、巽五、坎六、艮七、坤八者,蓋謂此也。

至於八卦之上,又各生一陰一陽,則為四畫者十有六。經雖無文,而康節所謂八分為十六者,此也。四畫之上又各有一陰一陽,則為五畫者三十有二。經雖無文,而康節所謂十六分為三十二者,此也。五畫之上又各生一陰一陽,則為六畫之卦六十有四,而八卦相重,又各得乾一、兌二、離三、震四、巽五、坎六、艮七、坤八之次,其在圖可見矣。今既以七、八、九、六為四象,又以揲之以四為四象,疑或有未安也。《河圖》、

《洛書》,熹竊以《大傳》之文詳之,《河圖》、《洛書》蓋皆聖人所取以為八卦者,而九疇亦並出焉。今以其象觀之,則虛其中者,所以為易也;實其中者,所以為《洪範》也。其所以為易者,已見於前段矣;所以為《洪範》,則《河圖》九疇之象、《洛書》五行之數有不可誣者,恐不得以其出於緯書而略之也。[1]

這裡基本上可以看出,朱熹的卜筮法實際是他為詮釋易經所作的一個簡明注解。吾妻重二認為:「朱熹視《易》為占筮之書,……《易》為卜筮而作為這一觀點是朱熹一貫主張。」[2]這種說法雖不算錯,但這個判讀卻有誤引之嫌疑。他給出的證據是朱熹指出:

八卦之畫,本為占筮。方伏羲畫卦時,止有奇偶之畫,何嘗有許多說話!文王重卦作《爻辭》,周公作《爻辭》,亦只是為占筮設。到孔子,方始說從義理去。[3]

伏羲畫《易》時亦無意思。他自見得箇自然底道理了,因借他手畫出來爾。故用以占筮,無不應。[4]

但是這只能說明朱熹認為《易》有卜筮的原始功效,但他本意強調的並不是這個方面。他的落腳點應該在孔子之後對《易》的發展,將《易》作為理解「理」思想的一個重要工具。因此,這裡說吾妻重二

---

[1] 朱熹:《朱子全書》(上海:上海古籍出版社;合肥:安徽教育出版社,2010年),第21冊,第1637-1638頁。
[2] 吾妻重二:《朱子學的新研究》(北京:商務印書館,2017年),頁178-179。
[3] 黎靖德編,王星賢點校:《朱子語類》(北京:中華書局,1994年),頁1622。
[4] 黎靖德編,王星賢點校:《朱子語類》(北京:中華書局,1994年),頁1659。

的判讀有誤引之嫌疑是有一定道理的。但是,他指出朱熹對占卜的重視,這也是不能被忽視的。

小結

在朱熹存世的文本中,無論是他個人的「語類」,還是他親寫的「文集」,都充斥著大量讖緯與神秘主義的內容。這也是在新文化運動時,一些學者將朱熹攻擊為「封建迷信」的一個重要原因。今天,當我們以理性的方式來重新分析朱熹的這些「神秘主義思想」時,卻發現他並不是要談調什麼「怪、力、亂、神」,而是需要借助民眾與皇權士大夫對神秘主義的「信」,來達到他理學「共商國是」的政治主張。即使是在朱熹最為有名的《陰符經注》中,他也是以儒家思想來詮釋這部道家著作。這一點從朱熹的詮釋中一看便知。

> ……道分而為天地,天地分而為萬物。萬物之中,人為最靈,本與天地同體。然人所受於天地,有純雜不同,故必「觀天之道,執天之行」,則道在我矣。言天而不言地者,地在其中也。……。五賊,五行也。天下之善,由此五者而生,而惡亦由此五者而有。故即其反而言之曰五賊。五賊雖天地之所有,然造天地者,亦此五者也。降而在人,則此心是也。能識其所以然,則可以施行於天地,而造化在我矣。故曰「見之者昌」。……天地之所以為性者,寂然至無,不可得而見也。人心之所稟,即天地之性,故曰「天性,人也」。人之心自然而然,不知其所以然者,機也。天之所以動,地之所以靜者也。此機在人,何所不至?為堯舜,為桀紂,同是機也。惟立天之道以定之,則智故去而理得矣。

……殺機者,機之過者也。天地之氣一過,則變異見而龍蛇起陸矣。人之心一過,則意想生而天反地覆矣。天人合發者!道之所在,天意人情所同。然「天序有典」,「天秩有禮」,人之大倫是也。西方之學,以此為世網而絕之。然而不能搖者,以萬變之基一定而不可易也。

……聖人之性與天地參,而眾人不能者,以巧拙之不同也。惟知所以伏藏,則拙者可使巧矣。人之所以不能伏藏者,以有九竅之邪也。竅雖九,而要者三:耳、目、口是也。知所以動靜,則三返,而九竅可以無邪矣。目必視,耳必聽,口必言,是不可必靜。惟動而未嘗離靜,靜非不動者,可以言動靜也。

……火生於木,有時而焚木;姦生於國,有時而必潰。五賊之機,亦由是也。知之修煉,非聖人孰能之?修練之法,動靜、伏藏之說也。[1]

這是一種典型的「以儒說道」的詮釋方法。很顯然,朱熹的這種雜糅為他以後的政治與學術生涯埋下了隱患。可以說,他成也蕭何敗也蕭何的方面,往往都在這些神祕主義方面。慶元黨禁中,朱熹被攻擊的幾個原因之一,就有將他與摩尼教的關聯定為罪狀。

對於符咒、占卜及下章要講的風水,若只側重於它們的神祕主義方面,則會陷入讖緯的迷局中無法自拔,最終迷失在那些「幻巧」中。那樣,對這些社會現象就只能看到表面而無法理解其真實的本質,如同看魔術一樣不自覺地對這場上演千年的大戲「鼓掌喝彩」。當今諸多擁有高學歷、高職稱的知識份子之所以會陷入到讖緯行為之

---

[1] 朱熹:《朱子全書》(上海:上海古籍出版社;合肥:安徽教育出版社,2010年),第13冊,頁511-519。

中，也多是因為這個方面。因此，在觀看朱熹的讖緯之說時，一定要抱有一種「視覺語境」前提，即朱熹這些殘留的文字，往往是一種「以貪制貪、以幻制幻的善巧」。只有這樣，在理解朱熹時，才會發現他為什麼那麼討厭禪宗（如闢禪不闢佛），以及為什麼對超自然的力量的那些所謂神力是如此的排斥（如禁摩尼教）。

　　讖緯之說與朱熹的喪禮及祭禮是無法割裂的。實際上，關於朱熹的多數讖緯之說，都與他編撰的喪葬儀式有著一定的關聯。時至今日，在一些偏遠鄉村看到的符咒現象，也多有這方面的因素。

第九章
朱熹的風水觀

宋代雖然有記錄山川河流的官員，也不乏有相當豐富的地理志，但普通民眾鮮有機會能接觸到這些知識。相比之下，風水學則構成了普通民眾地理啟蒙的材料，成為了一種民間版的地理學。只不過，風水相對於「地理志」而言，它往往集中於與家庭相關的一些細小的微觀領域。雖然風水中偶爾也會涉及到大江大河，但往往是堪輿師作為風水的背景來呈現給需求對象的。風水思想的產生往往與家庭所居住的陽宅和逝者所居的陰宅有關。由於民眾的認知所限，堪輿師介紹風水時常伴隨著「福報災異」之說，無形中為「風水」思想披上了一種神秘的色彩。縱觀朱熹的風水理論，主要有三個方面，一是自然地理風貌，二是神仙方術，三是墓葬體系。關於第二部分，朱熹的論述中雖然存在，但所占比重並不是很多，它呈現的方式比較接近當代的地理學知識。接下來，我們先來談到他的地理學。

一 山水思想與風水思想

宋代理學家熱愛山水，在朱熹這裡也不例外。因此，在談論風水問題時，山是朱熹等文人不可繞過的一個重要參考。朱熹在談論「冀都」[1]時說：

---

1 關於冀都的具體位置，有學者稱為現在的「北京」，此話存疑。

> 冀都是正天地中間，好箇風水。山脈從雲中發來，雲中正高脊處。自脊以西之水，則西流入於龍門西河；自脊以東之水，則東流入于海。前面一條黃河環繞，右畔是華山聳立，為虎。自華來至中，為嵩山，是為前案。遂過去為泰山，聳於左，是為龍。淮南諸山是第二重案。江南諸山及五嶺，又為第三四重案。[1]

在朱熹看來，山脈走向與排布對聖人的產生具有重要的影響。這是一種典型的環境決定論思想。

> 堯都中原，風水極佳。左河東，太行諸山相遠，海島諸山亦皆相向。右河南遠，直至泰山湊海。第二重自蜀中出湖南，出廬山諸山。第三重自五嶺至明越。又黑水之類，自北纏繞至南海。泉州常平司有一大圖，甚佳。河東地形極好，乃堯舜禹故都，今晉州河中府是也。左右多山，黃河繞之，嵩、華列其前。[2]

從現代地理學角度來看，不同的地理環境確實可以影響人們的生活作息。如土地肥沃的地方人們生活普遍清閒，而自然環境惡劣的地方人們常多遷徙。朱熹認為太行山附近風水極佳，故產生了堯、舜這樣的聖人。但是，從朱熹未去過遼、金二國的現實情境來談，朱熹這裡典型有「以人論地」的思想傾向。他對黃河流域的印象，多來自自己的閱讀與師說。如：

> 上黨即今潞州，春秋赤狄潞氏，即其地也。以其地極高，與天為黨，故曰上黨。上黨，太行山之極高處。平陽晉州蒲坂，山

---

[1] 黎靖德編，王星賢點校：《朱子語類》（北京：中華書局，1994年），頁29。
[2] 黎靖德編，王星賢點校：《朱子語類》（北京：中華書局，1994年），頁29。

之盡頭,堯舜之所都也。河東河北諸州,如太原晉陽等處,皆在山之兩窠中。山極高闊。(伊川云:「太行千里一塊石。」)山後是忻代諸州。泰山却是太行之虎山。又問:「平陽蒲坂,自堯舜後何故無人建都?」曰:「其地磽瘠不生物,人民樸陋儉嗇,故惟堯舜能都之。後世侈泰,如何都得。」河東河北皆遶太行山。堯舜禹所都,皆在太行下。[1]

北宋中原地區(今河南、河北、山東、山西、陝西等)的地理風貌,多以太行為中心。因此,在朱熹的認識中,太行山對堯舜禹等聖人的形成,是一個非常重要的風水因素。這是朱熹對山思想論述的一個重要方面。實際上,朱熹一生都生活在江南地區,從未對中原地區做實地考察。他對太行山與聖人的論斷,多源於此地為儒家產生的「大本營」。他以史書記錄和儒家經典作為判斷依據,便判定此處是一塊上好的風水寶地,也是在情理之中。

太行山一千里,河北諸州皆旋其趾。潞州上黨在山脊最高處。過河便見太行在半天,如黑雲然。或問:「天下之山西北最高?」曰:「然。自關中一支生下函谷,以至嵩山,東盡泰山,此是一支。又自嶓冢漢水之北生下一支,至揚州而盡。江南諸山則又自岷山分一支,以盡乎兩浙閩廣。」[2]

但朱熹對江西、福建等地的山地判斷,多趨近於寫實。

江西山皆自五嶺贛上來,自南而北,故皆逆。閩中却是自北而

---

[1] 黎靖德編,王星賢點校:《朱子語類》(北京:中華書局,1994年),頁29。
[2] 黎靖德編,王星賢點校:《朱子語類》(北京:中華書局,1994年),頁29。

南，故皆順。閩中之山多自北來，水皆東南流。江浙之山多自南來，水多北流，故江浙冬寒夏熱。仙霞嶺在信州分水之右，其脊脈發去為臨安，又發去為建康。江西山水秀拔，生出人來便要硬做。[1]

因此，朱熹的風水思想，受他人生閱歷所限，也多集中於閩、浙、贛、湘四地。當然，他對湖北的地理風貌也略有談及。如，「荊襄山川平曠，得天地之中，有中原氣象，為東南交會處，耆舊人物多，最好卜居。但有變，則正是兵交之衝，又恐無噍類。」[2]但這基本又回到了主觀判斷的上面了。對於地理，朱熹也介紹了自己的一些建議。他說，「要作地理圖三個樣子：一寫州名，一寫縣名，一寫山川名。仍作圖時，須用逐州正斜、長短、闊狹如其地形，糊紙葉子以剪。」[3]總體說來，朱熹對山的描述，是停留在一種樸素的自然觀中。

朱熹論水有三個層面。第一個層面是朱熹論海這樣的大物。朱熹的地理學知識與其天文學存在著聯繫，這是中國一貫天地合一思想的再現。朱熹與弟子關於海洋的問答，就典型地呈現出這一點。

「海那岸便與天接。」或疑百川赴海而海不溢。曰：「蓋是乾了。有人見海邊作旋渦吸水下去者。」（直卿云：「程子大爐鞴之說好。」）
海水無邊，那邊只是氣蓄得在。
海水未嘗溢者，莊周所謂「沃焦土」是也。

1　黎靖德編，王星賢點校：《朱子語類》（北京：中華書局，1994年），頁29。
2　黎靖德編，王星賢點校：《朱子語類》（北京：中華書局，1994年），頁29。
3　黎靖德編，王星賢點校：《朱子語類》（北京：中華書局，1994年），頁29。

潮之遲速大小自有常。舊見明州人說，月加子午則潮長，自有此理。沈存中《筆談》說亦如此。

陸子靜謂潮是子午月長，沈存中《續筆談》之說亦如此，謂月在地子午之方，初一卯，十五酉。[1]

朱熹這裡對大海及潮汐的描述，基本已經接近於今天人們對地理學的理解。從這幾段話中可以看到，朱熹側重於對海洋進行一種事實性描述，而不是強調由大海帶來的那些「超自然的部分」。在朱熹殘存的文字中，未見朱熹有關於「龍王」之類的神話描繪，他只是如實觀照。在談到潮汐變化時，他談到了北宋沈括（沈存中）的《夢溪筆談》，這是一本主講宋代科技的書，足見此時宋代的地理知識已經非常完備。從朱熹這裡也可以看出，朱熹對海洋的描述，基本上呈現出現代科學的態度。說明朱熹所在的南宋，人們（尤其是士大夫）已經開始對自然以「理性」的方式進行解讀。

第二個方面是指水與山連動。如：

問：「先生前日言水隨山行，何以驗之？」曰：「外面底水在山下，中間底水在脊上行。」因以指為喻，曰：「外面底水在指縫中行，中間底水在指頭上行。」又曰：「山下有水。今浚井底人亦看山脈。」[2]

又如：

或問《南北對境圖》。曰：「天下大川有二，止河與江。如淮亦

---

[1] 黎靖德編，王星賢點校：《朱子語類》（北京：中華書局，1994年），頁28。
[2] 黎靖德編，王星賢點校：《朱子語類》（北京：中華書局，1994年），頁28-29。

> 小，只是中間起。虜中混同江却是大川。」李德之問：「薛常州九域圖如何？」曰：「其書細碎，不是著書手段。『予決九川，距四海』了，却逐旋爬疏小江水，令至川。此是大形勢。」[1]

朱熹主張的水與山連動，是宋代山水思想的一個集中表現。山為水之本，水為山之魂。如他引蔡伯靖的話說：「山本同而末異，水本異而末同。」[2]

第三個方面，則是關於黃河改道的史學描述。如：

> 先生謂張倅云：「向於某人家看《華夷圖》，因指某水云：『此水將有入淮之勢。』其入曰：『今其勢已自如此。』」先生因言，河本東流入海，後來北流。當時亦有填河之議，今乃向南流矣。
>
> 「某說道：『後來黃河必與淮河相并。』伯恭說：『今已如此。』問他：『如何見得？』伯恭說：『見薛某說。』」又曰：「元豐間河北流，自後中原多事；後來南流，虜人亦多事。近來又北流，見歸正人說。」（或錄云：「因看劉樞家《中原圖》，黃河却自西南貫梁山泊，迤邐入淮來。神宗時，河北流，故虜人盛；今却南來，故其勢亦衰。」）又曰：「神宗時行淤田策，行得甚力。差官去監那箇水，也是肥。只是未蒙其利，先有衝頹廬舍之患。」潘子善問：「如何可治河決之患？」曰：「漢人之策，令兩旁不立城邑，不置民居，存留些地步與他，不與他爭，放教他寬，教他水散漫，或流從這邊，或流從那邊，不似而今作堤去圩他。元帝時，募善治河決者。

---

1 黎靖德編，王星賢點校：《朱子語類》（北京：中華書局，1994年），頁30。
2 黎靖德編，王星賢點校：《朱子語類》（北京：中華書局，1994年），頁28。

當時集眾議,以此說為善。」又問:「河決了,中心平處却低,如何?」曰:「不會低,他自擇一箇低處去。」又問:「雍州是九州那裏高?」曰:「那裏無甚水。」又曰:「《禹貢》亦不可考其次第,那如經量門簿?所謂門簿者,載此一都有田若干,有山若干。」

御河是太行之水,出來甚清。周世宗取三關,是從御河裏去,三四十日取了。又曰:「御河之水清見底。後來黃河水衝來,濁了。」曰:「河北流,是禹之故道。」又曰:「不是禹之故道,近禹之故道。」

仲默問:「有兩漢水,如何有一水謂之西漢江?」曰:「而今如閬州等處,便是東川。東川却有一支出來,便是西漢江,即所謂嘉陵江也。」[1]

朱熹以上的論述,皆是以史料來回應黃河水文改道,及水文變化後以遼、金兩國的政治影響。從宋、遼、金三國對立的情況來看,遼、金對中原地區的佔領,確實也改變了他們以往的經濟模式,使二國曾一度走到耕種屯墾的農業生活。從《遼史》、《金史》的記載來看,二者在雄霸中原後,也一度傾向於儒家文明。這些都與黃河有著某種關係。

除此之外,朱熹不僅對「北國」的水文感興趣,對南方與水相關的歷史也有一定的研究。如南康郡治、江陵荊州、呂蒙渡江、鄧州舂陵、千里瓜州等。

南康郡治,張齊賢所建,蓋兩江之咽喉。古人做事都有意思。又如利州路,却有一州在劍閣外。

---

[1] 黎靖德編,王星賢點校:《朱子語類》(北京:中華書局,1994年),頁31。

> 漢荊州刺史是守襄陽。魏晉以後，以江陵為荊州。
> 吳大年曰：「呂蒙城在郢州。其城方，其中又有數重，形址如井，今猶存。」
> 道州即舂陵。武帝封子為舂陵王，後徙居鄧州。至今鄧州亦謂之舂陵。
> 漢時人仕官於瓜州者，更極前面亦有人往。長安西門至彼，九千九百九十九里。[1]

總之，朱熹對山水的理解，多呈現出一種自然主義的傾向。樂愛國認為，「朱熹對自然界事物有很大的興趣，並且做過深入的研究。……從中國古代科技的發展看，朱熹通過自己的不懈努力，的確取得了一定水平的研究成果，其中某些成果代表了當時的科學水平。」[2]自然主義，或者說地理視角，是我們理解朱熹風水觀念不能回避的一個重要方面。

三　方術行為與風水思想

關於朱熹的風水思想有兩個面向，一是風水與山水的辨析；二是風水與方術的結合。

關於風水與山水的辨析，二者相同的是：朱熹的風水思想裡含有大量的山水思想，這多見他遺留的多首山水詩中；同時，他的風水觀與山水觀是密不可分的。如陰宅與陽宅的地理方位。俗語中所言的「左青龍、右白虎、前朱雀、後玄武」，分別是指河、路、塘、山，

---

[1] 黎靖德編，王星賢點校：《朱子語類》（北京：中華書局，1994年），頁32。
[2] 樂愛國：《走進大自然的宋代大儒：朱熹的自然研究》（深圳：海天出版社，2014年），頁106。

這基本上也是山水的一種組合。因此，風水與山水在一定的場合是重合的。在這個層面上講，朱熹的風水學在某種程度上可以看成是「民間版的地理學」。由此可見，朱熹山水思想是研究風水思想新的路徑，或者說他眾多的風水中包含了他大量的山水思想。

二者不同的是：朱熹的山水思想是沒有「超自然力」的介入，他對山水的感應與理解，只源於山水本身和人自身的感受。因此，朱熹的山水觀是一種美學思想。但是，風水思想因與家庭的陽宅與陰宅相關，因此它的潛層含義包含著「超自然」的福報災異。也就是說，風水重點不再關注家庭生活環境的感受，而將側重點放置於糧食的豐收、子嗣的繁衍、成員的健康。這是兩者最為典型的區別。

關於風水與方術的結合，明朝王鏊曾認為，朱熹對於「天文曆律度數無不究悉。仍好為文，工於詩，工子筆劄。如楚辭韓文。亦皆注釋。至五行明照風水之術，亦皆通曉。雖《參同契》、《陰符經》之類，亦注之。」[1]明人田汝成也指出：

> 考亭朱文公，得友人蔡元定，而後大明天地之數，精詣鐘律之學，又緯之以陰陽風水之書，乃信用蔡說，上書建議，乞以武林山為孝宗皇堂，且謂會稽之穴淺犢而不利，願博訪草澤，以決大議。其後言者毀考亭陰援元定，元定亦因是得謫云。[2]

無怪錢穆評價說：「朱子以一代性理大儒，其於經史文章之學，沉深淹貫，博而有統。……朱子為學多方，橫軼旁出，有不盡於經史文章範圍者。」[3]朱熹對風水方術之學，確實有一定的涉獵。一般認為，

1　王鏊：《震澤長語》（上海：商務印書館，1939年），頁8。
2　田汝成：《西湖遊覽志餘》（上海：上海古籍出版社，1980年），頁390。
3　錢穆：《朱子新學案》（北京：九州出版社，2011年），第5冊，頁359。

朱熹風水學的來源大致有三個方面：

一是其父朱松酷愛風水，且對風水有一定的研究。他的風水學受家學影響較大。如前文所引的《宋人軼事彙編》曾記載：

> 朱韋齋，晦庵父也。酷信地理，嘗召山人擇地，問富貴何如，山人久之答曰：「富也只如此，貴也只如此，生個小孩兒，便是孔夫子。」後生晦庵，果為大儒。[1]

二是其徒蔡季通精通陰陽風水之術，也對道教內丹、天文地理、方外音律都有所涉及。朱熹受他影響，受到一種風水思想的反哺。張榮明認為：

> 原來朱熹能夠瞭解風水術，主要是得到好友蔡元定（又名蔡季通）的指點。這位蔡元定精通方外之學，無論道教內丹術，還是陰陽風水術，乃至天文地理音律之學，無一不通。[2]

三是其生活的尤溪、五夫、婺源等地，民間風水觀念比較普遍，他從小受影響也在情理之中。王懋竑的《朱熹年譜》有這樣一段記載：

> 就傅，授以《孝經》，一閱通之，題其上曰：「不若是，非人也。」嘗從羣兒戲沙上，獨端坐以指畫沙，視之，八卦也。[3]

在南宋民間，八卦除了與《易經》有著某種聯繫外，一般都與風水捆

---

[1] 丁傳靖：《宋人軼事彙編》（北京：中華書局，1981年），卷17，頁939。
[2] 張榮明：《方術與中國傳統文化》（上海：學術出版社，2000年），頁247-248。
[3] 王懋竑著，何忠禮點校：《朱熹年譜》（北京：中華書局，1998年），頁2。

綁。這種做法一直延續到今天。因此，朱熹八歲畫卦不能證明他的天資聰慧，卻可以證明其青年之前所生活之地，多受風水思想的浸染。林振禮也指出：「從唐代至北宋，從朱古寮至朱森七世兩百年間，朱氏家族定居於風水術盛行（無術不卜）的徽州婺源。」[1]足見以上所言不虛。

> 為了能夠尋找到合適的家族聚集地，徽州大多數方志和族譜都有宗族始祖卜居卜築的記載。堪輿師依據自然形勢，實地踏勘，通過「覓龍、察砂、觀水、點穴、定向」等步驟，遵循「陽宅須教擇地形，背山面水稱人心，山有來龍昂秀發，水須圍抱作環形，明堂寬大斯為福，水口收藏積萬金，關煞二方無障礙，光明正大旺門庭」的理想模式進行選址。徽州村落大多滿足這種「枕山、環水、面屏」的空間模式，形成依山傍水、背山面水或枕山環水的格局。[2]

以上基本說明了朱熹家族所受風水方術影響的歷史及現實背景。由此可見，朱熹的爺爺朱森隨朱熹的父親朱松入閩後，也一定將這套勘探風水的方法帶了過來。對於進士出身的朱松是否真心信奉這套「風水決定論」，我們是不得而知的。但有一點是可以肯定的，在戰亂頻繁的兩宋之際，「寧可信其有，不可信其無」的理念構成了人在亂世之中難得的心理安慰。因此，當一些稗官野史等記載朱松為家宅興旺而選擇風水寶地之說，也多有當代學者的牽強之說。至於風水家說「富

---

[1] 林振禮：《朱子新探：朱子學與泉州文化研究》（北京：商務印書館，2018年），頁140。

[2] 林振禮：《朱子新探：朱子學與泉州文化研究》（北京：商務印書館，2018年），頁140。

也只如此,貴也只如此,生個小孩兒,便是孔夫子」的說法,也不過是堪輿師的一種「吉祥話」,當不得真。

朱熹生活所用的風水堪輿術,在今天福建省的大田縣依然流行。在大田縣北部的建設鎮,至今存在著龐大的林氏家族。無論是他們每到過年期間祭拜的老房子,還是他們至今依然修養的先祖墳塚,還依然保留著這套樸素的風水傳統。

在林氏的一個祖房子裡,他們的後人一直向後輩傳輸林氏發達的經驗。其中一項就是祖房的風水位置。他們曾經介紹祖房的修建過程,及後來依據堪輿師的經驗提出的修改方案。

圖一

圖二

圖三

圖四
配：建設鎮林氏祖房圖。

如這座古寨在建造之初，是堅持著「青龍、白虎、朱雀、玄武」的風水之說（如圖一），即房左有路，房右有河，房前有池，房後有山。但是這四個因素在現實的選址中是難以全部實現，故當年的堪輿師可能建議取三舍一，或者在左側引渠以代之。房屋的建造基本遵循了堪輿師的思想，讓象徵著「財富」的「水」圍繞房屋流動（如圖二）。為了達到這個效果，在水可能過早的流出之地，建小橋以讓水迴環（如圖三），水的流出之地，設計成一個外圓內方的銅板形狀（圖四）。雖然這座祖宅與平常所見的風水之說有些許不同，但大抵上符合中國傳統的風水制式。

三 墓葬系統與風水思想

一般學者認為，朱熹受蔡元定的影響曾對皇家陵的墓葬形式提出了自己的見解。如林振禮認為：「討論朱熹的風水觀，不能不涉及蔡元定及其父蔡發（牧堂），不能不涉及風水理論著作《發微論》。該書有署名『蔡牧堂』即蔡發的，但多署名蔡元定。……這部充滿辯證法、合於儒者之道的相地風水之書，都對朱熹頗有影響（尤其是感應說）。」[1]這種說法有一定的道理。但是並不完全。蔡元定的《發微論》中有這樣一句話：「蓋術家唯論其數，元定則推究以儒理，故其說能不悖於道。」[2]因此，準確來說，朱熹與蔡元定是互相影響的。故而，朱熹的墓葬與風水思想，既有與蔡元定的相互影響所至，又存在著古今墓葬沿革的考察的面向。朱熹說：

> 是以古人之葬，必擇其地而卜筮以決之，不吉則更擇而再卜焉。近世以來，卜筮之法雖廢，而擇地之說猶存。士庶稍有事力之家，欲葬其先者，無不廣招術士，博訪名山，參互比較，擇其善之尤者，然後用之。其或擇之不精，地之不吉，則必有水泉、螻蟻、地風之屬以賊其內，使其形神不安，而子孫亦有死亡絕滅之憂，甚可畏也。[3]

按照宋朝喪葬的慣例，民間一般是通過羅盤測定與卜筮之法來選擇墓

---

[1] 林振禮：《朱子新探：朱子學與泉州文化研究》（北京：商務印書館，2018年），頁149。

[2] 蔡元定：《發微論》，紀昀等校官編修：《欽定四庫全書・子部》（808），頁189。

[3] 朱熹：《朱子全書》（上海：上海古籍出版社；合肥：安徽教育出版社，2010年），第20冊，頁729-730。

地的位置。在墓地選擇上，先秦時期人們選擇用卜筮之法是比較常見，後因朝代更迭和戰亂頻發等多種原因而被廢棄。在黃巢起義之後，傳統的氏家大族基本上歸於覆滅，這導致了宋朝小地主階層的崛起。這些「單子化」的地主階層與普通民眾的界線並不像傳統「士」與「庶」那樣涇渭分明，以致於民間的富戶開始仿效「士」的喪葬規格，這種喪葬模式開始在民間推廣開來。於是，占卜術的退化和風水術的興起，使民間的墓葬逐漸由「神秘主義」向「實用主義」[1]轉化。在宋代及以後朝代中，民間墓葬系統中出現了一個有趣的現象：就是以「迷信」的方式體現出一種「實用」的願望。為了保佑家庭的富貴和子嗣繁衍，普通的富裕人家模仿士大夫階層將墓葬過程「程式化」。他們開始廣招術士、尋訪名山、探索風水寶地。這些現象在宋代的民間屢見不鮮。特別是在朱熹的祖籍地婺源，這種現象尤甚。到了南宋，歐陽守道（1208-1272）甚至主張「人子須識風水師」的墓葬理念，將這種墓葬風水觀提到了一個新的高度。如他在〈送卜葬者覃生歸寧都序〉說：

> 程子（頤）言：「親有疾，委之庸醫，為不慈不孝。夫人子不可以不知醫，而親歿卜葬，其事尤重，委之庸卜可乎？朱子謂古人葬皆取決於卜，今人不曉卜法，只得從俗，用術家擇之，愚謂術有疎密擇葬地，而術疎猶之庸醫也。醫不皆庸，因一庸者而盡謂天下無醫，不可也。人子當知醫，此語有二：義證治暑通大概，不致為庸醫之所誤，一也；業醫者不一平，昔與之

---

[1] 這裡的「實用主義」是指逝者對死後世界的希望，由「魂歸於天」轉向「魂歸於家」。自然，墓葬的選擇就不太側重於西水坡仰韶文化的天象（青龍、白虎），而是日常所用的「釵、盤、碗、罐、杯、剪刀、牛、鏡、壺、燈盞、火盆、盅、茶壺、茶杯、硯臺、灶、鍋」，這是一種樸素的實用主義。

接識且以所見聞劑量其高下,二也;不幸親沒,而葬所用術家亦猶是矣。古人附於棺者,必誠必信,勿之有悔,況安厝之所而可以容悔乎?親存而安其體,親沒而安其體,擇醫擇卜,求安一也。[1]

宋代普通民眾對風水的依賴,多源於對現實的擔憂。他們認為,如果墓地的風水選擇得不好,則會給子孫後代帶來災禍。同時,破壞他人祖先的墓地,也是民間最為常見的嚴厲的報仇行為。基於此,明清兩朝對破壞他人墓地的懲罰是異常的嚴厲。[2]由此可以看出,破壞他人墳塚對復仇者或墳塚的後人來說,是一件非常嚴重的事。說明了民間為了避免逝者死後的滅絕之憂,往往對墓地異常重視。民間的風水觀基本可以概括為是一種樸素的「利後觀」。歐陽守道在〈送歐陽山人序〉中寫到:

> 卜地葬親,人子大事。而儒者於術家所云或不盡信。近世朱文公獨從之,至於江西業此術之眾,則又奏之奏疏,其於寧親燕後至拳拳也。妄意富與貴於葬親之時,是誠何心?然使體魄得安,子孫綿遠,則非特存者此心,逝者亦此心也。盡存者之心,體逝者之心,猶恐有誤,如之何而忽之。予同姓實鄉家同邑之宣溪,蓋刻意於此者,暇日來訪,與之周視先塋訖事,言曰:君家子孫貧賤無能愈於今日,若節春秋樽酒籩,貳展墓而

---

[1] 歐陽守道:《巽齋文集》,商務印書館四庫全書出版工作委員會編:《文津閣四庫全書·集部·別集類·三九五》(北京:商務印書館,2005年),卷8,頁431-432。

[2] 清朝與明朝對挖墳掘墓的處罰是十分嚴厲的。比如說,挖掘墳塚露出棺材,一般要打一百大板,流放三千里;如果打開了棺槨,直接實行絞刑;只挖墳沒有挖到棺槨,打一百大板,關起來三年。一般來說,只要把棺槨給打開了,基本上命就保不住,可見懲罰之嚴。

返,則亦世有人也。予謝曰:得此足矣。別去書以送之。[1]

由此可見,這裡的「安其體」才是朱熹主張墓葬的重點,而不是為後代保福音。這在一程度上也回應了宋代的墓葬為什麼要「弱化神秘主義」。

朱熹對皇室墓葬的選擇,也是堅持這種風水理念的。他認為:

> 雖得吉地,而葬之不厚,藏之不深,則兵戈亂離之際,無不遭發掘暴露之變,此又其所當慮之大者也。至於穿鑿已多之處,地氣已泄,雖有吉地,亦無全力;而祖塋之側,數興土功,以致驚動,亦能挺災。此雖術家之說,然亦不為無理。[2]

朱熹這裡對皇室墓地的選擇也基本堅持「實用主義」的觀點。他認為吉地有以下兩個特徵:一是墓穴有足夠的深度。否則,就會出現在「兵戈亂離」時被挖掘的風險;二是墓穴必須選擇新址。他認為,雖以往的皇室墓地也有風水尚存的好地,但因多次穿鑿,地氣已泄掉,不適合再做為新的皇陵。他認為:

> 若以術言,則凡擇地者,必先論其主勢之彊弱,風氣之聚散,水土之淺深,穴道之偏正,力量之全否,然後可以較其地之美惡。政使實有國音之說,亦必先此五者,以得形勝之地,然後

---

[1] 歐陽守道:《巽齋文集》,商務印書館四庫全書出版工作委員會編:《文津閣四庫全書‧集部‧別集類‧三九五》(北京:商務印書館,2005年),卷8,頁431。

[2] 朱熹:《朱子全書》(上海:上海古籍出版社;合肥:安徽教育出版社,2010年),第20冊,頁730。

其術可得而推。[1]

除此之外，張榮明總結認為，朱熹選擇一塊風水寶地必須注意五個方面：

> 一是「主勢之強弱」，即龍脈蜿蜒而來所牽連的群山的氣勢是否雄偉；二是「風氣之聚散」，即穴地周圍是否砂環水抱，能夠聚集生氣而不致被北風吹散；三是「水土之淺深」，即穴地周圍的流水及土質是否適宜；四是「穴道之偏正」，點穴之時要觀察來龍去脈，要使穴位恰如其分地接受到來龍之氣，不能有所偏差；五是「力量之全否」，即要從整體上審察來龍的氣勢，砂山的拱衛，流水的環抱……，所有這些地理條件所形成的風水格局將滋生的一種吉祥福瑞的力量是否強大和美滿。綜合考慮了上述五個因素之後，才能判斷這一塊土地是否符合風水中的理想格局。[2]

在這一點上，朱熹風水觀中的陰宅與陽宅的理論有諸多相同之處。基於此，朱熹認為皇陵的新選址是十分必要的。他說：

> 臣自南來，經由嚴州富陽縣，見其江山之勝，雄偉非常，蓋富陽乃孫氏所起之處，而嚴州乃高宗受命之邦也。說者之言臨安縣乃錢氏故鄉，山川形勢，寬平邃密，而臣未之見也。[3]

---

[1] 朱熹：《朱子全書》（上海：上海古籍出版社；合肥：安徽教育出版社，2010年），第20冊，頁730。

[2] 張榮明：《方術與中國傳統文化》（上海：學術出版社，2000年），頁249。

[3] 朱熹：《朱子全書》（上海：上海古籍出版社；合肥：安徽教育出版社，2010年），第

朱熹對浙江嚴州富陽縣的偏愛，既有其歷史典故（高宗躍馬渡江、吳越王錢的故鄉），也取決於此地山川形勢錯落有致，適宜建造皇陵。同時，他對風水流派也有一定的偏重，他比較認可江西與福建兩地的風水流派。他說：「若欲求之，則臣竊見近年地理之學出於江西、福建者為尤盛。政使未必皆精，然亦豈無一人粗知梗概大略平穩優於一二臺史者？欲望聖明深察此理。」[1]張榮明認為，「在南宋時代，專主山形地勢的江西風水流派與專主卦理星氣的福建風水流派十分盛行。」[2]這其中必有一些對風水術的精通人士，可以為皇陵選址所用。

對於朱熹來說，兩地都是他工作過的地方，他本人也更傾向這兩地的堪輿師。他任職期間，多次與同僚討論風水之事。這其中，就包括一種「喝形取象」的風水之法。何謂「喝形取象」？簡單來說，就是「把山體擬於物象，因形而定穴。」[3]徐善繼認為：「自晉以前專論星，自唐以來專論形。然論星則胸中有主，論形使眾人知。」[4]也就是說，在堪輿家看來，魏晉以前看風水主要集中於看星象，但到唐朝以後，多開始觀測地形。看星象主要是驗證自己內心想法是否符合現實，而看地形則主要方便大家明白是什麼道理。[5]這種方法對朱熹的

20冊，頁733。
[1] 朱熹：《朱子全書》（上海：上海古籍出版社；合肥：安徽教育出版社，2010年），第20冊，頁733。
[2] 張榮明：《方術與中國傳統文化》（上海：學術出版社，2000年），頁250-251。
[3] 張榮明：《方術與中國傳統文化》（上海：學術出版社，2000年），頁251。
[4] 徐善繼、徐善述著，鄭同編校：《繪圖地理人子須知》（北京：華齡出版社，2011年），第4卷，頁185。
[5] 其實上，古代先民尋找墓穴的「定穴」之法有很多，如「太極定穴」、「以兩儀定穴」、「以三勢定穴」、「以三停定穴」、「以四殺定穴」、「以雌雄定穴」、「以饒減定穴」、「以聚散定穴」、「以向背定穴」、「以張山食水定穴」、「以枕龍耳角定穴」、「以趨吉避凶藏神伏煞定穴」、「以近取諸身定穴」、「以指掌定穴」、「以遠取諸物定穴」、「以流行定穴」和「八卦定穴」。本部分屬於「以遠取諸物定穴」。

影響很大，成為他判定風水好壞的一個標準。實際上，我們今天的俗語中的「窮山惡水」，也多少有些風水觀念的含義。

朱熹為自己選擇的墓址也十分有趣，它位於福建省南平市建陽區黃坑鎮九峰村後塘自然村的大林谷，離黃坑鎮約一公里，距建陽市約八十公里。這個地點距離他生活的五夫里紫陽樓，抑或是他晚年居住的考亭，都有相當長的一段距離。他的墓址選擇離生活區很遠，墓葬方式也很奇特。

> 朱晦庵之葬，用懸棺法。術家云：「斯文不墜。」丁卯臘月三日，過湖州守孔應得，說文公初至劉夫人家，因為壽藏，叩之術家，有龍後唐之兆繇。一日，至麻龍歸，睹十木牌自山溪販至，問其所從來，以從唐沙鎮對，遂令導往，果得奇境。[1]

朱熹的下葬之法為懸棺法，這在福建武夷山一地雖然並不鮮見，但多不為宋代的漢人所採用。同時，一般懸棺多位於懸崖峭壁之上，或藏於山洞或棧道之上。而朱熹的墓葬是典型的土葬，這確實是一個有趣的現象。我們不知道朱熹選擇這種墓葬方式的具體考量，只能從堪輿師那裡得到一個有趣的解釋：「懸棺法可以預示在朱熹身上所體現併發揚光大的儒家文化命脈將千秋萬代流傳下去，永不墜落。」[2]這種說法中顯然存在「因人言意」的成分。無論如何，朱熹本人一定是也有祈福保平安的理念在裡面。至於是否存在「利後觀」，這裡就不得而知了。

---

[1] 丁傳靖：《宋人軼事彙編》（北京：中華書局，1981年），卷17，頁945。

[2] 張榮明：《方術與中國傳統文化》（上海：學術出版社，2000年），頁252。

小結

對於朱熹而言，無論是山水，還是風水、方術，本質上都是人對自然世界的一種探索。在朱熹看來，人與自然是天然一體。無論是「天人合一」，還是「道器同在」、「理氣共融」，本質上都是人與自己周圍世界的一種融合。

在朱熹的風水觀中可以看到的是，他強調自然環境對人的作用。在這裡，他的思想所凸現的不是人作為主體的效用，而是人作為客體與自然的共融。這裡一個有意思的現象是，他既有豐富的自然地理知識，同時又有借「神秘主義」以近君心的從政心理。雖然，朱熹等一眾理學家對墓葬風水的「利後觀」多呈現出懷疑的態度，甚至個別墓葬的主人也不相信風水的好壞真的能「利後」，但在實際的操作中，這種「利後」的觀念卻一直持續發酵著。畢竟，墓葬的實際操作人是墓主人的後人。

同時，不論墓主人的後人是否相信，他們在情感牽絆下依然「傾向於相信」。這種「傾向」，經過複雜的喪葬流程的發展，形成一批獨立的從事喪葬的人員。他們自然成為了這個領域的「專家」。在既得利益的作用下，他們也強化墓主人後人的這種「傾向」。就如同太平洋塔那島的那瑪人的「飛機崇拜」（見後文）。今天這個部落的一些人已經去過美國，明白飛機的真正意圖與「USA」的真實所指。但是，他們已經沒有能力讓塔那島的那瑪人放棄「飛機崇拜」，即使很多人已經真的不再相信。只要圍繞「飛機崇拜」的利益群體依然存在，這個「飛機崇拜的宗教」就不可能消失。這與朱熹及所在的南宋墓葬的中「利後」思想，本質上是一樣的。

以朱熹為代表的理學家，由於受知識教育的影響，他們的思想裡常常表現出一種「宋代版的科學思想」。如朱熹對大海的描述，對山

川走勢的描寫，都與現代科學所差無幾。但是，在廣大民間中，尤其是在那些識字率較低（清朝時甚至僅有百分之三的識字率）的地區，理性往往要讓位於感性。人們對「神秘主義」的感性傾向要大於「現實主義」的理性解釋。即使他也曾學富五車，才高八斗。這導致人們在面對墓葬這些「悲傷」、「痛苦」之事時，往往傾向於讓「感性」替代「理性」。而這種情感需要就帶來了巨大的市場（比如醫院附近多藥店和喪葬用品商店）。那麼，作為理學家的朱熹，他要想在民間得到自己的一個生存位置，也不得不「屈從」於這種關於喪葬的情感需要。

同時，這種「情感需要」也會為理學家帶來進入政壇的機會。朱熹等理學家為宋光宗選擇皇陵，也是基於這方面的考慮。人作為情感的動物，在面對生死的絕望時，「心安」的內在需要往往要大於理性的解釋。這也就是宋以後，甚至今天，部分民間的喪葬儀式依然以宏大的場面來舉辦，這是有一定的心理原因的。

作為朱熹，他的風水觀更多的時候是接近一種「實用主義」。如墓葬注重「防水、防沙、防蟲、防盜」，他自己獨特的墓葬設計也並非結合了道德因素，更多則在於對「自己遺體」的保護。

於是，從生死、讖緯、占卜、風水，這些複雜的因素結合在一起後，伴隨著理性的介入，宗教思想也就在這些因素的影響下無形中自然展開。當然，朱熹的宗教觀，並不是簡單地對原有宗教的復刻，而是對宗教的選擇、懷疑、批判和繼承。這一點需要注意。

第十章
朱熹的宗教思想

　　宗教的常民化是宗教發展的必然取向。因為傳教的需要，他們的傳教模式常以「以貪制貪、以幻制幻的善巧」流行於市井之間。傳統宗教除了在佛寺道觀中為求助者提供人生迷茫的「解惑」，更多是向教眾提供一種趨向「彼岸世界」的「誘導」。因此，宗教往往可以解決臨終關懷等死亡問題。歸根到底，宗教是一門與死亡密不可分的一門學問。在朱熹的世界中，死亡同樣不是一種人生的結束，而是人生的一種新的「反思」。《遙遠的救世主》中有這樣的一段話來形容佛教，其實也代表著整個宗教的共同特徵：

> 佛乃覺性，非人，人人都有覺性不等於覺性就是人。人相可壞，覺性無生無滅，即覺即顯，即障即塵蔽，無障不顯，了障涅槃。覺行圓滿之佛乃佛教人相之佛，圓滿即止，即非無量。若佛有量，即非阿彌陀佛。佛法無量即覺行無量，無圓無不圓，無滿無不滿，亦無是名究竟圓滿。晚輩認為，佛教以次第而分，從精深處說是得道天成的道法，道法如來不可思議，即非文化。從淺處說是導人向善的教義，善惡本有人相、我相、眾生相，即是文化。從眾生處說是以貪制貪、以幻制幻的善巧，雖不滅敗壞下流，卻無礙撫慰靈魂的慈悲。[1]

---

[1] 豆豆：《遙遠的救世主》（北京：作家出版社，2005年），頁237。

馮時認為:「中國的上古宗教起源於人王與作為其祖先神的上帝之間的聯繫的思考。由觀象授時所導致的天命觀使自然之天開始被賦予了人格的意義,從而產生出了主宰萬物的至上神祇——上帝。誠然,帝作為主宰萬物的至上神,這一觀念本是從帝本為祖先神的觀念中發展出來的。」[1]在這個視角下,可以發現人們對神祇的信仰中,「實用的部分」要遠多於「神秘的部分」。也就是說,「人們追尋其始祖所自出的敬祖心理首先使他們創造出了作為祖先神的帝,在這一意義上,『帝』字的本義必用為嫡,所以帝的觀念明顯是在強調觀象者人王與至上神之間的最直接與親密的聯繫,這種聯繫借助血緣的形式加以表現當然最為理想,而在中國傳統的宗法制度中,最親密的血緣當然就是嫡。」[2]馮時這裡的表述也代表了朱熹等宋代人的天人觀念和人祖觀念。

從這個角度來說,宗教給人的價值與意義是什麼,可能就需要從生死觀與獨特性兩個角度來說明。

首先,宗教本身是一種「向死而生」的理論或者現象。人們在面對現實問題無能為力時,期盼存在一個「超能力」或者「精神歸附地」來幫助自己渡過痛苦時期。因此,宗教的本質是為人提供超現實的精神依託處。這個「精神依託處」最關鍵的因素就是死亡。

比如,近些年來討論最多的人工智慧與人類智慧的區別,談到這個問題時,學者們發現,我們現在幾乎所有的知識(無論是機械製造、理論建模,亦或是論文寫作),人工智慧都可以幫助我們完成。同時,人工智慧的高級演算法也能為人類提供情緒價值(如蘋果手機

---

1 馮時:《文明以止:上古的天文、思想與制度》(北京:中國社會科學出版社,2018年),頁425。

2 馮時:《文明以止:上古的天文、思想與制度》(北京:中國社會科學出版社,2018年),頁425。

的 siri，和百度的「小度」可實現聊天功能），似乎人類的意義只存在「消費價值」這個領域，而被剝離了物質生產與精神創造的價值。於是，當我們對人工智慧沾沾自喜或者感到恐懼時，常會給出「人類無用論」的結論。

然而，一些學者對此提出了質疑：如果一切都可以用人工智慧來解決，而人工智慧是不死的（它的硬體和內在程式可以隨意地更換和複製），那麼所有的「紀念節日」因「缺少死亡」將變得毫無意義。同時，因為「節日」的無意義，現有的文化也將因為失去節日而消失。當文化消失後，文明也將隨之消失。因此，人工智慧因為缺少了對文明服務的必要性，它本身也將消失。這是一個對現代社會致命的假設。

於是，從這些思考中可以發現一個問題：死亡對人類到底意味著什麼？死亡是對人類的懲罰還是獎勵？或者說，人之為人的關鍵點與死亡的關係的什麼？亦是說，人類智慧與人工智慧最大的不同是不是就在於人類會死亡？

其次，宗教對現實的反思體現了「死亡」的價值與意義。死亡本身並不是消失，而是一種「向死而生」的存在。這即是海德格爾詮釋中華文明時給出的「答案」，也是中華文明死亡觀中的一個關鍵之處。當我們以這個觀點與朱熹的喪禮和祭禮思想相碰撞時，則會發現為什麼他會傾向那麼多複雜的禮儀形式：他哪裡是在紀念或詮釋死亡，他是在進行真實的人生。

如前面所言，人之所以為人，是因為人有情感。在「喜怒哀樂愛惡欲」中，它們的指向最終都歸結到死亡。只不過，這個死亡不只是人的肉體的消失，也包括事情的消失和時間的過去。人因為死亡的存在，才會有悲傷和紀念。而悲傷與恐懼才構成了人們文化發展的憂患意識，這是人類發展地動力源。徐復觀指出：

> 在憂患意識躍動之下，人的信心的根據、漸由神而轉移向自己本身行為的謹慎與努力。這種謹慎與努力，在周初是表現在「敬」、「敬德」、「明德」等觀念裏面。尤其是一個敬字，貫穿於周初人的一切生活之中，這是直承憂患意識的警惕而來的精神信仰、集中，及對事的謹慎、認真的心理狀態。[1]

於是在一定程度上說，死亡構成了宗教存在的必要條件，也形成了文化與文明存在的前提條件。我們對上古先民的瞭解，或者對中古朱熹等學者思想的理解，都離不開對代表死亡墓葬的研究與觀察。

最後，宗教是文化構成的載體。透過五花八門的宗教儀式，這些活動的核心點無非指向兩個：對生的解脫和對死的紀念。因為這兩個指向是人本身無法規避的兩個方向，由此而產生的「敬畏之心」才是真實的。人們在至親的葬禮上不會「喜出望外」，即使是「喜喪」也難掩自己內心的悲傷。雖然中國北方在喪禮的宴會上會出現「歡樂的拼酒」畫面，但深夜的無眠和墳頭的矗立，則會扒開他那「虛假的歡樂偽裝」。人本質上還是情的動物。

以上代表了整個宗教的一個群體特徵。對於朱熹來說，他的宗教觀是比較複雜的。這個複雜有兩個方面，一是不同時期的朱熹對宗教有不同的看法。如朱熹早年歷經浸佛、信佛、反佛、闢佛四個階段[2]；二是朱熹對不同的宗教是呈現出不同的態度，如對佛教、道教、摩尼教等的態度都不一樣[3]。如朱熹闢佛也不是簡單的對佛教一概否定，他

1　徐復觀：《中國人性論史（先秦篇）》（臺北：臺灣商務印書館，1969年），頁33。
2　陳永寶：《青年朱熹》（廈門：廈門大學出版社，2023年），頁85-101。
3　林振禮：《朱子新探：朱子學與泉州文化研究》（北京：商務印書館，2018年），頁31-76。

主要是「闢禪」不「闢佛」[1]。除此之外，學者討論朱熹宗教的研究視角也多種多樣，有歷史觀、鬼神觀、信仰說[2]和需求說等。因此，朱熹的宗教思想是他思想中一個比較複雜的面向。為了使接下來的討論不致於過多地重複以往學者的學說，接下來的討論將主要集中於天文考古學這個視角。

一　朱子理學與佛教糾葛

朱熹與佛教的淵源與其恩師劉子翬有關，「劉子翬與佛老之徒過往頗多，這既引起了朱熹的好奇，也給他帶來了接觸二氏的機會」[3]。陳來指出：「劉子翬早年曾留意佛老，後讀儒書，……劉子翬對青少年朱熹影響較大，在朱熹看來，劉子翬的『為學次第』就是『為己之學』的門戶。」[4]由於受到劉子翬的影響，青年朱熹對佛教頗有興趣。陳來曾用「氾濫釋老」[5]來形容他這一段時期的思想，他說：「留意佛老之學，是這個時期（紹興十七年，朱熹十八歲）朱熹思想的特徵之一。」[6]陳來進而判定：「朱子對二氏的留心在得舉之前從三君子學時即已開始。」[7]

三君子（劉子翬、劉勉之、胡憲）本人受佛教的影響很深。為了說明這一點，陳來指出：

1　陳永寶：〈論朱熹的「闢佛」思想〉，《上饒師範學院學報》2019年第1期，頁1-8。
2　如越南學者黎貴惇就將朱熹的學說和理論當做一種宗教信仰。
3　朱熹：《朱子全書》（上海：上海古籍出版社；合肥：安徽教育出版社，2002年），第21冊，頁35。
4　陳來：《朱子哲學研究》（北京：生活‧讀書‧新知三聯書店，2012年），頁31。
5　陳來：《朱子哲學研究》（北京：生活‧讀書‧新知三聯書店，2012年），頁33。
6　陳來：《朱子哲學研究》（北京：生活‧讀書‧新知三聯書店，2012年），頁34。
7　陳來：《朱子哲學研究》（北京：生活‧讀書‧新知三聯書店，2012年），頁34。

> 劉元城曾語白水以方外之學,「籍溪學於文定,又好佛老,以文定之學為論治道則可,而道未至,然於佛老亦未有見。」……影響更大的是劉子翬對二氏的態度。……劉子翬曾習禪定,又見長蘆清了,「儒與佛合」是他對佛教的基本態度。[1]

陳來這裡基本道出了朱熹早年與佛教的關係是源自三君子,而非其父朱松。從這一段引文來判定,我們很難得知朱松本人是否受佛教影響,但其向朱熹傳授儒學應該是毋庸置疑的。也就是說,在朱松逝世前,朱熹的主要思想還是以儒學為主。朱松逝世後,朱熹從學三君子時才產生傾佛的意向。這一點,從朱熹自己的回憶中也可見端倪:

> 某年十五六時,亦嘗留心於此(禪)。一日在病翁所會一僧,與之語。其僧只相應和了說,也不說是不是,却與劉說,某也理會得簡昭昭靈靈底禪。劉後說與某,某遂疑此僧更有要妙處在,遂去扣問他,見他說得也煞好。及去赴試時,便用他意思去胡說。是時文字不似而今細密,由人粗說,試官為某說動了,遂得舉。[2]

從這個材料中我們至少可以得知,朱熹的早期生平確實存在著佛學傾向。但陳來認為,「朱學一派竭力否認朱熹曾師尊釋氏」[3],他給出的例證是夏炘和汪應辰的論辯。陳來指出:

> 汪應辰嘗師宗杲,好禪學,夏氏謂朱子委婉其辭,亦有其理。

---

1 陳來:《朱子哲學研究》(北京:生活・讀書・新知三聯書店,2012年),頁34。
2 黎靖德編,王星賢點校:《朱子語類》(北京:中華書局,1994年),頁2620。
3 陳來:《朱子哲學研究》(北京:生活・讀書・新知三聯書店,2012年),頁34。

但夏氏以為朱子於釋氏並無「師其人」之實跡,則又屬一偏。蓋朱子必不會無中生有,且李侗與羅博文書明言「渠《朱子》初從謙開善處下功夫來」(《年譜》),故「師其人,尊其道」確有其事。[1]

陳來的判斷在朱熹與汪應辰書信中得到了應證。朱熹說:「熹於釋氏之說,蓋嘗師其人、尊其道,求之亦切至矣,然未能有所得。」[2]這也就是說,朱熹的「師尊釋氏」的說法並非無中生有。可以說,在遇到李延平之前,他的佛學積澱就已經開始。陳來指出:「朱子留心禪學,始於在病翁劉屏山家遇道謙,時十五六歲。至見延平後一二年間悟禪學之非,已二十五六歲,但十九歲以前,因舉業所迫,當止於一般留心而已。而用力參究,應在得舉之後至二十四歲拜見延平之間。」[3]即使我們拋開朱熹與道謙之間的關係不談,但從朱熹以佛理取士的事例來看,佛學對朱熹早期思想的形成產生了一定的影響。

實際上,朱熹近佛思想與劉子翬(劉屏山)的「儒佛合」思想有一定的關聯。也就是說:「劉屏山認為儒之道可以包容佛老,兩者並非截然對立。換言之,志為己之學與求入道門徑,並非盡闢二氏而後可。在這一點上朱熹無疑受到了屏山的影響。」[4]但有一點需要指出,朱熹對佛學的理解並不是「信仰式」的理解。從與道謙禪師的交往來看,朱熹對佛教並無明顯的好感,只是年少時求學興趣而已。用朱熹自己的話來說:「某舊時亦要無所不學,禪、道、文章、《楚

1　陳來:《朱子哲學研究》(北京:生活・讀書・新知三聯書店,2012年),頁34。
2　朱熹:《朱子全書》(上海:上海古籍出版社;合肥:安徽教育出版社,2010年),第21冊,頁1295。
3　陳來:《朱子哲學研究》(北京:生活・讀書・新知三聯書店,2012年),頁37。
4　陳來:《朱子哲學研究》(北京:生活・讀書・新知三聯書店,2012年),頁35。

辭》、詩、兵法,事事要學,出入時無數文字,事事有兩冊。」[1]所以,朱熹的佛學積澱,應不同於玄奘、六祖慧能式的「真心求法」,而是一種「格物致知」式的現實求道。只有釐清這一點,才能清楚為何朱熹在遇到李延平後,他的思想會發生如此「重大的轉變」。

實際上,朱熹對佛學的親近並不代表他對儒學的背棄。即使他早期有親近佛學的傾向,但是他的儒家思想依然起著作用。陳來指出:「如果以為朱熹當時已背棄孔孟,完全沉溺佛老之中,也是片面的,至少無法解釋這一事實:何以朱熹拜見李侗後,雖言語未契,卻能依李之說將禪學擱置一邊,轉而專意聖賢之書。」[2]我們也能從朱熹的語錄中發現一些端倪。朱熹說過:「某登科後要讀書,被人橫戳直戳,某只是不管,一面自讀。」[3]又說:「某今且勸諸公屏去外務,趲功夫專一去看這道理。某年二十餘已做這功夫,將謂下梢理會得多少道理。」[4]所以,陳來一針見血地指出:「在這一時期,朱熹也沒有從根本上放棄儒者之學。」[5]為了論證這個判斷的準確性,陳來接著指出:

> 朱熹曾說「以先君子之餘誨,頗知有意於為己之學,而未得其處,蓋出入釋老者十餘年」。朱熹十四五歲即「有志於古人為己之學」,便「覺得這物事是好物事。心便愛了」,「十六歲便好理學」,「獨幸稍知有意於古人為己之學,而求之不得其要」。由此可見,朱熹是把出入釋老作為求道的一個途徑。[6]

---

1 黎靖德編,王星賢點校:《朱子語類》(北京:中華書局,1994年),頁2620。
2 陳來:《朱子哲學研究》(北京:生活・讀書・新知三聯書店,2012年),頁37。
3 黎靖德編,王星賢點校:《朱子語類》(北京:中華書局,1994年),頁2616。
4 黎靖德編,王星賢點校:《朱子語類》(北京:中華書局,1994年),頁2621。
5 陳來:《朱子哲學研究》(北京:生活・讀書・新知三聯書店,2012年),頁40。
6 陳來:《朱子哲學研究》(北京:生活・讀書・新知三聯書店,2012年),頁40。

這就是說，朱熹的闢佛觀念，不是他接觸李延平之後的事情，而是他自小學習儒學以來一貫的主張。只不過在劉屏山的影響下，他「不反對以佛老為入道門戶或入道之助」[1]。

需要指出的是，「氾濫釋老的結果是對朱熹這一時期的人生態度造成了某種消極的影響」[2]，導致他「從心性修養下手，尋求一個『安心』的自在境界」[3]。但結果卻事與願違，「參究二氏的結果並沒有使他感到真有所得」[4]。這種失落的情緒在〈題謝少卿藥園詩〉得到展現：

小儒忝師訓，迷謬失其方；
一為往瘖病，望道空茫茫。[5]

朱熹自己也認為，「（佛學）舊嘗參究後，頗疑其不是。及見李先生之言，初亦信未及，……後年歲間漸見其非」[6]。關於朱熹闢佛的語錄，黎靖德主編的《朱子語類》一百二十六卷中存有大量的記載。這裡需要點明的是，「闢佛」與「反佛」、「滅佛」不一樣。「闢佛」是既批判又保留，也可以說成是「批判性的繼承」或「揚棄」，是一個選言判斷[7]；「反佛」是認為佛教思想全部無用，是一個全稱判斷；「滅

---

1 陳來：《朱子哲學研究》（北京：生活・讀書・新知三聯書店，2012年），頁40。
2 陳來：《朱子哲學研究》（北京：生活・讀書・新知三聯書店，2012年），頁40。
3 陳來：《朱子哲學研究》（北京：生活・讀書・新知三聯書店，2012年），頁40。
4 陳來：《朱子哲學研究》（北京：生活・讀書・新知三聯書店，2012年），頁41。
5 朱熹：《朱子全書》（上海：上海古籍出版社；合肥：安徽教育出版社，2010年），第20冊，頁226。
6 黎靖德編，王星賢點校：《朱子語類》（北京：中華書局，1994年），頁3040。
7 葉公超：《重編國語辭典》（臺北：臺灣商務印書館，1981年），第1冊，頁331。闢，動詞性的意思有：除去、開拓。因此，闢佛也可以詮釋為「去除弊端、開拓新義」等義。縱觀朱熹傳世文本。可推測其「闢佛」絕不等於「反佛」或「滅佛」。

佛」是認為佛教思想不光無用，而且有害，必須加以除之。三個概念中，「闢佛」更接近朱熹所提倡的「不偏不倚」的中庸之道。因此，在看待朱熹闢佛的問題時，必須要把這三個概念做一個清晰的區分，方能瞭解朱熹本意。

朱熹的闢佛思想是為了維護儒家「道統」的結果。關於闢佛，朱熹指出以下幾個原因：

（一）朱熹認為禪宗為「盜用之學」，非印度真佛

第一，朱熹認為禪宗為楊墨之傳，而非最初傳入中土之佛教。他指出：「孟子不闢老莊而闢楊墨，楊墨即老莊也。今釋子亦有兩般：禪學，楊朱也；若行佈施，墨翟也。道士則自是假，今無可說闢。然今禪家亦自有非其佛祖之意者，試看古經如《四十二章》等經可見。」[1] 關於楊朱，孟子曾說：「楊子取為我，拔一毛而利天下，不為也。」[2] 在這裡朱熹將「禪學」直接判定為「楊朱之學」。深諳孟子思想的朱熹，用楊朱來形容禪宗，可見其對禪宗的蔑視態度。

第二，朱熹認為禪宗有偷老子、列子之學，以擴充己意之嫌。「（佛經）大抵多是剽竊老子列子意思，變換推衍以文其說。」[3] 在朱熹看來，中華之地流傳之禪宗，非天竺之佛教，也非漢魏之佛教，而是老子思想與列子思想的變種。朱熹說：「佛家先偷列子。列子說耳目口鼻心體處有六件，佛家便有六根，又三之為十八戒。初間只有《四十二章經》，無恁地多。到東晉便有談議，如今之講師作一篇議總說之。」[4] 又如：「列子言語多與佛經相類，覺得是如此。疑得佛家

---

1 黎靖德編，王星賢點校：《朱子語類》（北京：中華書局，1994年），頁3007。
2 朱熹：《四書章句集注》（北京：中華書局，2011年），頁334。
3 黎靖德編，王星賢點校：《朱子語類》（北京：中華書局，1994年），頁3010。
4 黎靖德編，王星賢點校：《朱子語類》（北京：中華書局，1994年），頁3008。

初來中國，多是偷老子意去做經，如說空處是也。」[1]朱熹反覆強調：「釋氏書其初只有《四十二章經》，所言甚鄙俚。後來添月益，皆是中華文士相助撰集。」[2]「佛書分明是中國人附益。」[3]也就是說，朱熹認為，兩宋時期在中華之地流通的禪宗，非真佛教，而為佛教中的「偽學」。

第三，朱熹指出：「道釋之教皆一再傳而浸失其本真。」[4]在這裡，朱熹對佛教本義未加評論，將批判目標直指禪宗，突出禪宗之非。他指出：「初來只有《四十二章經》，至晉宋間乃談義，皆是剽竊老莊，取列子為多。其後達摩來又說禪，又有三事：『一空，二假，三中。空全論空，假者想出世界，中在空假之中。唐人多說假。』」[5]這裡的唐人，多指韓愈、李翱等人。晚唐的闢佛說，在這裡被朱熹繼承。事實上，禪宗傳至北宋，其基本教義和修行法門，確實不同於天竺佛教。

（二）朱熹認為禪宗的空性說，有悖綱常

第一，朱熹指出「頑空」、「真空」之說，如死灰槁木，斷人倫根脈。朱熹認為：「有所謂『頑空』、『真空』之說。頑空者如死灰槁木，真空則能攝衆有而應變，然亦中是空耳。今不消窮究他，伊川所謂『只消就跡上斷便了。他即逃其父母，雖說得如何道理，也使不得。』如此，却自足以斷之矣。」[6]又說：「及達摩入來，又翻了許多窠臼，說出禪來，又高妙於義學，以為可以直超徑悟。而其始者禍福

---

[1] 黎靖德編，王星賢點校：《朱子語類》（北京：中華書局，1994年），頁3008。
[2] 黎靖德編，王星賢點校：《朱子語類》（北京：中華書局，1994年），頁3010。
[3] 黎靖德編，王星賢點校：《朱子語類》（北京：中華書局，1994年），頁3038。
[4] 黎靖德編，王星賢點校：《朱子語類》（北京：中華書局，1994年），頁3009。
[5] 黎靖德編，王星賢點校：《朱子語類》（北京：中華書局，1994年），頁3038。
[6] 黎靖德編，王星賢點校：《朱子語類》（北京：中華書局，1994年），頁3008。

報應之說,又足以鉗制愚俗,以為資足衣食之計。遂使有國家者割田以贍之,擇地以居之,以相從陷於無父無君之域而不自覺。」[1]

第二,朱熹認為,禪宗多重寂滅,而忽略人世。「論釋氏之說,如明道數語,關得極善。它只要理會箇寂滅,不知須強要寂滅它做甚?既寂滅後,却作何用?何況號為尊宿禪和者,亦何曾寂滅得!近世如宗杲,做事全不通點檢,喜怒更不中節。」[2]這也就是說,雖然智圓、契嵩、宗杲等人主張「援儒衛佛」的入世之道,但禪宗的終極目的仍為「寂滅」的離世之法。塵世、人世在禪宗看來,仍為「虛空」,而非「實有」,這與儒家本義相矛盾。

(三)朱熹認為禪宗的教旨,廢周禮,滅法度

第一,朱熹指出,禪宗的祭祀方式和工夫論,有違周禮。其以「勸善」方式進行的宣傳,具有很大的迷惑性,使百姓放棄周禮。在朱熹看來,追隨孔孟,回到五代,是儒家的最高理想與現實追求,而周禮便是維繫這一追求的現實方法。禪宗勸說百姓廢除「牲祭」,自然為堅持回歸五代理想的朱熹所不容。「夷狄之教入於中國,非特人為其所迷惑,鬼亦被他迷惑。大乾廟所以塑僧像,乃勸其不用牲祭者。其他廟宇中,亦必有所謂勸善大師。蓋緣人之信向者既衆,鬼神只是依人而行。」[3]「牲祭」是自周代以來儒家供養祖先的一個典型標誌,這是維護周禮的一個關鍵環節。在朱熹看來,禪宗勸其「不用牲祭」,表面為勸其以不殺生為德,實則為盡破壞周禮之行。《論語‧陽貨》中,宰我想要修改周禮的「三年之喪」,曾被孔子視為「予之不仁也!」[4]禪宗欲想除去「牲祭」的作法,這明顯違反周禮,自然

---

1 黎靖德編,王星賢點校:《朱子語類》(北京:中華書局,1994年),頁3009。
2 黎靖德編,王星賢點校:《朱子語類》(北京:中華書局,1994年),頁3038。
3 黎靖德編,王星賢點校:《朱子語類》(北京:中華書局,1994年),頁3038。
4 朱熹:《四書章句集注》(北京:中華書局,2011年),頁169。

被朱熹所反對。他曾說:「釋氏之教,其盛如此,其勢如何拗得他轉?吾人家守得一世再世,不崇尚他者,已自難得。三世之後,亦必被他轉了。」[1]這裡,朱熹認為自己的闢佛方向與歐陽修是一致的,他認為「本朝歐陽公排佛,就禮法上論」[2]。

第二,禪宗對禮儀法度的挑戰。朱熹曾舉一例:

> 今世俗有一等卑下底人,平日所為不善,一旦因讀佛書,稍稍收斂,人便指為學佛之效,不知此特粗勝於庸俗之人耳。士大夫學佛者,全不曾見得力,近世李德遠輩皆是也。今其徒見吾儒所以攻排之說,必曰,此吾之迹耳,皆我自不以為然者。如果是不以為然,當初如何却恁地撰下?又如偽作《韓歐別傳》之類,正如盜賊怨捉事人,故意攤贓耳。[3]

朱熹轉引明道「性用」說,意在指出佛教在道德本體上有悖倫理綱常。程明道曾說:

> 釋氏自謂識心見性,然其所以不可推行者何哉?為其於性與用分為兩截也。聖人之道,必明其性而率之,凡修道之教,無不本於此。故雖功用充塞天地,而未有出於性之外者。釋氏非不見性,及到作用處,則曰無所不可為。故棄君背父,無所不至者,由其性與用不相管也。[4]

---

[1] 黎靖德編,王星賢點校:《朱子語類》(北京:中華書局,1994年),頁3041。
[2] 黎靖德編,王星賢點校:《朱子語類》(北京:中華書局,1994年),頁3038。
[3] 黎靖德編,王星賢點校:《朱子語類》(北京:中華書局,1994年),頁3039。
[4] 黎靖德編,王星賢點校:《朱子語類》(北京:中華書局,1994年),頁3039。

從上述材料中我們能尋到這樣的線索,即朱熹的闢佛對象是直指禪宗。在這裡,朱熹在道德本體上對禪宗下了否定的判定。他甚至指出:「儒之不闢異端者,謂如有賊在何處,任之,不必治。」[1]顯然,闢佛的最終目的,在於他要維護周禮的堅持。「異端之害道,如釋氏者極矣。以身任道者,安得不辨之乎!如孟子之辨楊墨,正道不明,而異端肆行,周孔之教將遂絕矣。譬如火之焚將及身,任道君子豈可不拯救也。」[2]在朱熹的思想裡,儒釋二門確實存在著巨大差別。於是,我們需要將朱熹的闢佛與二程、張橫渠的闢佛思想相區隔,避免混為一談。

二 朱子理學與道教際遇

中國自先秦就存在的儒道雜糅現象,一直延續到宋代並發展到一定的高峰。朱熹生活在儒釋道三者合流的南宋,他對道教有所重視也合情合理。朱熹與道教的關係非常緊密,這在學界已經成為一種共識。

朱熹與道教的關係可分為兩個方面,一是朱熹受道家的影響;二是朱熹對道教人士的影響。

首先,朱熹受道教的影響。蔡方鹿認為:

> 朱熹青少年時出入佛老,除拜臨濟宗禪師道謙為師,受到佛學影響外,也曾問學於廬山道士虛谷子劉烈,同他論《易》學,問金液還丹修煉之法,細讀了虛谷子的《還丹百篇》。……朱熹

---

[1] 黎靖德編,王星賢點校:《朱子語類》(北京:中華書局,1994年),頁3040。
[2] 黎靖德編,王星賢點校:《朱子語類》(北京:中華書局,1994年),頁3039-3040。

並考釋道書，作《參同契考異》和《陰符經注》，而署名空同道士鄒訢，探討道教的內丹修煉之說，肯定道教的宇宙生成論。[1]

這可以看成朱熹受道教影響的一個重要因素。對於道教來說，一般分為先天易學和後天易學。先天易包括伏羲、易圖，最初沒有什麼文字，只有一個圖像，以寓其象數。常見表現形式就是太極、兩儀、四象和八卦。後天易包括文王周易，六十四卦和孔子易傳。這些有一部分在孔子以後已經失傳。但是，一些「易之象數」卻透過「道教」得以保存。如朱熹認為，孔子作《易傳》後，便出現了「孔子而後，千載不傳」[2]，但在「方外之流陰相付受，以為丹竈之術。至於希夷、康節，乃反之於易，而後其說始得復明於世」[3]，「至康節先生始得其說。然猶不肯大段說破，蓋易之心髓全在此處，不敢容易輕說，其意非偶然也。」[4]可以說，朱熹把道教作為理學之「易」發展中的一個中間環節。

兩宋的道教常表現為以「圖」說「易」，借煉丹術傳承「先天易學」。這一點在一定程度上影響了理學開山的周敦頤。一般學者認為，朱熹所接受的道教思想存在著一條清晰的傳承脈絡：自陳摶起，經種放、穆修、李之才、李溉、許堅、范諤昌、劉牧，發展至宋代周濂溪、邵雍，最後傳到朱熹這裡。但這種說法有幾分可信，可能還需要進一步的研究與考證。

---

[1] 蔡方鹿：〈朱熹對道教的借鑒與吸取〉，《宗教學研究》1996年第3期，頁18。
[2] 朱熹：《朱子全書》（上海：上海古籍出版社；合肥：安徽教育出版社，2010年），第21冊，頁1661。
[3] 朱熹：《朱子全書》（上海：上海古籍出版社；合肥：安徽教育出版社，2010年），第21冊，頁1668。
[4] 朱熹：《朱子全書》（上海：上海古籍出版社；合肥：安徽教育出版社，2010年），第21冊，頁1661。

總體來看，朱熹所接受的「先天易數」是一種「象數」，這基本上是宋代宇宙論的一個典型代表。在朱熹眾多天文學的研習中都可見這種「象數」的影子。而這種被朱熹所熟知的先天易數，之前往往通過道教煉丹術才被保留下來。也就是前面所說的，由陳摶發展到周濂溪的《太極圖說》，最後被朱熹重視，發展成理學中重要的一個環節。

　　朱熹與道教的另一個重要關聯，就是道教的名著《參同契》被朱熹關注。他甚至在其基礎上編撰了《參同契考異》[1]。《參同契》是一本借易學之「納甲之法」以論其修煉理論的道教之書。何為納甲之法？主要是指道家人士以大易、黃老、爐火會歸於一，所以稱為「參」。它的核心做法就是言坎離水火、龍虎鉛汞之要。以陰陽、五行、昏旦、時刻為進退持行之候，後代言爐火者皆以是為鼻祖。

　　除此之外，影響朱熹的另一本道家之書是《陰符經》。他也做了詳細的《陰符經注》。朱熹在這本書中，主張自然之道靜，講究天地之道復。它闡述的核心思想就是道家中常見的「物極必反，周而復始」。這其實也是一種陰陽相互推演的宇宙生成論。從這裡可以看出的是，朱熹的「宇宙論」有了明顯的心學取向。「朱熹精於文字考定、訓詁、詮釋之學，他也把這種工夫用於道經研究中。……由於朱熹涉獵廣、質疑多、考索勤，故在道教研討中的成果也是卓著的。他的校勘、注疏、考訂、著述甚至在爾後的道士和道教學者中奉為典範」[2]。

　　由此種種，我們可以發現朱熹在闡發自己的易學及太極說思想時，借鑒了道教之圖及其以圖解《易》的治學方法。他建立了以義理、圖書、象數、卜筮相結合的易學思想體系，這在邵雍、周敦頤的

---

[1] 這本書到底他是朱熹做的的，還是蔡元定做的，還是其他人做的，可能還需要進一步的研究。這裡，暫且將它歸於朱熹。

[2] 詹石窗：〈論朱熹對道教的影響〉，《福建師範大學學報・哲學社會科學版》1989年第1期，頁50。

道家思想的基礎上更進一步。他通過借鑒道教之圖,也注重以圖解《易》[1],闡發其易學及道教學說,這對當時和後世產生了重要影響。

其次,朱熹對道家人士的影響。南宋以後,蒙元帝國的南下導致的社會動亂,人們的日常生活受到了極大的威脅。同時,蒙古對佔領區實行的四等人(蒙古人、色目人、漢人、南人)的分法,也加劇人們的精神恐慌。在這個社會大背景下,道教也發生了相應的變化。這其中,無論是早已存在的天師道、上清派、靈寶派、丹鼎派,還是新產生的全真派、太一道、真太道教、淨明忠孝道等,都在一定程度上開始傾向於化解人們內在的精神焦慮。有趣的是,雖然朱熹晚年時,他的理論被定為偽學,並未受到良好的傳播。但是等他逝世後,他的理論卻廣泛被其他道士以不同的程度吸收。詹石窗認為:

> 朱熹對道教的影響首先表現在活動於「第十六洞天」——武夷山的丹鼎派道士身上。白玉蟾《遊仙岩記》曰:「陳先生辟穀不粒,年已七八旬,猶方瞳漆發,其顏猶童……所附身僅一破衲,一旦存乎五曲之間,吟晦翁先生詩,『山高雲氣深』之句,平林煙雨尚如昨夕也。」見《修真十書・上清集》卷三十七第三頁這位陳先生不食五穀,導引行氣,大抵以修「內丹」為務,而平時卻喜愛朱熹詩。足見朱熹對他具有特別的吸引力。[2]

他進一步指出:

---

[1] 典型是河圖、洛書,及各種喪葬圖示。
[2] 詹石窗:〈論朱熹對道教的影響〉,《福建師範大學學報・哲學社會科學版》1989年第1期,頁50。

白玉蟾，作為丹鼎派「南五祖」之一的福建籍道士，他不僅記載了那些酷愛朱熹詩文的道教人物，而且自身對朱熹更是推崇備至。在《文公像疏》中，他讚歎云：「天地生，日月葬，夫子何之？梁木壞，太山頹，哲人萎突！兩楹之夢既往，一唯之妙不傳。竹簡生塵，杏壇已草，嗟文公七十一祀，玉潔冰清，空武夷三十六峰，猿啼鶴唳。管弦之聲猶在耳，藻火之象賴何？人仰之彌高，鑽之彌堅。聽之不聞，視之不見，恍兮有象，未喪斯文。惟正心誠意者知，欲存神索至者說。」（同上）又贊云：「皇極墜地，公歸於天。武夷松竹，落日鳴蟬。」白玉蟾把朱熹之死看作象房梁毀壞、泰山傾倒、巨星隕落一樣不可估量的損失，充分表現了他對朱熹的崇拜。白玉蟾對朱熹的高度讚頌，不僅僅是他個人感情之流露，可以說這代表了當時金丹道派南宗的態度。[1]

除此之外，朱熹對中藥也有一定的造詣，這在一定程度上也影響了道教人士。孔令宏認為，「由朱熹理學對中醫藥的影響，可以推斷它必將對南宋之後的道教產生影響。這首先可以由道教中人對朱熹的評論來看。朱熹與道教人士有不少交往。在交往中，朱熹的人格和學識受到了道教中人的推崇。」[2]他認為，「道教人士對朱熹的推崇意味著他們的思想很可能受朱熹哲學的影響。」[3]他的判斷是有一定合理性的。

道士受朱熹的影響主要有兩個面向，一是「地緣關係」的親近。典型的如上面所說的道士白玉蟾受朱熹的影響。道士白玉蟾常在福建

---

1 詹石窗：〈論朱熹對道教的影響〉，《福建師範大學學報・哲學社會科學版》1989年第1期，頁45。
2 孔令宏：〈朱熹思想對道教的影響〉，《孔子研究》2000年第5期，頁88。
3 孔令宏：〈朱熹思想對道教的影響〉，《孔子研究》2000年第5期，頁88。

武夷山一帶活動，而這一地區正是朱子理學的創生地與傳播地。著名的武夷精舍就在美麗的大王峰腳下。因此，作為晚輩的白玉蟾受到早已成名的朱熹的影響[1]，這是再正常不過的事。朱熹的《易學》體系相對比較完整，無論是他的《周易本義》，還是《參同契考異》、《陰符經注》，對道教的義理闡發與答疑解惑，都有著重要的參考價值。「宋末元初的道士雷思齊在《易圖通變》和《易筮通變》中稱讚朱熹在《易》的筮發方面『發明先儒所未到，最為用功』。」[2]可見朱熹的影響力之大。

二是朱熹的思想在蒙元初期，經姚樞、趙復、許衡等人傳播，已經成為蒙元官方推薦的重要理論。在官方的推進下，朱子理學被道教人士所重視，也是正常之事。姚樞是蒙古朱子學的奠基者之一。在姚樞的努力下，蒙古貴族逐漸改變了對非蒙地區的統治策略，以讓一些理學家有機會存活下來並為改造蒙古儒學思想服務。影響蒙古朱子學發展的眾多理學家，都與姚樞有著一定的聯繫。趙復在進入蒙古的統治區域後，他逐漸成為了蒙元時期傳播朱子學的中堅力量。趙復既是蒙古朱子學的奠基者之一，也是朱子學傳播中起著重要作用的歷史人物。在後世的研究學者（如宋濂、黃宗羲、全祖望、陳廷鈞等）看來，蒙古朱子學（或是蒙古儒學）的發展和壯大，及其對明朝朱子學的再度復興，都離不開趙復的引進之功。許衡對朱子學的發展大致可以分為兩個方面：一是形式上的口語直解，二是內容上的新詮釋，並在朱子學的內容上也有所發展。[3]

最後，我們看看朱熹對道教與道家的批判。總體來看，朱熹對道

---

1 這個正如朱熹在擔任同安主簿期間，受到北宋名相蘇頌的影響，而關注天文學和科技思想一樣。
2 轉引於孔令宏：〈朱熹思想對道教的影響〉，《孔子研究》2000年第5期，頁89。
3 詳見陳永寶：〈論蒙古朱子學的源流與特徵〉，《朱子學研究》2021年第2期（南昌：江西教育出版社，2021年）。

家是持批判態度的。朱熹認為老子「有體無用」、「體用分離」，認為老子不重「物形之」的層次。他比較欣賞老子的「谷神不死，是謂玄牝」的義理思想，並用它來解釋儒家「生生」之義。對於老子的「失道而後德」，朱熹說「道者，古今共由之理；……德，便是得此道於身。……若離了仁義，便是無道理了，又更如何是道？」[1]這裡朱熹有明顯批判老子思想的地方。

關於朱熹「闢老」的問題，《近思錄》有「異端」一卷，朱熹歷舉北宋理學家的言論來排斥佛老。《朱子語類》中有「老氏」一卷、「釋氏」一卷，基本上都是負面的批評。朱熹的《近思錄》不錄邵雍之作品，也是因為朱熹認為他的作品與道家十分接近。朱熹的理學比較重視「道」的實用方面，他不贊同老子的「有生於無」的觀念。他認為以「道」為「無」與自己理氣觀念不相容。朱熹認為老子的「將欲奪之，必固與之」是老子常道（德）觀念的權詐之術，認為老子的「德」思想是法家申韓之等人思想起源的主要理論來源。朱熹將老子、張良、邵雍歸為一類，認為他們有權謀的印記。朱熹說，「只是自要尋箇寬間快活處，人皆害他不得，……不肯深犯手做。凡事直待可做處方試為之，纔覺難，便拽身退。」[2]

有意思的是，與批判老子不同的是，朱子卻稱讚莊子的「道體」之論，認為它與「理」思想相通。朱熹說：「莊子，不知他何所傳授，却自見得道體。」[3]朱熹認為莊子的「道通為一」和「依乎天理」契合了自己的「理」觀念。但是，這一點為後世學者所不容，他們認為朱熹曲解了莊子的天理，認為莊子「天理」思想並不等於朱熹的理，認為這完全是朱熹的誤讀。

1　黎靖德編，王星賢點校：《朱子語類》（北京：中華書局，1994年），頁231-232。
2　黎靖德編，王星賢點校：《朱子語類》（北京：中華書局，1994年），頁2544-2545。
3　黎靖德編，王星賢點校：《朱子語類》（北京：中華書局，1994年），頁369。

陳榮捷指出，「朱子排斥道家雖堅，畢竟儒道有可通處，而相通之途徑，乃在莊子不在老子。朱子有驚人之論，謂莊子源自孔門。」[1]對於朱熹而言，他的「德」思想來自於孔孟，主張重仁、義、禮的人文世界；而莊子的「德」思想來自於「知」的自然世界。如果說儒家與道家莊子存在著相通之處，那麼應該就在於「仁」與「德」通於一體。這一點與老子的思想就不完全吻合了。

　　總之，朱熹的體用論對老、莊多有所取。他的「體」取自莊子的「道通為一」；他的「用」取自老子的「谷神不死」，他認為這也代表了儒家生生不息之創造。當然，部分學者認為朱熹對老子和莊子的解讀，存在著「誤讀」的成分。有將「學統」和「教統」混淆相談的趨向。

三　朱熹與摩尼教的合離

　　朱熹與摩尼教（明教）的交匯源於他在同安任主簿及他在晚年知漳州的時候。當時，摩尼教作為一種外來宗教，對漳泉一地頗有影響。摩尼教被一些朝廷士大夫稱為「吃菜事魔」的教派[2]，可見它在當地影響之大。林振禮認為，「學界前輩認為朱熹知漳《勸諭榜》所禁為佛教。通過勾勒摩尼教在中國的流播及其對趙宋王朝的影響，征諸同時代陸游、真德秀遺留文獻，並以史實、文物相印證，辨析朱熹知漳所禁即摩尼教。」[3]如果此言為真，那就說明摩尼教在南宋的發展是值得關注的，它甚至超過了佛教，最終成為被理學家拒斥的宗教。

　　什麼是摩尼教？按照劉清泉的研究，可總結如下：摩尼教是在西

---

[1] 陳榮捷：《朱子新探索》（臺北：學生書局，1988年），頁631。
[2] 束景南：《朱熹年譜長編》（上海：華東師範大學出版社，2001年），卷下，頁1272。
[3] 林振禮：《朱子新探：朱子學與泉州文化研究》（北京：商務印書館，2018年），頁49。

元三世紀由南巴比倫人摩尼創立,後發展成為一種世界性宗教。西元六、七世紀傳入中國,並對中國歷史的發展影響較大。目前,福建境內的羅山草庵仍存在著摩尼教遺跡。[1]「南宋時代,我國東南沿海各地的摩尼教活動相當活躍(各地名稱不一,或稱明教,或稱牟尼,等等)。……(宋王室)把福建等地所傳的摩尼教改稱明教。」[2]因金庸小說的影響下,對我們對「明教」這個宗教並不陌生。他們在福建晉江羅山鎮蘇內村的草庵等地活動。

中國自唐武宗開始,就開始下令禁止摩尼教,在以後的宋元明清各朝,都不有同程度的禁教行為。

> 宋代摩尼教轉入地下,向東南沿海秘密滲透。這種秘密宗教的參加者不喝酒,不吃葷,互相以財相助,很受貧苦民眾歡迎。因此,揭竿而起的農民領袖利用宗教形式組織農民起來鬥爭。[3]

典型的如北宋方臘起義。由於這個宗教「不喝酒,不吃葷」,因此常被朝廷認為是「吃菜事魔」,或者稱其為「魔教」。事實上,由於摩尼教串聯的農民起義活動在南宋時期非常頻繁,故朝廷將其視為邪教。

> 建炎四年(1130),王念經在江西貴溪聚眾起義,信州、饒州數萬民眾紛起回應;紹興三年(1133),余五婆、繆辦在浙江遂安「傳習魔法」,反抗官軍;紹興十年(1140),安徽涇縣俞

---

[1] 劉清景:〈摩尼教興衰因緣及其羅山草庵遺跡探究〉,《世界宗教研究》1999年第3期,頁134。

[2] 劉清景:〈摩尼教興衰因緣及其羅山草庵遺跡探究〉,《世界宗教研究》1999年第3期,頁136。

[3] 林振禮:《朱子新探:朱子學與泉州文化研究》(北京:商務印書館,2018年),頁49。

一發動「事魔者」舉義；紹興二十年（1150），貴溪黃曾繼王念經之後，再次「以魔惑眾」，擾亂一方。[1]

可見摩尼教本身是一種以宗教為核心而形成的政教合一的民間組織。

朱熹對摩尼教態度是呈變化樣態的。他早年任同安縣主簿時，對這個教派感到好奇並呈同情態度。他曾在二十四歲時，與同安的同僚們一起拜祭過呼祿法師墓。這見於他寫的〈與諸同寮謁奠北山過白岩小憩〉：

> 聯車陟修坂，覽物窮山川。疏林泛朝景，翠嶺含雲煙。
> 祠殿何沈邃，古木欝蒼然。明靈自安宅，牲酒告恭虔。
> 肸蠁理潛通，神蚪亦蜿蜒。既欣歲事舉，重喜景物妍。
> 解帶憩精廬，尊酌且留連。縱談遺名跡，煩慮絕拘牽。
> 迅晷諒難留，歸軫忽已騫。蒼蒼暮色起，反斾東城阡。[2]

林振禮認為，「從詩中可以窺見青年朱熹對呼祿法師的景仰。」[3]那麼，這個呼祿法師是誰？許添源認為：

> 呼祿法師為史志記載中傳教泉州的唯一有名的摩尼教僧侶，是一位非同尋常的道行高深的傳教師。他的墳墓肯定也是聖墓。……草庵是摩尼教寺院。草庵的「和尚」來此祭祀，說明此墓與摩尼教的淵源關係。……因摩尼教在經過明朝禁止後，

---

[1] 林振禮：《朱子新探：朱子學與泉州文化研究》（北京：商務印書館，2018年），頁50。
[2] 朱熹：《朱子全書》（上海：上海古籍出版社；合肥：安徽教育出版社，2010年），第20冊，頁254。
[3] 林振禮：《朱子新探：朱子學與泉州文化研究》（北京：商務印書館，2018年），頁54。

逐漸與道教、佛教合流,已經失去其特色了。[1]

至此,我們明白了朱熹早年對摩尼教,是秉承一種同情甚至贊許的態度。我們不知道朱熹去祭拜呼祿法師墓的動因是什麼,或好奇,或誤解(將其認為是佛教高僧的墓葬。因為朱熹早期信佛)[2],總之這使他與摩尼教達成了一種共識。他對呼祿法師墓不反感,很大原因是他看到了朝廷的腐敗,而摩尼教的理論有一種對社會不公的反叛精神,這讓朱熹很欣賞。朱熹在任同安主簿期間,看到了太多官員與地方豪強與民爭利的現象,而官府的綏靖態度讓他雖有憤恨之心卻又無可奈何。因此,他對早期摩尼教的態度也足見朱熹可能對為民爭利的民間組織有著一種同情。

不過,中年之後,朱熹對摩尼教的態度發生了巨大轉變。紹興元年(1160)朱熹以六十一歲的高齡出知漳州。這一年,他開始整頓漳州的禮儀風俗。漳州光緒《龍溪縣誌・卷十》〈風俗〉記載:「晦翁過化以來,民知冠婚喪祭之禮,士習堯舜周孔之學。」[3]在這一過程中,他對一些宗教亂象開始整頓,典型的就是《勸諭榜》的發布:

---

[1] 許添源:〈呼祿法師墓究竟在哪里〉,《泉州政協報》第14版,1999年7月16日。轉引於林振禮:《朱子新探:朱子學與泉州文化研究》(北京:商務印書館,2018年),頁55。

[2] 有一種說法是,朱熹早年信奉的大慧宗杲曾經以明教(摩尼教)的紹珵禪師為師。因此一些學者認為,兩宋交際的佛教領袖大慧宗杲的學脈就可能追溯到摩尼教。這種說法是否可信,其實是存疑的。事實上,宋代的泉州作為早期的與西方通商的地方,各種宗教思想在這裡彙集。但由於西方宗教的神學系統與中華文化明顯不同,故可能出現以「中國宗教解釋西方宗教」的可能。魏晉時期的佛教就是這樣,借助道教進行傳播。宋早期,孤山智圓、明教契嵩都曾借助儒家的《孟子》與《中庸》進行傳播,這並不奇怪。因此,此時朱熹把摩尼教當成是佛教,也在情理之中。

[3] 轉引於林振禮:《朱子新探:朱子學與泉州文化研究》(北京:商務印書館,2018年),頁57。

今具節次施行勸諭事目如後：

一、勸諭保伍互相勸戒事件：仰同保人互相勸戒，孝順父母，恭敬長上；和睦宗姻，周恤鄰里；各依本分，各修本業，莫作姦盜，莫縱飲博，莫相鬥打，莫相論訴。孝子順孫、義夫節婦事跡顯著，即仰具申，當依條格旌賞。其不率教者，亦仰申舉，依法究治。

二、禁約保伍互相糾察事件：常切停水防火，常切覺察盜賊，常切禁止鬥爭。不得販賣私鹽，不得宰殺耕牛，不得賭博財物，不得傳習魔教。保內之人互相覺察，知而不糾，併行坐罪。

三、勸諭士民，當知此身本出於父母，而兄弟同出於父母，是以父母兄弟天性之恩至深至重。而人之所以愛親敬長者，皆生於本心之自然，不是強為，無有窮盡。今乃有人不孝不弟，於父母則輒違教命，敢闕供承；於兄弟則輕肆忿爭，忍相拒絕，逆天悖理，良可歎傷。宜亟自新，毋速大戾。

四、勸諭士民，當知夫婦婚姻，人倫之首，媒妁聘問，禮律甚嚴。而此邦之俗有所謂管顧者，則本非妻妾，而公然同室。有所謂逃叛者，則不待媒聘，而潛相奔誘。犯禮違法，莫甚於斯。宜亟自新，毋陷刑辟。

五、勸諭士民，鄉黨族姻，所宜親睦。或有小忿，宜各深思，更且委曲調和，未可容易論訴。蓋得理亦須傷財廢業，況無理不免坐罪遭刑，終必有兇，切當痛戒。

六、勸諭官戶，既稱仕宦之家，即與凡民有異。尤當安分循理，務在克己利人。又況鄉鄰無非親舊，豈可恃強凌弱，以富吞貧？盛衰循環，所宜深念。

七、勸諭遭喪之家，及時安葬，不得停喪在家及殯寄寺院。其

有日前停寄棺柩灰函,並限一月安葬。切不須齋僧供佛,廣設威儀,但只隨家豐儉,早令亡人入土。如違,依條科杖一百。官員不得注官,士人不得應舉。鄉里親知來相吊送,但可協力資助,不當責其供備飲食。

八、勸諭男女,不得以修道為名,私創庵宇。若有如此之人,各仰及時婚嫁。

九、約束寺院,民間不得以禮佛傳經為名,聚集男女,晝夜混雜。

十、約束城市鄉村,不得以禳災祈福為名,斂掠錢物,裝弄傀儡。

前件勸諭,只願民間各識道理,自做好人。自知不犯,有司刑憲無緣相及。切須遵守,用保平和。如不聽從,尚敢干犯,國有明法,吏不敢私。宜各深思,無貽後悔。[1]

林振禮認為,朱熹這裡禁的「佛教」,應該指摩尼教。雖然學界關於《勸諭榜》中「魔」的理解不同,但這個榜文裡指摩尼教應該是有一定的證據。原因主要有兩個,一是陳榮捷的介紹:

> 一九八四年九月有宋代教育之研討會……名為宋代,實集中於朱子……參與者國際專家二十餘人。席間有哥倫比亞大學研究生朱榮貴君報告朱子各處外任之勸諭榜。彼譯「魔」為「妖」,予贊助之。惟西方學者數人,極端反對。堅持「魔」為魔教,即喫菜事魔教,亦即摩尼教,其中 Erik Zurcher 為中

---

[1] 朱熹:《朱子全書》(上海:上海古籍出版社;合肥:安徽教育出版社,2002年),第22冊,頁4620-4622。

國佛教史世界權威,對我國歷史上外來宗教,甚為熟識。彼謂南宋時代,摩尼教福建猶存云。[1]

陳榮捷本人雖對以上說法不完全贊同,但他的記錄也說明了學者中有較大一部人認為朱熹禁的就是摩尼教。

二是摩尼教中存在諸多怪力亂神的做法。南唐徐鉉《稽神錄》卷三記載:

> 清源人楊某,為本郡防遏營副將,有大第在西郭。侵晨趨府未歸,家人方食,忽有一鵝,負紙錢自門而入,徑詣西郭房中。家人云:「此鵝自神祠中來耶?」令其奴逐之。奴入房,但見一雙髻白髯老翁,家人莫不驚走。某歸,聞之怒,持杖擊之。鬼出沒四隅,變化倏忽,杖莫能中。某益怒曰:「食訖,當復來擊殺之!」鬼乃折腰而前曰:「諾。」楊有女二,長女入廚切肉具食,肉落砧輒失去。女執刀白父曰:「砧下露一大黑毛手,曰:『請斫!』」女走,氣殆絕,因而成疾。次女于大瓮中取鹽,有一猴自瓮突出,上女之背,女走至堂前,復失之。亦成疾。乃召巫立壇治之。鬼亦立壇作法,愈盛于巫。巫不能制,亦懼而去。頃之,二女及妻皆卒。後有善作魔法者,名曰明教,請為持經一宿。鬼乃唾罵某而去,因而遂絕。某其年亦卒。[2]

摩尼教作為一個外來的宗教,要想吸引泉州的信眾,免不了要採取一些怪力亂神的「以貪制貪、以幻制幻」的方法,以達到傳教的目的。

---

[1] 陳榮捷:《朱子新探索》(臺北:學生書局,1988年),頁345。
[2] 徐鉉、郭彖著,傅成、李夢生點校:《稽神錄・睽車志》(上海:上海古籍出版社,2012年),頁34。

在朱熹看來，這無異於一種宋代版的「迷信」。這與朱熹禁教有一定的關聯。

三是陸游在《應詔條對狀》中有這樣一些敘述：

> 伏緣此色人，處處皆有，淮南謂之二禬子，兩浙謂之牟尼教，江東謂之四果，江西謂之金剛禪，福建謂之明教、揭諦齋之類，名號不一，明教尤甚。至有秀才、吏人、軍兵，亦相傳習。其神號曰明使。又有肉佛、骨佛、血佛等號。白衣烏帽，所在成社。偽經妖像，至於刻版流布，假借政和中道官司程若清等為校勘，福州知州黃裳為雕監。以祭祖考為引鬼，永絕血食，以溺為法水，用以沐浴。其他妖濫，未易概舉。……漢之張角，晉之孫恩，近歲之方臘，皆是類也。[1]

這裡有兩個方面需要被注意：一是摩尼教曾一度與農民起義軍有著千絲萬縷的聯繫，對南宋朝廷而言是一股「不安分的反抗組織」。二是摩尼教主張的肉佛、骨佛、血佛的稱號，與中華文化中的「魔」觀念極為相似。因此，該教被朱熹稱為「魔佛」[2]，也就在情理之中了。

從前文可知，朱熹主要是反對佛教中的禪宗，對佛教的其他宗派還是比較寬容的。因此，以上林振禮認為朱熹反對的是摩尼教而不是佛教，是有一定的可信性的。他說：「所謂『魔教』就是明教，『邪師』即指明教僧侶。因此，我們認為《勸諭榜》禁『傳習魔教』，是朱熹對蔓延滲透到漳州地區的明教進行取締所採取的措施之一。」[3]有一點需要指出的是，朱熹之所以稱摩尼教為「魔佛／佛魔」，主要

1　陸遊：《陸放翁集》（北京：中國書店，1986年），頁27-28。
2　林振禮：《朱子新探：朱子學與泉州文化研究》（北京：商務印書館，2018年），頁60。
3　林振禮：《朱子新探：朱子學與泉州文化研究》（北京：商務印書館，2018年），頁61。

是摩尼教常常以「『佛法』是其外在表現形式,『魔宗』(摩尼教)是其隱藏的內在本質。」[1]至此,朱熹與摩尼教的糾葛到此梳理完畢。

小結

對於朱熹對宗教的態度,應多為相容而非寬容。對於朱熹而言,堅持中華傳統儒家文化是其作為理學家的重要歷史使命。因此,朱熹秉持著「在接觸與輸入外來文化的同時,不能失去本來民族的地位與法律尊嚴的價值理念」[2]。因此,當「摩尼教(明教)活動已嚴重觸犯倫理,危及社會安定,作為成熟的政治家,則竭盡全力禁『傳習魔教』。」[3]實際上,朱熹不僅對摩尼教,對佛、道二教也呈現這個態度。比如他闢禪不闢佛,崇道而不迷信鬼神之說,都有這方面的考量。

宗教作為人類文明發展史中的「美麗的花朵」,為解決人們的現實困惑提供了一個「理想的空間」。無論是「得道天成的道法」、「導人向善的教義」,還是「以貪制貪、以幻制幻的善巧」,本質上都是為人提供一種「心安」。以朱熹為代表的理學家,將「天道」下放到「人理」,也就是將「心安」由人們自身化解到與天相合。通過天道的背書,讓人達到一種內在的身心平靜。從這個角度上說,只要宗教維持到這個維度,朱熹是不反對的。但是,如果宗教超越了這個維度,開始向政治進軍,那麼他一定會加以提防。朱熹對摩尼教前後完全不同的兩種態度,就是這種思想的表現。

總的說來,朱熹的宗教觀依然沒有脫離朱熹「存天理滅人欲」的經典理論範式。在他看來,宗教維持在「天理」之內,則任由其發展,

---

[1] 林振禮:《朱子新探:朱子學與泉州文化研究》(北京:商務印書館,2018年),頁60。
[2] 林振禮:《朱子新探:朱子學與泉州文化研究》(北京:商務印書館,2018年),頁48。
[3] 林振禮:《朱子新探:朱子學與泉州文化研究》(北京:商務印書館,2018年),頁48。

比如他「闢禪不闢佛」,「闢鬼神不闢道教」。但是,如果這些宗教人士中企圖產生「干預倫理綱常」、「鼓動政治反抗」,則淪為他眼中的「人欲」。這也就是朱熹對禪宗、摩尼教前後不同態度的根本原因。

時至今日,這種思想在民間也廣泛存在。一般民眾對宗教持中性態度,他們不再相信宗教的「彼岸上帝說」、「因果輪迴說」、「利後說」,但是這不妨礙他們進入寺廟燒香拜佛、去教堂參加不知為何的禮拜,在墓地之前舉行複雜難懂的儀式。很多時候,他們是帶著「旅遊」、「觀望(看熱鬧)」、「幫忙」、「好奇」的心態加入這些活動之中。

比如,福建省三明市大田縣間隔幾年舉辦的「迎鐵枝」的民俗活動,參與人中絕大多數人連這個活動的「名字」都不知曉,但不妨礙他們主動參與其中。

圖一

圖二

圖三

圖四

　　同樣，大田縣建設鎮每年在固定時間舉辦的「宗祠祭奠」活動，參與的人中無論是老人還是孩子，只有少部分人能說清楚為什麼要有這樣的活動。甚至，他們連供奉的神祇是誰，主管何職（婚姻、教育、生死等）都不知道，但並不妨礙他們在固定的時間內去參拜。在一定程度上，參拜本身的意義性，已經超越了它本來的「存在的意義」。參拜的人普遍是求一種心安，只要能達到這個目的就已經足夠。至於儀式的由來及供奉的神祇是什麼，反而不是那麼重要了。

圖五

圖六

圖七

　　這一思想，在宋代的朱熹時期，就已經存在。在前面我們看到福建地區的墓葬文化及陪葬品的部分，就明顯體現了這層意思。

第十一章
天文考古學與理學

　　從天道到人道，這是理學產生的直接路徑。天文學自然是天道的代表，而考古中體現的種種文化表現，則是人道的代表。朱熹在一生之中自稱「道學家」，而非「理學家」，也源於他對「天道」的追求，和對「人道」的踐履。

一　理學思想的實用主義

　　天文考古學的本意在於根據地下考古證據，來驗證古代先民的天文觀，進而論證中華文明的悠久歷史，這為久遠的中華文明提供一種佐證和解釋力。總體說來，天文考古學是以人為中心，從「死」論「生」的一種研究範式。因「死」的穩定，而引出「生」的可信。在中國，傳統的土葬方式為人們研究古代先民的生活提供了一個跨越時間的證明。在這些證明中，既有河南濮陽西水坡的仰韶時代蚌塑宗教遺跡，也有宋代福建地區的墳塚遺址。大體來看，無論是巨大恢宏的帝王陵寢，還是平常之家的圓塚、巢穴之型，都代表著一個時代文明的「壓縮留存」。本質上，墓葬是以「死」的方式將「生」的記憶存儲在「墓」這個載體之中。
　　由於墳塚與活著的人之間具有特殊聯繫性，古人在墓葬保護方面曾多方用心。普通人家沒有帝王陵寢的專人守護，也不可能產生複雜的「防盜墓系統」。於是，一種簡單又經濟的保護方式便在民間產生：利用鬼神之說的迷信思想。這種基於保護目的而產生的迷信思想

在古代並不鮮見。以兩件事為例：

第一個就是「遇見尼姑倒楣說」。大致意思是，只在你在山林裡看到出家的尼姑，那你從今天起就要倒楣運。這種說法初聽起來是對出家女性的污蔑，但從實用主義的角度來分析可能就不能這麼簡單地做判斷。有學者認為，尼姑長期住在深山之中，若為單身或者少量的年輕女性，則時刻處在風險之中。在深山之中，時常出現的男性為兩類：樵夫和獵人。這兩類男人有一個共同特點，就是身強力壯。若在深山之中遇到單身年輕的尼姑，那麼從體力和人欲的角度分析，那個尼姑多是凶多吉少。於是，編撰出「遇見尼姑倒楣說」可能更有利於保護尼姑。古代樵夫與獵人的文化水準普遍偏低，這樣做使他們「信」這種說法也並不困難，達到了保護單身尼姑的目的。

第二個就是「湘西巫蠱說」。大致意思是，在建國前中國湖南的西部，存在著這樣一些女人。她們很漂亮，要麼未嫁，要麼守寡。這些女人往往獨居，且擅長使用「蠱術」。一般男人被她們下蠱，要麼被其勾引，要麼被其殺戮殘害。何為蠱？相傳是這些女人捉來許多毒蟲（如蛇、蜈蚣等），把它們放在一個特殊的器皿裡讓它們互相殘食，最後剩下不死的毒蟲就叫做蠱。她們把它放在食物裡害人。這個傳說在湘西地區流傳很廣。建國後，有學者身入湘西調查這些神秘的女人，發現她們都是一些「孤苦伶仃的苦命人」。在舊社會人，「寡婦」往往是女人中被欺負的主要群體，但一個「巫蠱的身份」往往會保護這些苦命的女人不再受到過多的傷害。在她們看來，人有時候比鬼神還要可怕。

以上兩個例子，也均在說明一個問題，那就是紛繁複雜的、充滿神秘主義的「迷信活動」，它實際上是以「迷信」的方式體現一種「生存之道」。在人類社會發展地多數時刻，「迷信」要麼是人對不公命運改變的「渴望」手段，要麼是對「他人人欲」思想的一種拒斥。在社

會生活實踐之中，迷信的行為常常是人們美好願望的外在展現。只是，當迷信的思想越發體系化後，它的神秘主義色彩也就越加濃厚。

因此，鬼神之說與墳塚的結合，本意在於先民對墓地的保護。但在漫長的歷史長河中，它的本意越來越淡，而神秘主義的色彩則越發濃烈。當後世子孫因不識字而與先輩失去基本的「溝通」後，各種神秘的儀式則就成為了與其溝通的「仲介」與橋樑。甚至，讖緯之術的從業者，在進行某種神秘主義的活動時突然有了一種「異於平常的心靈體現」，他們則開始將這種「體現」認為是神秘的鬼神之功。當這種「鬼神的信念」在人們心中被反覆驗證後，則成為了人們「真信」的一個重要前提。

朱熹對這些神秘體現也做過類似的描述。他聽說一些和尚宣傳自己已經頓悟了之後，就開始接觸他們。結果，他發現他們少有時候能說出一些提升認知的話，其他時刻則與常人無異。朱熹的原話為：

> 某也曾見叢林中有言「頓悟」者，後來看這人也只尋常。如陸子靜門人，初見他時，常云有所悟；後來所為，却更顛倒錯亂。看來所謂「豁然頓悟」者，乃是當時略有所見，覺得果是淨潔快活。然稍久，則却漸漸淡去了，何嘗倚靠得！[1]

朱熹這裡將所謂的「神秘體驗」說得很清楚。從事讖緯之術的人，他們的神秘體驗與禪宗的「頓悟」之說有異曲同工之處。無怪乎朱熹闢禪不闢佛，這也存在著對神秘「頓悟」的排斥之念。朱熹曾說，「頓悟之說，非學者所宜盡心也，聖人所不道。」[2] 從中可以看出，朱熹對「神秘主義」始終保持著一定的距離。

1　黎靖德編，王星賢點校：《朱子語類》（北京：中華書局，1994年），頁2763。
2　黎靖德編，王星賢點校：《朱子語類》（北京：中華書局，1994年），頁159-160。

從天文考古學的視角來看朱熹的墓葬、讖緯、符咒、占卜等思想，這些看似與他「天理」思想相左的神秘主義，實際上是他「天理思想」的另一種獨特的體現。按照黑格爾「存在即合理」[1]的思想來看，這些神秘主義活動在民間廣泛流傳，也表明它們存在的價值。理性的人們在面對這些「獨特的現象」時，往往會選擇兩種態度：一種是高傲的「蔑視」，另一種是冷靜的「慎思」。在朱熹看來，世間萬物，皆為一理。那麼，這些存在已久的「怪力亂神」和「魑魅魍魎」之說，也並非無稽之談。但是，學者與「迷信者」的區別在於，迷信者將它們當成「工具」來直接應用，而學者則首先開始「審視工具」。學者們往往處在「信與不信」之間，按照以往的知識經驗，隨著神秘儀式的展開，推導出自己獨特的判斷。如朱熹說：

> 專去理會人道之所當行，而不惑於鬼神之不可知，便是見得日用之間流行運轉，不容止息，胸中曉然無疑，這便是知者動處。心下專在此事，都無別念慮繫絆，見得那是合當做底事，只恁地做將去，是「先難後獲」，便是仁者靜。如今人不靜時，只為一事至，便牽惹得千方百種思慮。這事過了，許多夾雜底卻又在這裏不能得了。頭底已自是過去了，後面帶許多尾不能得了。若是仁者，逐一應去，便沒事。一事至，便只都在此事上。[2]

---

[1] 黑格爾認為，宇宙的本原是絕對精神（der absolute Geist）。它自在地具備著一切，然後外化出自然界、人類社會、精神科學，最後在更高的層次上回歸自身。因此，凡是在這個發展軌跡上的就是合乎理性（vernünftig）的，也就是必然會出現的、是現實（wirklich）的。反過來講也同樣成立。這才是「存在即合理」的本來意思。

[2] 黎靖德編，王星賢點校：《朱子語類》（北京：中華書局，1994年），頁824-825。

因此，就如前面符咒、占卜等讖緯之術的呈現，本義並不在於「教授他人使用讖緯」，而是將它展開，讓「神秘的面紗」展現，它自然也就不再神秘了。「神秘主義」的本根在於「無知」。朱熹說：「褻近鬼神，只是枉費心力。今人褻近鬼神，只是惑於鬼神，此之謂不知」[1]。人們因「無知」而「信」，因「無知」而「迷」，最終導致了認知的偏離。朱熹說：「務人之義，知也。鬼神不敬，則是不知；不遠，則至於瀆。敬而遠之，所以為知。」[2]因此，對於朱熹來說，處於「迷信」的人們，他要做的，或者說他能做的，就是「通過書院教育」改變他們的認知。這個「他們」，既有生活中的普通百姓，也有皇族與士大夫。

朱熹的天理思想本質上是對人性的掌握。他的「理」實際上就是人之性。朱熹明白，改變他人認知的方式不是將自己樹立成一個宗教式的彼岸世界的神靈，而是要融入此岸世界中的「神秘主義的幻巧」之中。這個意思是說，你讓迷信的人們不再相信「人血饅頭」能治療肺癆，不是給了一個「更為科學的解釋」，而是你要化身為一個「民間的良醫」，借助他人對你的吹捧而讓「人們信你」，然後你再拿出真正治療肺癆的「藥」。只有這樣，你才能真正的改變他們的認識，而不是莽撞地「否定」。在人性的世界中，人們獲得「誠信」的難度要遠大於獲得「質疑」的難度。「『誠意是人鬼關！』誠得來是人，誠不得是鬼。」[3]這也是朱熹理論中的「天理人性」，他說：「世間之物，無不有理，皆須格過。古人自幼便識其具。且如事君事親之禮，鐘鼓鏗鏘之節，進退揖遜之儀，皆目熟其事，躬親其禮。及其長也，不過只是窮此理，因而漸及於天地鬼神日月陰陽草木鳥獸之理」[4]。

---

[1] 黎靖德編，王星賢點校：《朱子語類》（北京：中華書局，1994年），頁817。
[2] 黎靖德編，王星賢點校：《朱子語類》（北京：中華書局，1994年），頁820。
[3] 黎靖德編，王星賢點校：《朱子語類》（北京：中華書局，1994年），頁298。
[4] 黎靖德編，王星賢點校：《朱子語類》（北京：中華書局，1994年），頁286-287。

實際上，朱熹本人對鬼神有過清晰地介紹：

> 神，伸也；鬼，屈也。如風雨雷電初發時，神也；及至風止雨過，雷住電息，則鬼也。[1]

這是一種典型的自然觀的觀點。除此之外，朱熹還說：

> 鬼神之幽顯，自今觀之，他是以鬼為幽，以神為顯。鬼者，陰也；神者，陽也。氣之屈者謂之鬼，氣之只管恁地來者謂之神。……神者是生底，以至長大，故見其顯，便是氣之伸者。今人謂人之死為鬼，是死後收斂，無形無跡，不可理會，便是那氣之屈底。[2]

很顯然，朱熹這裡並沒把鬼神解釋為「魑魅魍魎」，也不可能是「怪力亂神」，而是用陰陽觀的角度來理解。因此，參看前面朱熹如此複雜墓葬系統與祭禮系統，明顯可以看出朱熹在這些「儀式」中所要表達的，不是對「鬼神神秘主義」的追溯，也不可能有「利後說」的那種期盼，而是更多地體現為一種對人之理的「格物致知之說」。

> 學者須當知夫天如何而能高，地如何而能厚，鬼神如何而為幽顯，山岳如何而能融結，這方是格物。[3]

也說是說，朱熹在這裡體現了一種「以死格生」的工夫論方法。他在

---

[1] 黎靖德編，王星賢點校：《朱子語類》（北京：中華書局，1994年），頁34。
[2] 黎靖德編，王星賢點校：《朱子語類》（北京：中華書局，1994年），頁395。
[3] 黎靖德編，王星賢點校：《朱子語類》（北京：中華書局，1994年），頁399。

「窮死而明生理」，在對「死」的儀式中反襯「生」的價值與意義。

> 鬼神只是二氣之屈伸往來。就人事中言之，如福善禍淫，便可以見鬼神道理。《論語》中聖人不曾說此。[1]

於是，用朱熹弟子的一句話來總結就是說：「人鬼一理。人能誠敬，則與理為一，自然能盡事人、事鬼之道。有是理，則有是氣。」[2]於是，死與生，在朱熹這裡達到了一種辯證的統一。

二　理學思想與關係理性

在朱熹的世界裡，「理」思想是社會現象背後最為本真的存在。「理」思想在朱熹這裡大致有縱向和橫向兩個角度：從縱向來看，「理」思想包括道、陰陽、性、心、器，道與陰陽為先、心與器為後[3]；從橫向來看，「理」思想包括「讖緯、禮儀、性、情、氣」，讖緯與禮儀是其「理」思想的「顯」，而「情、氣」是「理」思想的「隱」。核心在「性」。

---

[1] 黎靖德編，王星賢點校：《朱子語類》（北京：中華書局，1994年），頁891。
[2] 黎靖德編，王星賢點校：《朱子語類》（北京：中華書局，1994年），頁1012。
[3] 這裡主要以時間為標準。道指老子的學說，陰陽指魏晉陰陽家的學說，心指陽明心學，器指王夫之的氣論。

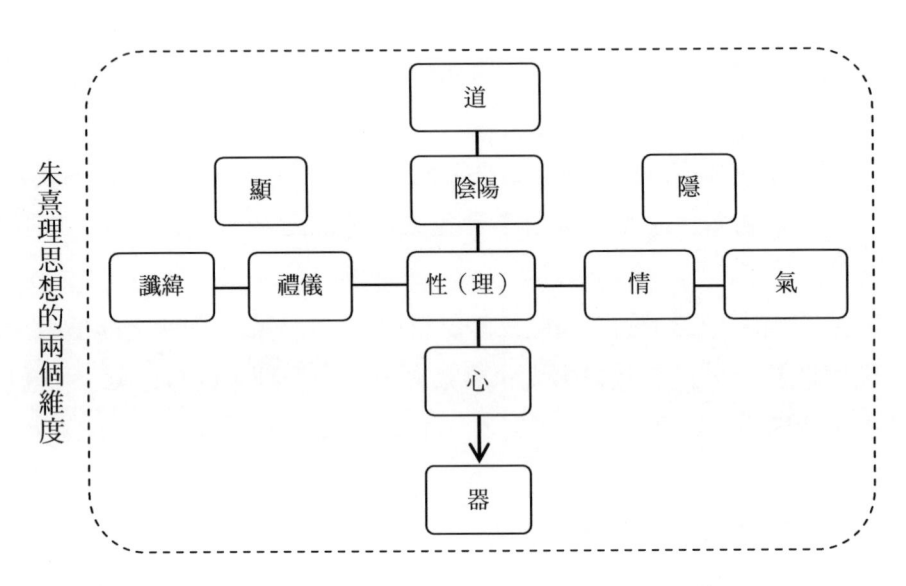

```
                    ┌─道─┐
                    │
        ┌顯┐    ┌陰陽┐    ┌隱┐
朱
熹  ┌讖緯┐─┌禮儀┐─┌性(理)┐─┌情┐─┌氣┐
理
思           ┌心┐
想
的           ┌器┐
兩
個
維
度
```

當然，這種分法並不一定十分準確，但基本可以解釋朱熹在天文考古學視角下的「理」思想。

除了上述的分法，關於朱熹「理」思想的分法還有以下兩個維度。如下圖：

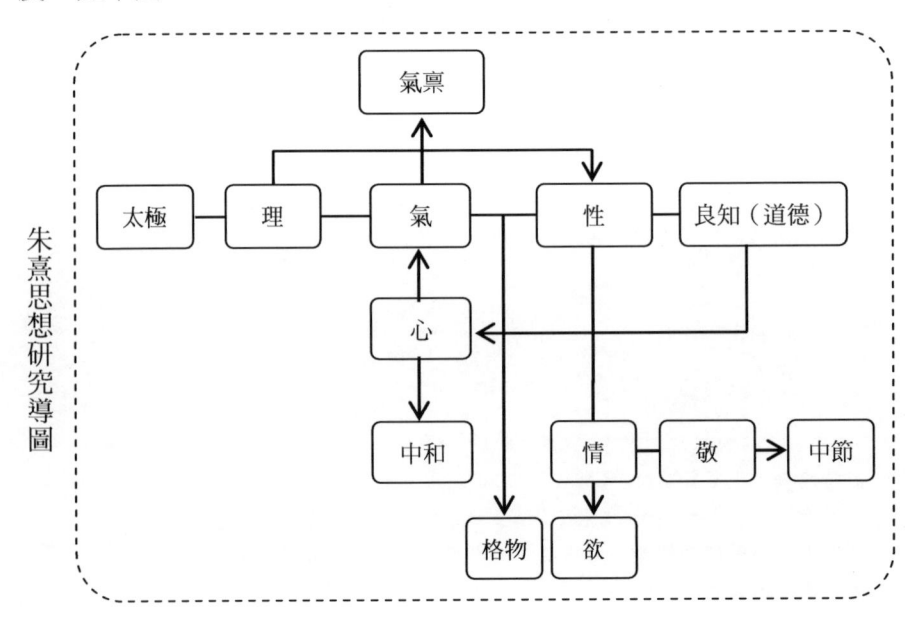

```
                    ┌氣稟┐

朱
熹  ┌太極┐─┌理┐─┌氣┐─┌性┐─┌良知(道德)┐
思
想
研           ┌心┐
究
導           ┌中和┐  ┌情┐─┌敬┐─┌中節┐
圖
              ┌格物┐ ┌欲┐
```

朱熹的倫理學架構

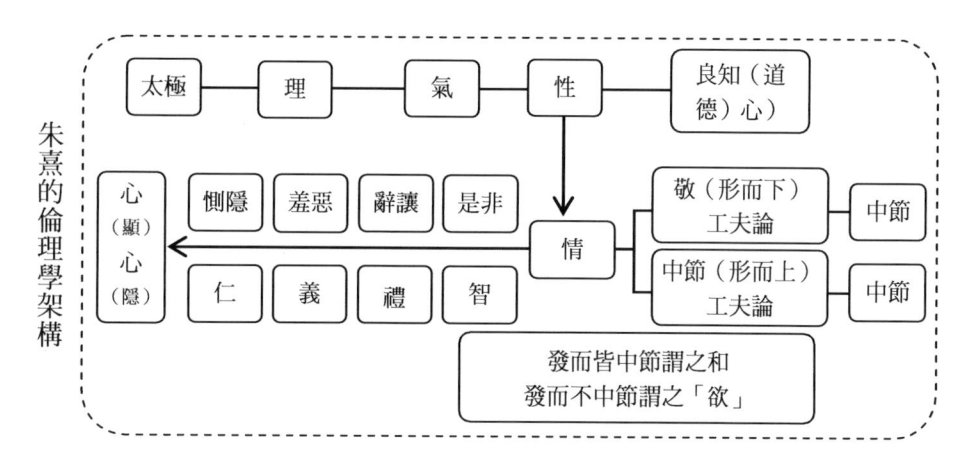

```
太極 ─ 理 ─ 氣 ─ 性 ─── 良知（道德）心
                    │
心（顯）  惻隱 羞惡 辭讓 是非      敬（形而下）工夫論 ─ 中節
心（隱）  仁   義   禮   智  ─ 情 ─
                              中節（形而上）工夫論 ─ 中節

              發而皆中節謂之和
              發而不中節謂之「欲」
```

這說明了朱熹「理」思想的複雜性，也點明了朱熹理思想的核心。「理」的這個核心最終都指向了人與人之間的倫理關係。於是，在天文考古學的視域下，這些複雜的社會現象及理論系統，本質上都指向解決「人與人之間的關係問題」。從「關係」的角度來看，朱熹理論中的神秘主義色彩會慢慢褪去，而呈現出他本真的樣態，呈現出一種關係理性。

什麼是關係理性？賀來指出：

> 「關係理性」是一種在超越實體化、單子化個人的社會關係中，去理解「個體」的存在規定、生存意義和根據的理性。它既要求破除人的自我理解問題上的「唯實論」，也要求破除人的自我理解問題上的「唯名論」；既融解和揚棄人的「普遍本質」，也融解和揚棄孤立「自我」的實體化。它要求從「關係」而不是從「實體」出發對人的現實存在進行規定，現實的人不能被解讀為「普遍的人的本質」的顯現和定在，也並非孤立的「個體」，而是與自我發生關係同時也與他人發生關係的「關係中的個體」。[1]

---

1 賀來：〈「關係理性」與真實地「共同體」〉，《中國社會科學》2015年第6期，頁30。

我們再來重新審視朱熹的讖緯之說（符咒、占卜、墓葬等），或者他的學理研究（道、理、氣、心、性、情、器），都是圍繞人與人之間的關係而展開的。這種關係包括經濟關係理性、政治關係理性、文化關係理性，是以「死亡」為核心構建的一個關於「生生」的關係理性。所有的禮儀規範、所有的神秘主義及讖緯學說[1]，都是一個「去個體」的「關係中的個體」。人成為「關係」的動物。

明白了這一點，我們再來思考朱熹的「理」思想，無論他教育弟子不要「怪力亂神」，還是他上書《封事》推薦福建江西兩地的堪輿師，這兩種截然相反的思想最終都指向了「關係」這個核心的話題。對於朱熹來看，皇陵選址的好壞應該有兩個目的，一是皇帝可以在時間跨度上與先祖進行有效地溝通[2]。二是這可以成為一種參政議政的資本。這也就是學者習慣把朱熹的理論定性為倫理學的一個重要原因。

在朱熹看來，所有的「格物致知」，本質上都是人與事的一種融合。這可以表達為「人在事中修，人在事中求」。朱熹對「物」的解釋：「物，猶事也」[3]。而所謂「事」，多指人與人之間交往的活動。

三　理學思想與知識起源

知識起源於經驗，這是西方多數哲學家一直秉承的觀點。康德就認為，「人的一切知識都以經驗開始，這是無可質疑的」[4]。在他看

---

1 朱熹說：「卜筮之類，皆是心自有此物，只說你心上事，才動必應也。」（黎靖德編，王星賢點校：《朱子語類》〔北京：中華書局，1994年〕，頁34。）
2 實際上，宋代的皇陵並沒有採取朱熹的建議，但有趣的是宋代的皇陵基本都被盜墓。雖然兩者之間沒有什麼必然聯繫，但歷史在無形中則達到了一個有趣的巧合。
3 朱熹：《四書章句集注》（北京：中華書局，2011年），頁5。
4 李秋零主編：《康德著作全集》（北京：中國人民大學出版社，2004年），第3卷，頁26。

來,「在時間上,我們沒有任何知識先行於經驗,一切知識都是從經驗開始。」[1]康德在這裡的判准指明了我們判斷知識論討論的邊界,即知識論的討論圍繞可知可感的現實世界。用康德的話說就是:

> 一方面由自己造成表象,另一方面使我們的知性行動運作起來,對這些表象加以比較,把它們連結起來或者分離開來,並這樣把感性印象的原始材料加工成叫做經驗的對象的知識。[2]

感性、知性與表象構成了知識存在的三個基本要素。這三個要素便也構成我們理解知識的對象來源、主體確立及客體存在的主要根基。

作為南宋的朱熹,他是不可能出現現代意識的知識體系。但,這並不能說明以朱熹為代表的古人在面對知識時,就只能是「被動式」、「愚昧的」聽任自然的安排。在以蘇頌為代表的北宋天文學家,及道家方士的「研究」中,他們基本上已經掌握了與自己息息相關的各種生活技能。這些技能,從科學的視角來看,是一種獨屬於那個時代的「知識體系」。

朱熹知識論的理論來源眾說紛紜,但將其判定於北宋周敦頤的《太極圖說》,及張載的氣學理論還是有據可查的。可以說,朱熹知識的目的是要確認太極本體或理本體存在的合理性。在朱熹看來,只有將論證前提放到周敦頤的太極宇宙論與張載的氣學本體論上,他的理氣觀念才能呈現出知識性的面向。這種面向決定了朱子理學的知識論呈現出一種以倫理學為背景存在的知識底色。這基本上也是中國哲

---

[1] 李秋零主編:《康德著作全集》(北京:中國人民大學出版社,2004年),第3卷,頁26。英文是:In the order of time, therefore, we have no knowledge antecedent to experience, and with experience all our knowledge begins.

[2] 李秋零主編:《康德著作全集》(北京:中國人民大學出版社,2004年),第3卷,頁26。

學知識論的一個典型特徵。

　　因為這一點，部分學者直接將中國哲學認為是「倫理學」或直接判定其不存在也是有一定道理的。其他，類似這種分歧在朱熹存世時就已經存在。朱熹與陸九淵在江西鉛山鵝湖寺中的爭辯，其爭論的主題之一便是「無極而太極」，該主題並非是討論「無極」概念干擾了儒家的特色，更深層的意圖是指向判定孔子的「仁」和孟子的「義」是否是人先天本有的認識，這是最核心的問題。陸九淵所謂的「堯舜之前何書可讀」[1]的追問就涉及到儒家知識來源的可信度和普遍性問題。對於知識的普遍性而言，中國哲學特別是宋以後的定位是將其放置於對自然天道的探索上。因此，朱陸之爭在歷史的公案上便不是一場「遊戲式」的輸贏，而是一個關於知識本體存在根基的捍衛之爭。

　　不過需要指明的是，「朱熹在很長一段時間中還沒有深入到《太極圖說》的本體論問題。」[2]因此他在早期對理氣問題的闡述確實也無法達到當代確定的知識的標準。朱熹早年對「理先氣後」問題的解答也矛盾頻出，可見他對待理氣問題的矛盾無法從他本體論視角找到解決的方法[3]。陳來指出，「真正從本體論上闡發理氣關係，還是始於《太極解義》。」[4]朱熹說，「太極者，本然之妙也；動靜者，所乘之機也。太極，形而上之道也；陰陽，形而下之氣也。」[5]「此（太極）所謂無極而太極也，所以動而陽、靜而陰之本體也。然非有以離

1　陸九淵：《陸九淵集》（北京：中華書局，2016年），頁491。
2　陳來：《朱子哲學研究》（北京：生活・讀書・新知三聯書店，2012年），頁89。
3　陳永寶：〈論朱熹「理先氣後」的界定標準〉，《三明學院學報》2018年第5期，頁84-89。
4　按《太極圖解》、《太極圖說解》合稱為《太極解義》。參見陳來：《朱子哲學研究》（北京：生活・讀書・新知三聯書店，2012年），頁89。
5　朱熹：《朱子全書》（上海：上海古籍出版社；合肥：安徽教育出版社，2002年），第13冊，頁72。

乎陰陽也，即陰陽而指其本體，不雜乎陰陽而為言爾。」[1]於是，陳來指出，「《太極圖說解》提出太極是『造化之樞紐、品匯之根柢』，是以太極為世界存在、運動的所有根據，也就是這裡所謂『樞極』和『指夫天地萬物之根』。」[2]

確定太極的知識根基後，朱熹對《易經》的關注就更為明確了他對知識研究的企圖。關於《易經》朱熹採取的路徑有二：一是通過《周易本義》的義理分析來肯定知識在經驗世界中的可行性，進而擺脫北宋關於聖人易學和義理學的倫理學取向的牽絆。他這裡的書名取「本」字即有擺脫倫理思維的意圖；二是朱熹對《易經》多取天象之說以為其證。朱熹曾說，「本義已略具備。覺取象之說不明，不甚快人意耳」[3]這裡的「象」並非只單指卦象，也是指「天象」。朱熹曾對蔡伯靜說：「渾象之說，古人已慮及此，但不說如何運轉。今當作一小者粗見其形制，但難得車匠耳。」[4]這揭示了朱熹以天象論證理學知識普遍性和可信性的做法。關於這一點，參照前面馮時關於中國古代天文考古學的論證可能將這個問題論述得更加清晰。

陳來指出：「在朱熹哲學體系來看，格物致知屬於『知』的範疇，雖然格物致知也是人的一種行為，但其性質與目的屬於明理知理而不是行理循理，而正心誠意以下才算是行。」[5]於是，「格物致知是

---

[1] 朱熹：《朱子全書》（上海：上海古籍出版社；合肥：安徽教育出版社，2002年），第13冊，頁70。

[2] 陳來：《朱子哲學研究》（北京：生活・讀書・新知三聯書店，2012年），頁93。

[3] 朱熹：《朱子全書》（上海：上海古籍出版社；合肥：安徽教育出版社，2002年），第25冊，頁4690。

[4] 朱熹：《朱子全書》（上海：上海古籍出版社；合肥：安徽教育出版社，2002年），第25冊，頁4713。

[5] 陳來：《朱子哲學研究》（北京：生活・讀書・新知三聯書店，2012年），頁367。

於事事物物皆知其所當然與所以然」[1]的認識工具。這也是朱熹的「格物、致知,便是要知得分明」[2]中格物方法論的意思表示。陳來對朱熹的判定雖意在指出朱熹的格物致知方法在「成聖成賢」的倫理學上的不足,但他無形中打開了認識朱熹知識的一扇天窗。朱熹對人對價值真理的認識與此相似,他提出人有兩種,分為「天命之性」和「氣質之性」。他指出「天命之性,本未嘗偏。但氣質所稟,却有偏處,氣有昏明厚薄之不同。」[3]為了將這個問題闡述清楚,他說:

> 必有鏡,然後有光;必有水,然後有光。光便是性,鏡水便是氣質。若無鏡與水,則光亦散矣。謂如五色,若頓在黑多處,便都黑了;入在紅多處,便都紅了,却看你稟得氣如何,然此理却只是善。[4]

於是,朱熹的論述中雖無「感性經驗」等語詞的表示,但他提出的因為個人的氣質不同而導致個人在認識世界的過程中體現出來的認知不同,也說明了這個問題。他認為,聖人氣質較為高遠,因此他們在認識世界的過程中出現錯誤的概率偏少,甚至可以達到「從心所欲,不逾矩」[5]的知識確證的局面。而一般人因氣質較差,在認識世界的過程中獲得的知識有限,受到的欺騙謬誤也就會更多。

朱熹的知識要肯定太極、理、性的存在,才能繁衍出理氣關係、性情關係。在方法論上,朱熹和笛卡爾都必須尋找到一個「不可被懷

---

[1] 陳來:《朱子哲學研究》(北京:生活・讀書・新知三聯書店,2012年),頁367-368。
[2] 黎靖德編,王星賢點校:《朱子語類》(北京:中華書局,1994年),頁264。
[3] 黎靖德編,王星賢點校:《朱子語類》(北京:中華書局,1994年),頁64-65。
[4] 黎靖德編,王星賢點校:《朱子語類》(北京:中華書局,1994年),頁65。
[5] 朱熹:《四書章句集注》(北京:中華書局,2011年),頁56。

疑」的本體存在，他們的認識才不至於陷入到「惡的懷疑」之中。朱陸鵝湖之辯無法調停的主要原因之一就是知識的本源確定問題。這就是說，如果朱熹接受了陸九淵的判定，那麼朱熹構建理學的知識大廈就會因缺少地基而崩坍。朱陸之爭不僅是關於儒學的本源之爭，還是知識本有的「我思故我在」之爭。在朱熹看來，聖人之言雖然精妙，但是將對世界的認識界定為「本心」這個層面是充滿著危險的。他給出的格物之說，雖並不是王陽明的「竹子之物」，但依然肯定了「物」為「猶事也」的這個認知途徑。這個「事」也就是表現出了現在的「感官經驗」。

在朱熹看來，「所覺者，心之理也；能覺者，氣之靈也。」[1]這是朱熹「心是氣之靈」思想的表達。在朱熹的思想裡，人的認識正確與否，與欲望相關。適度的欲望是被其接受並贊許的，但過度的欲望是其強烈排斥的。天理不是人認識錯誤的原因，過度的欲望才是真正的原因。這便是「存天理，滅人欲」思想的正確表達。

中國哲學知識有其特色，它的知識的存在目的在於為倫理學服務，為人的倫理問題提供了一種解決的工具。這一點與西方知識有明顯的不同。但這同時也規避了現代西方哲學知識中主張的過度去人化而產生的問題。如西方知識一定程度上為了追求純粹客觀的確證而將人趕出知識的研究領域之外。在一個非人的領域裡找到人們從事知識研究的價值，這最終導致對知識的認識陷入僵局。正如二程所說：「始於致知，智之事也；行所知而極其至，聖之事也。」[2]中國知識能為知識的研究提供一個有「人」的研究方向，使知識的哲學研究回到人本身上來。

---

[1] 黎靖德編，王星賢點校：《朱子語類》（北京：中華書局，1994年），頁85。
[2] 程顥、程頤：《二程集》（北京：中華書局，1981年），頁1188。

小結

　　當理學遇到天文考古學，它便不再是簡單的倫理道德工具，而是化身為實實在在的生活參照出現人們面前。在「理」思想的引導下，讖緯、禮儀這些與人們或近或遠的生活現象便有了「非神秘化」的解讀。實際上，以人為中心展開的世間百態，無論它呈現出多麼光怪陸離的社會現象，本質上都是以自我為中心而展開的生活體系。

　　對於朱熹而言，兩宋的經濟繁榮，精神自由與科技思想的大爆發，都不可能讓他一直停留在追求魑魅魍魎的神秘主義的世界之中。但是，普遍未受過教育的日常百姓是無法理解這些「先進的科學思維」，他也不得不學習佛教那些「以幻制幻的善巧」。雖不至於敗壞道德，但這些也讓朱熹理學在傳播中出現了無法規避的神秘主義傾向。

　　因此，知識的多維面向，也註定了他不可能以單一的向度示人。它的多維向度之間的隔閡又是千差萬別。於是，在人們之間「以訛傳訛」中將這一部分無限放大。於是，朱熹本意的理學未在民間得到廣泛傳播，但他的風水學、算卦方法、讖緯符咒之說，反而在民間大肆流行。更有甚者，將朱熹的部分理學著作，當成「求福辟邪」之用的「靈符」，粘貼或懸掛於房屋的各個角落。

　　因此，雖然百姓不知道朱熹的那些文字裡到底講的是什麼，但是從「占卜師」與「堪輿師」那些似懂非懂的言語與手勢中，他們能感受到這些「理論」帶來的現實意義。雖然，這些所謂的「神秘意義」所衍生出的「好現象」，多數不具備普遍性。

　　從一定意義上來講，民間的知識系統是鬆散且喜歡附著於「可理解的現象」的，這是一種獨特卻又有效的知識體系（如前文所說的人們對「湘西巫蠱」的誤解）。這些看似不科學的方式在用另一種人們能理解的方式影響著人們的生活，這或許就是知識的多面性吧。

第十二章
天文考古學與朱熹的知識論

朱子理學作為中國哲學的一個典型代表，對其進行知識論的探討對證明中國哲學存在的合理性有著重要意義。天文考古學比較接近現代科學的觀測方法，所以可以成為知識論檢驗的有效工具。因此，探究天文考古學視角下朱熹對觀象授時、立表測影及對《易經》象術方面的解讀，可挖掘出朱子學「理」思想下知識論的理論支撐。這種對朱子學知識論的探究，既可回應圍繞朱熹產生的各種學術公案，亦可為當代知識論和科學真理觀的破局提供一種新的路徑。

一　中國思想的知識論詰問

關於中國哲學是否存在知識論的討論，一直是學術界一個非常敏感的話題。對於主張以理學為核心的朱熹思想來說，探討他理論中的知識論存在，也將面臨著巨大的挑戰。如何在西方哲學方法的基礎上，以朱熹理學的存世文本為材料，探討朱子理學知識論存在的合理性與合法性，這確實是一個難題。但難題並不意味著這種探討就沒有可能性，也並非是要以現代思維強加古人，而是通過把朱熹理學與知識論理論相融合，進而發現了朱熹理論的知識論方法。只是，相對於現代精密的知識論體系而言，朱熹的知識論過於粗糙。當然，這種解讀同樣要面對知識論是否等同於工夫論的質疑。我們在應用工夫論這個概念時，是明顯要將它與知識論相區分的，但事實上，在努力方向上二者是朝著同一個目標邁進。於是，探討這個問題時，首先要做的

就是將二者概念的差異做懸置處理,待梳理完朱熹知識論構成的合理性與合法性問題後,這個問題也就迎刃而解了。

其實,知識論的主客二元及真理觀與檢證系統的確立,並不是自笛卡爾以後才出現的知識論方法。只是,相較於笛卡爾,前面的學者對知識論的討論多有「猶抱琵琶半遮面」的感覺。而笛卡爾的主、客二元的分立,構建了一個觀察者與世界的「間距」與「之間」[1]。至此,人不只是世界的注腳,也不再盲目地「聽從」世界的安排,而是以一種主動的方式來干預世界。於是,客觀世界與主觀認知的同一性便促使知識論從幕後走向了前台。

這其中,最為重要的是真理的確認與檢證。真理的界定與探討本是一件複雜之事,在介乎神學與哲學之中的探討方式中,真理被神化成一種確定不疑的現實工具。於是,為了確定真理獲得的可靠性,無論是用符號替代語言,還是邏輯實證的檢驗,都導致了真理的獲得成為了人與世界連接的主體。至此,真理的重要性呼之欲出;同時,對真理檢證的重要性也同樣浮出水面。從物質試驗到精神思想檢證,最終的目的是確認人與世界的同一,即人與世界的融合。這是知識論最為基本的要求。

然而,在我們從複雜的物質試驗和精神檢證的思維牢籠中逃脫之

---

[1] 間距並不提出原則認同,也不回應認同需求;但是間距把文化和思想分開,因而在它們之間打開了互相反思的空間(un espace de réfléxivité),思考得以在其間開展。因此,間距的形象(figure)不是整理排列存放(rangement)而是打擾(dérangement),它以探險開拓為其志向(à vocation exploratoire):間距使眾多的文化與思想凸顯為多采多姿的豐富資源。最後,我們還可以在間距概念裡避免提出──假設──有關人的本性的一些總是帶著意識形態成見;間距邀請我們從事我稱之為人文的自我反思(auto-réfléchissement de l'humain)。「之間」是一切為自我開展而「通過」(«passe»)、「發生」(«se passe»)之處。(參見朱利安著,卓立譯注:《間距與之間:論中國與歐洲思想之間的哲學策略》〔臺北:五南圖書出版公司,2013年〕,頁33。)

後,突然發現人與世界存在著第二種知識論的檢證理念,即測不準理念。前人辛苦構建的真理大廈,在進入到微觀世界時就出現了嚴重的動搖。於是,我們開始懷疑以經典力學為主的現代知識論方法,如試驗法和觀察法。在光的雙縫試驗中看到「主體的觀察」與「真理」之間原來有如此精密的關係。高傲的主、客二元對立的知識論檢證方法便陷入了自證其身的合法性與合理性的漩渦中。

以上問題的出現雖是近代科學視域發展引來的後果,但換個角度來分析,實際上是人的「人欲」作祟下的「知識論的戲弄」。人在所謂科學精神的左右下開始了「更……」的思維模式,不再滿足既有的理論對現實問題的解答。當原子的發現也無法滿足科學家知識論的「人欲」時,也註定了他們在微觀領域中被「戲弄」的命運。反觀古人,一個理、氣之辨,用一種籠統的方式已經化解了人與世界的眾多難題。

這也就是說,現代科學的發展本著以真理的方式達到「幸福」的價值取向,實際最後卻是演變成一種獵奇的心理探索。如「夸克再細分是什麼」、太陽系的「柯伊伯帶」與宇宙的構成。人類將太多的精力花費在了對非人世界的探索中,而對「幸福」這個原初動力反而視而不見。因此,科學同樣也會以一種特殊的方式對人原有的知識論體系提出挑戰。這時,我們或許應該暫時停下腳步,將歷史回溯,從歷史的發展中尋找蛛絲馬跡,利用再一次的「文藝復興」來解決當代的知識論難題。朱子理學作為溝通古今之路上一個重要的路標,顯然不應該被我們所忽視。

二 朱熹道德知識論的提出

劉付華東認為,「朱熹以『格物致知論』為核心的知識論思想在

其整個思想體系中佔據著極為重要的地位。」[1]他的理由是黃宗羲在《宋元學案》中將朱熹整個學說總結為：「大抵窮理以致其知，反躬以踐其實，而以居敬為主」[2]。當然，對於將朱熹的格物致知思想歸於「知識論」，這種判定可能仍然需要有更多的證據。但是，朱熹的思想中存在著知識論的印記或者說萌芽，這應該是較為中肯的。因此，他說「黃宗羲幾句評語所反映的內容，……體現出了朱熹知識論的獨特性，即有別於西方傳統知識論的多層蘊涵，譬如知識與道德，知識與實踐，知識與價值等，……（又有）朱熹知識論思想的獨特性。」[3]於是，討論的問題重心就由原來的「朱熹有沒有知識論」變成了「朱熹有什麼樣的知識論」。於是，接下來的工作就變成「釐清朱熹乃至儒家的『知』究竟是什麼樣的『知』，進而判定其知識論是一種什麼形態的知識論」[4]的相關問題。他的處理方式是，利用知識的「JTB」（Justified true belief）[5]三元定義來分析朱熹知識論思想。

當對朱熹思想的討論進入到「純粹哲學方法」的維度來分析，顯然就為朱熹知識論存在的真理性上增加了一個砝碼。按照劉付華東的分法，對朱熹格物致知的分析有三種進路，即「一是西方傳統知識論進路；二是道德工夫論進路；三是整體融合論進路。」[6]這第三種進

---

1 劉付華東：《朱熹道德知識論的當代詮釋與建構》（廈門：廈門大學博士論文，2023年），頁20。
2 黃宗羲撰，全祖望補修，陳金生、梁運華點校：《宋元學案》（北京：中華書局，1986年），頁1504。
3 劉付華東：《朱熹道德知識論的當代詮釋與建構》（廈門：廈門大學博士論文，2023年），頁20。
4 劉付華東：《朱熹道德知識論的當代詮釋與建構》（廈門：廈門大學博士論文，2023年），頁20。
5 劉付華東認為，關於justification有不同的譯法，如「確證」、「辯護」、「證實」。
6 劉付華東：《朱熹道德知識論的當代詮釋與建構》（廈門：廈門大學博士論文，2023年），頁20-22。他總結到，第一種進路，西方傳統知識論進路。這種解讀進路是將

路「既有著知識論層面的內容與精神,同時又是傳統儒家道德修養功夫的重要環節。」[1]但是,這並不是我們要走的一條路。我們試圖探索的是,「朱熹利用天文考古學」的知識,是否也能達到「形而下」的知識確證?這是一個大膽的嘗試。

由前文所述,雖然朱熹的《大學章句》中對「物」的詮釋中給出了「猶事也」的判定,但這並不能說明朱熹只將「物」與「事」做了等同。他的「窮至事物之理」之「物」,就明顯有「器」的成份。因此,朱熹對格「物」的理解至少包括了兩個面向:「事」與「器」。那麼,這兩個面向是如何在朱熹的世界裡存在統一的,恐怕只能在「形而下」的天文考古的實踐中尋找答案。

於是,格物之「事」不僅指「人與人」之間的「瑣事」,也應該包括「人與天」的「以人效仿天之事」。前者不僅包括「日常生活交往之事」,也包括人與先祖的「葬禮」、「祭禮」之事;後者不僅包括「觀象授時」、「立表測影」的活動之事,也包括「人與天溝通」的讖緯、符咒、占卜之事。因此,朱熹所談的格物與致知「只是一本,元無兩樣功夫也」[2],並不是簡單的現實的人對知識的一種探索,而是人與人、人與天思想中一種對「道」的追求。在這種追求中,人與「道」的「理」,是朱熹知識論思想的一個重要核心。

格物之「物」,也不是單指物理學知識,不只是對「物之理」的探討。這裡的「物」,既可以指代與「事」相關的各種物品,又可以

朱熹格物致知視為一種近乎西方傳統知識論之求真的科學精神,並以西方傳統知識論的標準來解讀、分析、評論之。第二種進路:道德功夫論進路。這種解讀進路是將朱熹格物致知視為道德修養功夫之方法、環節。第三種進路:整體融合論進路。

1 劉付華東:《朱熹道德知識論的當代詮釋與建構》(廈門:廈門大學博士論文,2023年),頁23。
2 朱熹:《朱子全書》(上海:上海古籍出版社;合肥:安徽教育出版社,2002年),第23冊,頁2847。

指代與「天」相連的各種存在物（如祭品、畫符、風水羅盤）。可以說，在《四書》初稿完結後，他對《四書》單一的形而上學面向就已經開始不滿，並開始嘗試從周敦頤與蔡元定的太極與易學思想中對《四書》中的「理」思想進行修正與補充。

所以，朱熹對「知」的關注，已經慢慢地從道德倫理領域向天道自然領域過渡。他的這種轉變無怪乎陸九淵等人判定他「近道遠儒」，也無怪乎朝堂的反道學派認為他受蔡元定的「蠱惑」而成了摩尼教的「同黨」。也就是說，朱熹的「知」是沒有脫離「形而下」的天文考古學視角的。至于他與江德功等人談到的「人莫不與物接，但或徒接而不求其理，或粗求而不究其極，是以雖與物接而不能知其理之所以然與其所當然也。」[1]這只說明一件事，「他強調『格物』是要在『接物』中『求其理』並『究其極』，『窮其理』以至『知其理』。此『理』是指天下之物的『所以然之故，與其所當然之則』……因此，『物』就不僅是如字面明義之事物，而是指事物之理，也即事物之所以然與事物之所當然者。」[2]劉付華東總結為：「朱熹將『物』之範圍擴至天下萬物，然後又歸于道德人倫，這本身就預示著其所言之『理』以及窮理所致之『知』的複雜性：多層次，道德化。」[3]這是一種比較中肯的詮釋。

從以上可以說，朱熹的「理」思想已經構成了判斷朱熹有「知識論」的一個重要的錨點。因為天文考古學的證明是如此的真實而無法懷疑，朱熹將其視為一種「先驗存在」之知，將其與儒家一直堅守的

---

[1] 朱熹：《朱子全書》（上海：上海古籍出版社，合肥：安徽教育出版社，2002年），第22冊，頁2038。

[2] 劉付華東：《朱熹道德知識論的當代詮釋與建構》（廈門：廈門大學博士論文，2023年），頁25。

[3] 劉付華東：《朱熹道德知識論的當代詮釋與建構》（廈門：廈門大學博士論文，2023年），頁25。

堯舜聖人語句的「先驗來源」,更讓他對儒家這套理學知識體系堅信不疑。「朱熹所言格物之『物』主要是社會道德人倫之事物,所言『致知』之知,則主要是指含形而上、形而下雙層意味的道德人倫『義理』之知。」[1]這也在一定程度上說明了朱熹存在知識論的可能性。只不過,這可能是一種「道德知識論」,或者是一種「天文知識論」。這有待於更為詳盡地論證與探索。

總之,劉付華東利用「JTB」對知識的一種「三元」定義方法,探討了朱熹知識「確證的真信念」。朱熹也確實在《語類》提到的「致知所以求為真知。真知,是要徹骨都見得透。」[2]雖然二者「知識」並不等同,但這至少找到了朱熹存在知識論的「跡」。

將朱熹的「知識論」判定為「道德知識論」的判準,這裡持保守的態度。至少認為在朱熹生活的南宋,這不應該是他關注的重點。因為,他兒時在福建一帶看到的那些「腐儒們」就曾經拿著這些學問來「招搖撞騙」,這讓他不得不開始警惕。但是,理宗、趙復、許衡之後,朱子理學作為官方指定的科舉考試教材,在明清兩代被不斷地修改與刪減,致使後世學者將朱熹之「知」視為一種道德知識,並將朱熹知識論定位為一種道德知識論的講法,也是有很大的可能。

總之,朱熹的知識論是一種獨特的知識論存在。這既取決于兩宋獨特的社會背景,也拒絕了天文思想影響下的中國古代社會的心理。這與西方的「道德知識」,恐怕是有一定的區別。「朱熹之『理』牽涉本體論、認識論、道德領域等,其『知』具備形而下、形而上雙層意味。在某種意義上,朱熹之『道德』實質可分開為形而上之『道』與形而下之『德』,其『知』也相應地有形而上之知與形而下之知。當

---

[1] 劉付華東:《朱熹道德知識論的當代詮釋與建構》(廈門:廈門大學博士論文,2023年),頁38。

[2] 黎靖德編:《朱子語類》(北京:中華書局,1994年),頁283。

然這形而下之知與形而上之知並非截然兩端、毫無關聯，正如對朱熹而言，尊德性道問學本是一事，二者可以貫通，也即下學可以上達。」[1]這或許是理解朱熹知識論應有的一種態度。

三　朱熹天文考古學的論證

　　天文考古學是先秦至兩宋，人們進行科學認識的一種典型方式。人們利用文本古籍的圭表之法來觀察日月星辰，利用禮儀（如喪禮）方法將其記錄並反覆沿用。這是在現代科學術語體系未建立之前先人們用來觀察世界萬物的工具。這種知識真理性的獲得依據，就是通過觀測星象的恆常性，將其變為判斷知識真理性的存在，這是先民普遍採用的知識論方式。先民們堅定不移地採用「二至二分」的節氣來服務農業，本身就存有一種知識論的最初構成印記。

　　在朱熹的理論中，「理」系統的建構固然離不開道德形而上學和邏輯實證主義思想的論證，但具體的形而下的觀測則是朱熹「理」學得以直觀呈現的最主要的方式。在朱熹看來，上承文、武、周公、孔、孟、二程等人的理論在主觀上解決了知識獲得合理性與合法性的問題，使朱熹自我構建的理學體系並不是無本之木，無源之水。但以文本的記載作為知識來源的做法自然是有「強硬」之嫌，而非有理有據的「說理」。實際上，朱熹對這套來自北宋五子（周敦頤、張載、邵雍、程明道、程伊川）的儒學理論是存有懷疑。這種懷疑有三個方面的來源：

　　一是朱子的人生際遇。朱熹十四歲之前由於其父朱松的避難行為而飄移難定，自然受到的儒家教導並非如私塾一樣整全；十四歲後其

---

[1] 劉付華東：《朱熹道德知識論的當代詮釋與建構》（廈門：廈門大學博士論文，2023年），頁38。

父朱松過世，其受學的武夷三先生（劉子翬、劉勉之、胡憲）又多崇信佛老，這讓朱熹對儒學的真理性保持著距離；三見李延平（李侗）後由佛轉儒，雖在心理上已經偏重於儒家，但如何以儒闢佛，對他而言也是一道難題。

二是朱熹的治學思想。朱熹在編撰《論語集注》時就參照了北宋多個古本，如邢昺《論語注疏》、胡瑗《論語說》八章、劉敞《論語小傳》、逢釋《論語》八十七章、蘇軾《論語說》、蘇轍《論語拾遺》、陳祥道《論語全解》、程頤《論語解》及《河南程氏遺書》、《河南程氏外書》等[1]。多重參照實際上讓朱熹對宋傳古人記錄之法是持有懷疑態度。這個懷疑來自三個方面：

一是「今人」的傳送是否存在誤差，朱熹編撰《論語集注》就存在這個看法；二是孔孟之說義理雖然精妙，但是否符合真理，這從朱熹重視弟子蔡季通的易學就可知曉；三是兩種的「科學」思想對朱熹的影響。「格物致知」之法中「物」雖有「猶事也」[2]之說，但這個「事」並非只有倫理之「事」，也有物理之「事」。那「知」的「事」就讓朱熹不可能簡單地將知識的認知程度停留到古本之上。物理之理的探求，也是朱熹認知世界的重要方式之一。這裡我們基本可以窺探到朱熹以天文之法而識得的懷疑精神。

三個方面的懷疑說明了朱熹並非只是苦讀詩書的學究，而是懷有憂國治世的內心期盼。實際上，這是兩宋理學家共同的特徵。他們把「理」學作為行政的基本工具，自然他們要面對的就不只是士大夫的道義，還有百姓日用而直觀的檢驗。

朱熹對《易經》的思考與著述是倍受爭議的。這些爭議我們可以大概分為兩個方面：一是朱熹的《周易本義》的《易經》解讀之法，

1　喬芳：《北宋〈論語〉詮釋史論》（揚州：揚州大學博士論文，2015年），頁II。

2　朱熹：《四書章句集注》（北京：中華書局，2011年），頁5。

其中介紹了大量的術術之義而非全部是易理之義,如《筮儀》中對占卜方法進行了詳細的儀式描寫。[1]因此,如果單以此文來評價朱熹,陸九淵等人批評朱熹有近老(道家)之嫌,也確非空穴來風。一般認為,學者對朱熹《周易本義》處理習慣上多是將其分成兩個部分,即義理部分和象術部分。學者們對這兩部分的處理往往是通過強調前者而弱化後者,以達到幫助朱熹擺脫「近老」的嫌疑。這種做法雖然在詮釋朱熹的儒家本色時起到了非常重要的作用,但這種避重就輕的作法顯然也為反對者提供了訴病之機。

事實上,朱熹對《易經》象術之易的重視,並不是可有可無,也不是他近老之說的「確鑿鐵證」。從天文考古學的角度來看待這個問題,我們便會發現朱熹的這一個做法正好應徵了他知識論構建的體系。實際上,孔子做《易傳》時應該也有同樣的考慮。如前文所說,孔子在《論語》中表明的「務民以義,敬鬼神而遠之」[2]。這裡的「敬」奠定了儒家對《易經》的定調,構成了儒家對《易傳》的基準。孔子並不完全反對《易經》的占卜之法。他甚至在國家的祭祀等重大禮節上推崇使用這種方式。但是孔子這種占卜必須基於一個不能「怪,力,亂,神」的前提。這也是朱熹等儒者堅持的儒家核心。在這種思路下,孔子對《易》的解讀不會完全放在了占卜之上,甚至有遠離占卜之意。

朱熹對《易經》的態度基本上也符合儒家這個基本的特徵。在朱熹看來,《易經》的本質並不是一種道家的方術或百姓日常的迷信活動,而是暗含了豐富的前人智慧。《易經》乾卦對時間的確定,應該在北宋的易學研究中是一種共識。在民間,乾卦的時間應用也為二十

---

[1] 朱熹:《朱子全書》(上海:上海古籍出版社;合肥:安徽教育出版社,2010年),第1冊,頁168-170。
[2] 阮元校刻:《十三經注疏》(北京:中華書局,2009年,清嘉慶刊本),頁5384。

四節氣誕生之前的古人提供了農業生產最基本的可靠性知識參照。

實際上，我們從朱熹對《易經》的理解與發展上可以看到他對知識的態度。朱熹對「道」的詮釋有兩個典型的角度：一是「道是統名，理是細目」[1]，另一個是「形而上者為之道，形而下者為之器」[2]

對於第一種，朱熹說「道訓路，大概說人所共由之路。理各有條理界瓣。」[3]他用邵雍的話來解釋說，「夫道也者，道也。道無形，行之則見於事矣。」[4]這時他基本上給出了「道」概念的一個面向。也就是說，在理解「道」時，可以將它理解為規律、形式這樣抽象的概念，它是真理獲得的形而上層面的保障。它同形式一樣因其「隱」的特徵而只能被認識，而不能被具象化。為了方便理解，他又說「理是有條瓣逐一路子。以各有條，謂之理；人所共由，謂之道。」[5]朱熹在這裡做出了「理」與「道」的區分，已經明顯地將兩個概念進行了具體的實用性的解釋。無論是其存在的普遍性這個層面，還是作為一個哲學知識論的術語，道、理兩個概念並沒有被使用的過於模糊。也就是說，在朱熹知識論論證的這個維度，他是以「道」作為研究的知識論目標，以「理」做為通向知識論目標的工具。這是非常明顯的。而不是朱熹在「搶奪」道的冠名權。

對於第二種，朱熹說：

> 「形而上者謂之道，形而下者謂之器。」道是道理，事事物物皆有箇道理；器是形跡，事事物物亦皆有個形跡。有道須有

---

[1] 黎靖德編，王星賢點校：《朱子語類》（北京：中華書局，1994年），頁99。

[2] 黎靖德編，王星賢點校：《朱子語類》（北京：中華書局，1994年），頁1935。

[3] 黎靖德編，王星賢點校：《朱子語類》（北京：中華書局，1994年），頁99。

[4] 黎靖德編，王星賢點校：《朱子語類》（北京：中華書局，1994年），頁99。

[5] 黎靖德編，王星賢點校：《朱子語類》（北京：中華書局，1994年），頁99。

器,有器須有道。物必有則。……「形而上者」指理而言,「形而下者」指事物而言。事事物物,皆有其理;事物可見,而其理難知。即事即物,便要見得此理,只是如此看。但要真實於事物上見得這箇道理,然後於己有益。[1]

「道、器」關係相對於「道、理」關係,是朱熹知識論思想的進一步具象化。朱熹在天文考古學的探索中,實際上就是一種「由器經理達道」的知識論取向。無論是他自製的「渾象運轉的形制」,還是其利用竹尺依古法立表以測其日中之影,都是這種由器經理達道的知識論思想的表達。

可見,朱熹對《易經》的興趣決不在鬼神的神秘主義的維度,而是他對現實世界的一種知識論探究方式。他曾經派弟子去蜀地尋訪河圖洛書,也是一例。元清容居士袁桷在《易三圖序》中記載說:

> 嘗言洛遺學多在蜀漢間,故士大夫聞是說者,爭陰購之。後有二張,曰行成,精象數;曰續,通於玄最。後朱文公屬其蔡季通如荊州,復入峽,始得其三圖焉。[2]

朱熹授意蔡季通去四川尋取河圖洛書,應該有知識論求真的考量。蔡季通帶回的河圖洛書,也在一定程度上影響了朱熹對《四書》的修改。至此之後,先王之教的道德判定是否為真的檢證方法,可能就更加多元。

---

[1] 黎靖德編,王星賢點校:《朱子語類》(北京:中華書局,1994年),頁1935。
[2] 《清容居士集》(清道光二十一年〔1841年〕郁松年《宜稼堂叢書》本),卷21。轉引於馮時:《中國天文考古學》(北京:中國社會科學出版社,2007年),頁491-492。

我們知道，蔡季通之所以拜師朱熹，應是朱熹的「道」、「理」思想受其青睞，故從之。朱熹之所以稱蔡季通為「此吾老友也，不當在弟子列」[1]，應是蔡季通的《易經》象術之法，幫助朱熹獲得對「道」的知識論檢證之法，也應證了聖人之言的存在合理性。在此基礎上，朱熹重拾張橫渠的易說思想，以「陰陽二氣」作為知識論討論的基礎，通過結合周濂溪、二程和蔡季通，將其理氣論在天文考古學的視角下清晰地展現出來。

事實上，兩宋皇室的重「道教」的傳統[2]，士大夫對道教的懷柔政策，百姓對《易經》神秘主義的傳承，構成了南宋獨有的知識論獲取形態。到了朱熹時代，《易經》古本的應用，使得《易經》的卜筮理論和占卜理論這兩個面向被很好地保存下來[3]。這種通過占卜探討「天」與現實生活之間的知識的方式，是宋代的一個特色。不可否認，以今天的視角來權衡一個八百年前的古人，要求他對《易經》只有「理論思維」而無「靈異」的期盼顯然也是不現實的。但是朱熹對「天」的理解不只是停留在「神秘主義的人格天」這個維度，相反他更加強調人的主體性影響。

綜上，在朱熹的理論中，「道」、「理」與「器」不同，「道」更強調一種恆常性與穩定性，它本身沒有人力干預；「理」由於是人之理，它存在的面向不如「道」那樣單純，它傾向於形而下的「勢」。這基本構成了朱熹理學的「由『器』經『理』達『道』」，或者是「識『器』明『理』達『道』」的知識論追求。這一切在氣化宇宙論的大背景下構成了朱熹獨特的知識論思想的表達。

---

1 脫脫：《宋史》（北京：中華書局，1977年），頁12875。
2 宋真宗、宋徽宗兩次大力崇道運動，曾使道教顯赫一時。（參見程民生：《宋代地域文化》〔開封：河南大學出版社，1997年〕，頁278。）
3 艾周思著，楊立華等譯：《宋代思想史論》（北京：社會科學文獻出版社，2003年），頁304。

小結

　　在哲學的框架內證明中國哲學的合理性與合法性，一直是中國哲學一個麻煩的問題。相對於其他學科的相對獨立（如文學、史學）和接續發展（法學）而言，中國哲學總是需要為自己存在的正當性辯護。[1]中國哲學之所以存在這樣的困境，一是由於中國哲學概念的內涵與外延相對來說較為分散；二是解釋學追求的精確性讓這種多維解釋在合理性維度層面存在兩難境地；三是真理的唯一性對概念的苛刻與中國哲學的開放性特徵嚴重不符。以上三點來就是中國哲學所面臨的知識論的合法性問題。

　　朱熹的理學知識論勢必無法逃過這個模式的挑戰。其中，「道」概念較為有代表性。陳少明曾經指出，「如果取一個概念代表中國哲學，則非『道』莫屬。雖然道家首先爭得『道』的冠名權，但後來的儒家也不示弱，稱理學為道學。史書中的《道學傳》，所傳不是道家而是儒家。原本諸子百家都言道，以至於《莊子・天下》斷言系『道為天下裂』」。[2]這裡就點明了「道」概念中的多維度存在方式。

　　確切來說，朱熹的知識論註定是樸素而存在缺陷的。他的知識論相對於笛卡爾的懷疑理論，雜糅了一個先天的「性本善」的前提支撐；相對於波普的「證偽」理論，又缺少了陸九淵「先立其大」的魄力。在邏輯實證主義面前，他的檢驗大多停留在一種簡單的「思想實驗」，可是，脫離不了預設前提的他註定無法取得突破性的進展。

　　朱熹與笛卡爾一樣都堅持了一種「捍衛」態度的知識懷疑式的求

1　陳少明：〈中國哲學：通向世界的地方性知識〉，鞠實兒、劉兵編：《地方性知識研究》（北京：商務印書館，2021年），頁71。

2　陳少明：〈中國哲學：通向世界的地方性知識〉，鞠實兒、劉兵編：《地方性知識研究》（北京：商務印書館，2021年），頁74。

證方法。笛卡爾為捍衛上帝的存在而提出懷疑名言「我思故我在」，而朱熹為捍衛「聖人之言」而多求古本並親做觀象授時之法。但南宋歷史的局限性註定讓朱熹的檢證無法有效地實行。同時，產生於近現代的邏輯實證主義給出的檢驗方法，也不可能被朱熹所掌握。

但是，如果我們將視角翻轉，從質疑當代的知識論構成框架來看，朱熹的知識論似乎又為現代知識論的發展提供了一個新的發展空間。這種發展就如同「光子的雙縫實驗」一樣挑戰著我們對知識論研究的界定。

對於真理獲得的「細胞」，即概念的精確性，是否需要繼續成為我們需要捍衛的觀念基石？這可能需要重新考慮。「道」、「理」、「器」概念的多維存在，是否意味著我們的知識取向早已突破了單維的局限而進入到多維的視角之中？這也需要再思考。但人們在知識論視野中由二維上升到多維的時空時，中國哲學的概念可能會更好地發揮它的作用與現實意義。而我們需要做的是，放棄固有的知識論思考的高傲，從近代西方的知識論框架中逃脫出來，以一種「間距」與「之間」的知識論角度重新進入到對世界真理的理解上，這可能是當代知識論發展中一條不可回避的道路。

結論
生死與文化

一 天文考古與生死文化

　　天文考古學在本質上是一種關於人生的「生死學」。所謂「生死」，本意則指向「生生」，即以死求生。在這個維度來看，儒家講究的「生生」之學的重心在第二個「生」，側重於「死後之生」。這是儒家本有的辯證法。

　　在朱熹的喪禮、祭禮中，它表面呈現的形式是談論「死亡」。但是透過那些複雜的形式便會發現，這些關於「死亡」的儀式中最重要的是參與儀式的人。同時，對於逝者而言，雖然「他們」是喪禮、祭禮的主角，但卻不是以一種「虛空」的樣態存在，也是一個「實實」的存在。也就是說，如果人的「死亡」等同於「消失」，那麼喪禮與祭禮則會變得沒有任何意義。早期的古代先民曾將逝去的父母遺體隨意拋棄在離村不遠的山地河溝而不埋葬，也主要是基於這種思想的結果。

　　但是，當逝者以一種「實在的靈魂」（或者「超自然的神力」）再次出現時，「他」則完成了一種死後的「新生」。「他們的新生」並不是「他們」構成了有別現世的另一個獨有的世界，而是一個與現存世界相互交叉的新世界。溝通這兩個世界的工具，就是我們常見的占卜、符咒、風水和宗教。雖然這個工具不一定「有效」。

　　事實上，關於兩個世界溝通有效性的論證一直讓古今學者存疑。無論是古代所謂的「靈魂附體」，還是現代逝者死亡前後的「醫學檢驗」，都是人類在探索生死兩個世界中的「溝通途徑」。於是，一些矛

盾且詭異的現象是：當現代科學已經發達到可以解釋諸多靈異事件為「認識的誤區」時，但人們對「超自然神力」的癡迷並沒有因為科學觀念的進步而減少。這一度成為某些大學教授等高知識份子追求的方向。這不得不引起我們的注意。

在思考這個社會現象時，這裡並不想將精力集中於對迷信活動的分析與詮釋，而是希望通過介紹那些鮮為人知的神秘儀式，指出它們背後所反應的人文關懷。因此，當諸多矛盾的現象開始出現時，解決問題的答案已經走在「出現的路上」。在觀察福建鄉村宗族文化和民間活動時，發現大量的民俗與朱熹的理學思想具有千絲萬縷的聯繫。甚至，當地的老人在下意識地「執行那些他們並不懂的儀式」時，也可以清晰地看到朱熹理論的影子在發揮著作用。因此，用朱熹的理論來理解現存地神秘主義中的讖緯、符咒、占卜、風水思想，可能是一條捷徑。

一個有意義的社會現象是，當禮儀的最初含義消失後，剩下的往往就是「禮儀」本身。典型的如太平洋塔那島的那瑪人，是一個崇拜機場和飛機跑道的原始部落。[1]那瑪人的後人不知道祭祀飛機與機場

---

[1] 二戰時期，為了遏制日本在太平洋上的軍事擴張，打擊日軍，美國就在塔那島等一些太平洋島嶼上修建了機場。這些新鮮的事物吸引了處於原始氏族社會的塔瑪人。他們首次見到白色皮膚的人，並說明他們無法理解的語言。同時，他們被飛機這種會飛的「神奇恐怖大鳥」所吸引。他們發現，「這個大鳥」一次性能「生出」好多人，並會給「生出來的人」上送來很多美味的食物。於是，這些來自「大鳥」中的人從來不捕獵，都有吃不完的食物。隨著與「大鳥中的人」接觸，他們發現了「裝著事物的硬盒子」（罐頭）和「裝著水的神奇器皿」（塑膠瓶子），在他們的認識中，有「獎賞」有「懲罰」且不可被認識，這些美國人就被他們當成了「神仙」。特別他們看到飛機下來的人中有和他們一樣膚色的黑人，他們更堅信這一點，認為他們的「祖先升入了天堂，和仙人一起變成了神仙」。戰爭結束後，美軍撤走了在塔那島所有的建築設施，並隨著時間和天氣的原因沖刷了殘留的遺跡，讓美軍和飛機再也沒有出現過。於是，這就又夯實了那瑪人的「神跡」思想。最終，為了希望神仙再次降臨，他們「設計」了「飛機崇拜」這個新型宗教。

的原因為何,甚至忘記祭祀的本初意願(求吃食),但在今天的塔那島這些儀式卻完整地保存了下來。

圖一

圖二

圖三

以上圖片來自網路

　　即使今天那瑪人中少數的精英已經走出島嶼，並到美國等各地留學，他們也明白了飛機的功用與「USA」符號代表的真正含義。但是「飛機崇拜」已經演化為當地的一種「新型宗教」，並擁有了一群特殊的利益群體，這種儀式已然無法做出改變了。

二　人工智慧與人類智慧

　　隨著人工智慧的興起，人工智慧開始逐漸替代人工成為眾多學者追捧的對象。但是，學者們研究人工智慧與人的交互關係中突然發現，如果人類生活中的所有「勞動」都可以被人工智慧與機械來完成，那麼人在這個世界上存在的意義在哪里？也就是說，馬克思判定人在世界存在的兩大價值維度：認識世界與改造世界。第二個價值維度會因人工智慧的「優越」而被替代。人是否只剩下「消費」的能力？這是一個不得不回答的問題。

為此，另一個問題跟著油然而生：人工智慧與人類智慧的主要區別點在哪裡？對於這個問題，又可以分為三個角度：一是二者是否完全等同，二是人工智慧是否存在真實的情感，三是文化與人的關係。這裡分別就這三個面向展開討論。

　　首先，二者是否完全等同？討論二者如何等同，和討論二者是否存在異處，本質上是一個意思。人工智慧與人類智慧的不同，除了二者的載體不一樣，另一個重要區別的是人工智慧在理論上能達到永生，而人類智慧不可能達成這樣。

　　人工智慧主要是由無機物和電腦程式組成，因此他的「軀幹」可以無損傷地被替代。同樣，他的電腦程式也可以一比一地復刻。因此，即使原有的部件損壞，「新的組件」完全可以復原原來的功能。在這個角度上來說，人工智慧能達到一種「永生」。因此，隨著組裝材料的發展，人工智慧的「存活時間」可以無限延長。同時，由於它不依靠有機物的能量轉化，可以直接從光、礦物燃料、核燃料等獲得動力源。它的計算能力遠超人類的生物計算能力。因此相對於人類而言，它的存在方式基本是「完美」。

　　其次，人工智慧是否存在真實的情感？熟悉中庸智慧的人都知道。一個事物一旦接近「完美」，那也就意味著它出現了最大的「漏洞」。因為人工智慧在本質上可接近永生，那麼人工智慧就不會「死亡」。沒有死亡，也就無法產生情感。人工智慧由於無法死亡，那麼它也就不需要「悲傷」和「紀念」。沒有悲傷，也就預示著它不可能產生喜怒哀樂愛惡欲。因此，無論人類如何訓練人工智慧，或者人工智慧如何學習人類情感，呈現出來的情感在本質上都是一種「假情感」。因為情感對於人工智慧沒有任何價值，它並不需要。

　　沒有死亡，沒有情感，也就不需要「喪禮」與「節日」。對於人工智慧來說，缺乏死亡，「喪禮」將是一個多餘的存在。我們知道，

人類的諸多禮儀，本質上都是「喪禮」的複製與延續。喪禮是儒家禮儀中最為重要的一個環節。朱熹的弟子李方子就說過：「乾道五年九月，先生丁母祝令人憂，居喪盡禮，參酌古今，因成喪、葬、祭禮，又推之於冠、昏，共為一編，命曰《家禮》。」[1]因此，喪禮從某種程度上說是「百禮之首」。

人類的絕大多數節日都與「死亡」有關。即使一些「祈生」的節日，本質上也是因為「害怕死亡」而產生的，這個如前面所講的「飛機崇拜」。節日又是文化產生的細胞，沒有節日，文化是無法有效地留存。因此，沒有死亡，也就意味著沒有文化。可以說，死亡是文化產生的必要非充分條件。

最後，文化是人類感性思維的存在。因為文化是人類特有的一種社會現象，故而文化構成了人工智慧與人類智慧的一個分界點。人工智慧因為可以永生，因此它不需要文化，也就沒有文化。在人工智慧的世界裡，只存在「載體」和「內在程式」的不斷更新，而不存在著「繼承」。之所以這樣說，是因為「原有的設備」依然存在，它並沒有死亡。沒有死亡，也就不存在「繼承」。新舊設備在本質上是兩個截然不同的事物。雖然它們從事著相同的勞動，甚至外型趨同，但是「新的人工智慧」因為「新」就與「原來的設備」割裂。它不同於人類，基因的原代碼要求新生兒無論如何「新」，也需要保留一定的「老」載體身上的元素。同時，人工智慧不需要「撫養」，也消除了人工智慧之間的社會關係。即是說，人工智慧只能是「單子式」的存在，而無法形成一種「關係式」的共在。它們之間的協作本質上與文化無關。

那麼，文化的作用是什麼？

---

[1] 朱熹：《朱子全書》（上海：上海古籍出版社；合肥：安徽教育出版社，2010年），第7冊，頁947。

第一，拓展知識，即一加一大於二的知識，而不是一加一等於二的知識；

第二，產生錯誤與靈感。文化思維的慣性讓人產生「唯經驗論」和「唯理論」的偏差。錯誤頻繁出現會導致各種問題意識的產生，這些問題進而能引發反思活動，校正與檢驗的人的思維，促進人類認識的發展；

第三，產生認同感。因為人類理性知識（科學知識）的不完善，人們會共同犯錯。而人工智慧的程式漏洞並不會變成「犯錯」，而是「不完美」。這就是說，人類因錯誤而達到一種共識進而形成共同情感，人工智慧會因為「犯錯」而中止。人會為自己的犯錯而支付「溝通成本」，人工智慧不需要交流，也就沒有「溝通成本」。

總之，文化的產生源於一種「缺失、錯誤、誤解」。人類正因為「不完美」才產生如此豐富多彩的社會。而人工智慧過於「完美」，因此它極少犯錯，同時它還有較低的生存危機，沒有痛苦感。它也因為可以無損複製而不會出現誤解。本質上，人工智慧不需要文化，它從誕生就開始拒斥文化。

反觀人類，就瞭解到文化對人類的重要性。於是，一個問題是：文化是否需要宗教的指引？回答這個問題就談到了宗教。宗教的作用存在著以下三個面向：一是對感性世界中無法直觀校驗的現象提供一個不可見的解釋；二是提供精神至上以成為引導人心歸附的對象；三是產生文化並在保留文化，它本身也要在文化中留存。

首先，對於普通民眾而言，感性世界中「亂花漸欲迷人眼」的社會現象，往往使得人們無法適應。而宗教往往可以提供一條清晰的「線索」將現象串連，給出一個「確定性的解釋」。在一定程度上，宗教使人們的生活從紊亂變得有條理。這也就是今天的社會中，宗教

依然可以存在的主要原因之一。其次是宗教的精神至上。它為民眾提供一個超越經驗的神（或神的視角）。如何來理解這句話呢？比如說，城市中錯綜複雜的交通讓生活在其中的「你」一片迷茫。突然，他人送你一臺無人機並讓它飛到空中，你瞬間可以看到整個城市的全貌，那麼這種「迷茫」會頓然消失。宗教就是在精神上提供了這樣的一個「上帝視角」。不管它是否真實，在認識上的提升確實有一定的震撼力（如前文所說的「得道天成的教法」）。宗教人士因為遠離塵世，在觀測人類社會規律的過程中往往更加細膩，使人更加信服；最後是宗教文化往往是一種群體文化，人們在宗教文化中形成了一種「有效地連接」，這種「連接」慢慢以文化的方式被繼承下來。如福建大田縣建設鎮的祭祖活動，也唯有到了這一天，全族的人們才會放下手中的工作，重新聚集在一起。

　　宗教，往往為人的聚合提供一個理由。不管參加者本人信與不信，「聚」本身反過來促進「宗教的留存」。而宗教的留存，又是以各種禮儀得以體現的。於是，禮儀是宗教的顯性呈現。中外的各種宗教，本質上都是以「教」促「合」。除此之外，宗教禮儀本質上是一種向死而生的存在。宗教起於「死」，目的則在於「生」，這是一種有趣的辯證法。從這個角度上說，禮儀是一種精神的物質再現。因此，即使科學技術發展到如此發達的程度，即使人們不再相信神鬼情結，但只要人有聚合的心理需要，宗教依然有存在的空間。

三　生死觀念與文化屬性

　　《遙遠的救世主》這本小說裡使用了一個高頻率的概念：文化屬性。什麼是文化屬性？

> 透視社會依次有三個層面：技術、制度和文化。小到一個人，大到一個民族一個國家，任何一種命運歸根結底都是那種文化屬性的產物。強勢文化造就強者，弱勢文化造就弱者，這是規律，也可以理解為天道，不以人的意志為轉移。……強勢文化就是遵循事物規律的文化，弱勢文化就是依賴強者的道德期望破格獲取的文化，也是期望救主的文化。強勢文化在武學上被稱為「秘笈」，而弱勢文化由於易學、易懂、易用，成了流行品種。[1]

從中可以看出，所謂的「文化屬性」是指人們共有的思維方式和行為模式，它是一種集體潛意識，它受到周圍的環境影響。這種共同的思維方式和行為方式決定了行為人的思想與性格基調，左右行為人的處事能力，成為行為人評價事物的內在依據。

文化本來是對真實世界的反映。即使是一些所謂的「虛假的反映」，它往往也存在著一個真實的實體，這從某種角度來說也是一種「真實」。這是文化存在的主要原因。當人們迷惑於當代世界科學思想如此發達時，為什麼還依然存在著宗教與迷信？其實就是因為沒有看清楚所在社會的「文化屬性」。

人因為不完美，並時刻面臨著死亡的凝視，所以人的強勢文化在自然強力與社會規律的作用下往往會失效，逐漸變成弱勢文化[2]。幼兒之間毫無畏懼地互相搶奪玩具，到成人世界的「卑躬屈膝」[3]，這是來自現實社會中的一個強大的反諷：身體強壯了，卻不得不跪下那黃金般的膝蓋。於是，要瞭解這其中的謎團，就必須透析一下人文社會中的文化屬性問題。

---

[1] 豆豆：《遙遠的救世主》（北京：作家出版社，2005年），頁152-153。
[2] 如老舍作品中《茶館》中的角色常四爺。
[3] 如魯迅作品中《故鄉》中的角色閏土。

首先，每個人都有自己獨特的思想背景。在現實世界中，有許多讓人無法理解的事件每天都在重覆上演。比如，一個朋友帶著三個孩子來你家遊玩，你打開電視好讓他們安靜下來，以便你能和朋友聊天。你的兒子看到你打開了電視，他下意識地將節目調到了動畫片「小豬佩奇」。然而三個孩子開始大吵大鬧，他們要看「寶寶巴士」。於是，你下意識地本著「多數服從少數」的原則，將動畫片換成了「寶寶巴士」。你看到兒子不開心，但礙於朋友在場，也沒有理會。當你的朋友將三個孩子帶走後，你開始安慰你的孩子，並給他講道理：「你看房間裡四個小朋友，有三個想看寶寶巴士，是不是應該少數服從多數？」這時，你的兒子回了一句：「媽媽，他們三個人想看『寶寶巴士』，沒有考慮到我，是不是一種自私？我想看小豬佩奇，也是一種自私？那麼，為什麼三個人的自私，要比一個人的自私更高尚呢？」

　　實際上，這個故事就反映人們日常生活的家庭問題。在文化屬性的視角下，我們習慣了被灌輸理念，並且這種理念也成了我們為人處事的根據。我們的所有思考都來源於我們周圍世界，我們成為了他人的翻版，也成為了我們所處群體的翻版。我們的思想被不斷地灌輸。因此，當我們的精神世界被「張貼了各種標籤」後，也就讓我們成為了隨波逐流中的「我」。

　　其次，人們對待死亡的態度，決定了人們思想的差異。人的思想本質上在於「求生懼死」。只不過，在「生」與「死」的理解中，側重於前者還是後者，決定著我們理解世界的基本思想格調。在食品匱乏的時代，「死」在人們的精神比重占的比較大。因此，我們的言語、行為、習慣、性格都與「死」有著千絲萬縷的聯繫。這常常表現為一種「憂患」思想。在這種思想的影響下，我們使用「祈求的語言」、「虔誠的禮儀」、「崇敬的習慣」、「謙遜的性格」。這甚至構成了一個時代的縮影。這一切，都在文化的範圍內被慢慢固化，並形成一

種獨特的文化影像。這種文化影像,控制著人們對世界的理解與認識。並且,這種文化影響一旦形成,常難以被輕易抹去。而這些「文化影像」的底層邏輯,就是一種文化屬性,它是透視個人的生活環境和教育狀況的有效工具。人與人之間認知的不同,就是他們各自所承載的文化屬性不同所造成的。

最後,文化屬性與時代解脫。文化屬性是一群人共有的思維方式和行為習慣,擺脫這些文化屬性的束縛是一件非常難的事情。我們縱觀朱熹的一生,他的家庭背景,有父親朱松的「進士出身」,有奶奶程夫人的「篤信佛教」,有二叔朱槔的「以身侍道」,有弟子蔡季通的道教術法,也有蘇頌等「天文水文思想」的影響。他所生活的婺源、尤溪、五夫里,又是充斥著堪輿風水、讖緯迷信之說的人文環境。這些都構成了朱熹的文化屬性。

朱熹早年信佛,後為闢佛,很大的緣由就是師見李侗(李延平)。通過與李侗和張栻的交往,他開始擺脫大慧宗杲等佛學思想的影響,慢慢成就了儒家正統的理學之路。他終其一生沒有逃離開他所處的文化屬性。但是,這也促使他千古留名。學者常常將朱熹的理論總結為「生生」,這雖不錯,但不全面。他的理論應該是一種「向死而生」。通過葬禮、祭禮、符咒、占卜等方式,來期盼更好的人生。他以「風水」作為與皇權博弈的籌碼,以讖緯作為教化百姓的工具。雖然這種方式在他的有生之年,都沒有使其如願,但在他去世的兩三百年後,人們基本上是沿著他理念的倫理道德、禮儀方式來規範自己的生活。

從生到死,從死到生,是朱熹一生追求的人生之路。只不過,這種人生之路如山水畫一樣,顯中見隱,隱含於顯。需要後世學人慢慢地探索。對於朱熹天文考古學的探索,在這裡就可以告一段落了。其中不足之處,還請讀者見諒。

參考文獻

《中國思想史》編寫組:《中國思想史》,北京:高等教育出版社,2018年。

《清容居士集》卷21,清道光二十一年(1841)郁松年《宜稼堂叢書》本。

C. Riessman 著,王永智、鄧明宇譯:《敘說分析》,臺北:五南圖書出版公司, 2003年。

Palmer, R. E.著,嚴平譯:《詮釋學》,臺北:桂冠圖書公司,2002年。

W. J. T.米切爾著,蘭麗英譯:《圖像理論》,重慶:重慶大學出版社,2021年。

丁傳靖:《宋人軼事彙編》,北京:中華書局,1981年。

王　行:〈「強暴犯」的諮商工作:從科學心理學轉向哲學詮釋學的思辨〉,《哲學與文化》2010年第1期。

王　行:〈心在人文:從書寫中遇見生命〉,《應用心理研究》2008年第40期。

王　行:《從儒家經典與我的知行反映中體悟諮商與助人之道》,新北:輔仁大學博士論文,2013年。

王　茂:〈「道學」、「理學」稱名考辨〉,《安徽史學》1987年第1期。

王懋竑著,何忠禮點校:《朱熹年譜》,北京:中華書局,1998年。

王　鏊:《震澤長語》,上海:商務印書館,1939年。

中華書局編輯部:《四書五經》,北京:中華書局,2009年。

孔令宏:《朱熹思想對道教的影響》,《孔子研究》2000年第5期。

艾周思著，楊立華等譯：《宋代思想史論》，北京：社會科學文獻出版
　　　　社，2003年。
田汝成：《西湖遊覽志餘》，上海：上海古籍出版社，1980年。
史少博：《朱熹易學和理學的關係探賾》，哈爾濱：黑龍江人民出版
　　　　社，2005年。
朱　熹：《四書章句集注》，北京：中華書局，2011年。
朱　熹：《朱子全書》，上海：上海古籍出版社；合肥：安徽教育出版
　　　　社，2002年。
朱利安著，卓立譯注：《間距與之間：論中國與歐洲思想之間的哲學
　　　　策略》，臺北：五南圖書出版公司，2013年。
安居香山、中村璋八輯：《緯書集成》，石家莊：河北人民出版社，
　　　　1994年。
阮　元：《十三經注疏》，北京：中華書局，1980年，清嘉慶刊本。
李　申：〈「河出圖，洛出書，聖人則之」辨〉，朱伯崑主編：《國際易
　　　　學研究》，北京：華夏出版社，1996年。
李秋零主編：《康德著作全集》，北京：中國人民大學出版社，2004年。
李學勤：《周易經傳溯源》，北京：中國社會科學出版社，2007年。
束景南：《朱子大傳》，上海：復旦大學出版社，2016年。
束景南：《朱熹年譜長編》，上海：華東師範大學出版社，2001年。
豆　豆：《遙遠的救世主》，北京：作家出版社，2005年。
宋哲宗：〈令御史臺彈奏無故十年不葬父母臣僚詔〉，《全宋文》，第
　　　　150冊，卷3240。
林安梧：《人文學方法：詮釋的存有學探究》，臺北：讀冊文化公司，
　　　　2003年。
林振禮：《朱子新探：朱子學與泉州文化研究》，北京：商務印書館，
　　　　2018年。

周敦頤：《周敦頤集》，北京：中華書局，1990年。

姚延鑾輯：〈基形法〉，《陽宅集成》，乾隆十七年刊本。

紀昀總纂：《四庫全書總目提要》，石家莊：河北人民出版社，2000年。

徐復觀：《中國人性論史（先秦篇）》，臺北：臺灣商務印書館，1969年。

徐豔華譯：《孝經》，北京：北京聯合出版公司，2015年。

郭黎華：〈孔子哲學思想探源：以天、德、中三概念為主〉，《哲學與文化》第4期，2012年。

陸　游：《陸放翁集》，北京：中國書店，1986年。

陸九淵：《陸九淵集》，北京：中華書局，2016年。

陳　來：《朱子哲學研究》，北京：生活・讀書・新知三聯書店，2012年。

陳少明：〈中國哲學：通向世界的地方性知識〉，《地方性知識研究》，北京：商務印書館，2021年。

陳永寶：〈論朱熹「理先氣後」的界定標準〉，《三明學院學報》2018年第5期。

陳永寶：〈論朱熹「理學家」的稱謂考辨〉，《鵝湖月刊》2020年第7期。

陳永寶：〈論朱熹的「闢佛」思想〉，《上饒師範學院學報》2019年第1期。

陳永寶：〈論蒙古朱子學的源流與特徵〉，《朱子學研究》第37輯，南昌：江西教育出版社，2021年。

陳永寶：《朱熹主敬倫理思想的歷史傳承與理論建構》，新北：輔仁大學博士論文，2019年。

陳永寶：《青年朱熹》，廈門：廈門大學出版社，2023年。

陳福濱：《《易經》講義》，臺北：至潔公司，2014年。

陳榮捷：《朱子新探索》，臺北：學生書局，1988年。

脫　脫：《宋史》，北京：中華書局，1977年。

許　慎：《（文白對照）說文解字》，北京：九州出版社，2006年。
許曼著，劉雲軍譯：《跨越門閭：宋代福建女性的日常生活》，上海：上海古籍出版社，2019年。
商務印書館四庫全書出版工作委員會編：《文津閣四庫全書・集部・別集類・三九五》，北京：商務印書館，2005年。
張立文編：《道》，臺北：漢興書局，1994年。
張　載：《張載集》，北京：中華書局，1978年。
張榮明：《方術與中國傳統文化》，上海：學術出版社，2000年。
張聰著，劉雲軍譯：《家庭・鄉里・朝堂：北宋士人與孝道》，上海：上海古籍出版社，2023年。
黃宗羲撰，全祖望補修，陳金生、梁運華點校：《宋元學案》，北京：中華書局，1986年。
葉公超：《重編國語辭典》，臺北：臺灣商務印書館，1981年。
程　顥、程頤：《二程集》，北京：中華書局，1981年。
程民生：《宋代地域文化》，開封：河南大學出版社，1997年。
喬　芳：《北宋《論語》詮釋史論》，揚州：揚州大學博士論文，2015年。
馮　兵：《朱熹禮樂哲學思想研究》，北京：社會科學文獻出版社，2019年。
馮　時：〈中國早期星象圖研究〉，《自然科學史研究》1990年第2期。
馮　時：《天文考古學與上古宇宙觀》，《濮陽職業技術學院學報》2010年第4期。
馮　時：《中國天文考古學》，北京：社會科學文獻出版社，2007年。
馮　時：《文明以止：上古的天文、思想與制度》，北京：中國社會科學出版社，2018年。
賀　來：〈「關係理性」與真實地「共同體」〉，《中國社會科學》2015年第6期。

詹石窗：〈論朱熹對道教的影響〉，《福建師範大學學報‧哲學社會科學版》1989年第1期。

蔡元定：《發微論》，紀昀等校官編修：《欽定四庫全書‧子部》（808）。

蔡方鹿：〈朱熹對道教的借鑒與吸取〉，《宗教學研究》1996年第3期。

蔣一葵著，呂景琳點校：《堯山堂外紀》，北京：中華書局，2019年。

鄭玄注，賈公彥疏，彭林整理：《周禮注疏》，上海：上海古籍出版社，2010年。

鄭玄注，賈公彥疏：《周禮注疏》，上海：上海古籍出版社，2010年。

歐陽守道：《巽齋文集》，商務印書館四庫全書出版工作委員會編：《文津閣四庫全書‧集部‧別集類‧三九五》，北京：商務印書館，2005年。

黎靖德編，王星賢點校：《朱子語類》，北京：中華書局，1994年。

樂愛國：《走進大自然的宋代大儒：朱熹的自然研究》，深圳：海天出版社，2014年。

劉付華東：《朱熹道德知識論的當代詮釋與建構》，廈門：廈門大學博士論文，2023年。

劉　彬：《帛書《易傳》新釋暨孔子易學思想研究》，北京：中國社會科學出版社，2016年。

劉清景：〈摩尼教興衰因緣及其羅山草庵遺跡探究〉，《世界宗教研究》1999年第3期。

諸葛綾：《符咒大法典》，臺南：文圖書局，2012年。

錢　穆：《朱子新學案》，北京：九州出版社，2011年。

魏　徵、令狐德棻：《隋書》，北京：中華書局，1978年。

嚴靈峰：〈有關帛書易傳的幾個問題〉，《國際易學研究》第一輯，北京：華夏出版社，1995年。

顧頡剛：《《周易》卦爻辭中的故事》，北平：燕京大學出版社，1929年。

後記

　　天文考古學所涉獵的知識範圍，與中國傳統的自給自足的農業生活方式是密切相關的，它既闡述了人與自然共生時演化出的時間系統，也幫助先民構建了人與自然融合的空間系統。可以說，只要以土地作為謀生手段的生活傳統仍然存在，這種與人類相關的天文觀是不可能消失的。同時，中國這片古老的大地上，天文學在漫長的演化過程中也出現了新的特色。只是，這些特色隨著時代的變遷，多數已經消失在歷史的長河之中。

　　有幸的是，中國人民存在近萬年的定居習慣，使得這些有關先民的文化印記以各種墓葬的形式而被保留了下來。中華大地有如此豐富多彩的墓葬系統，為今天人們一步步揭開古人神秘的面紗提供了可能。這些墓葬系統的完整保留，不僅記錄了古代先人所用之器物，也留下了大量的文化印記。這無疑為我們今天瞭解古代的文化找到了一個非常好的「天窗」。天文考古學就是在這一背景下應運而生。

　　與天文有關的考古行為在中國古代一直存在，只是不同朝代的關注點不同，也形成了不同的天文志記錄。在這些豐富的記錄中，我們發現距今六千五百年以前的仰韶文化與元朝以後的中華文化存在著巨大不同，王已經不再擔任「觀象授時」的職責，他的權力體系與政治運作方式也不再與「天」有明顯的聯繫，但是圭表[1]、華表等與天文考古有關的地面建築依然發揮「天文」的價值。而且，各朝各代的司

1　元代天文學家郭守敬在河南登封的告成鎮設計並建造了一座測影台——河南登封觀星台。

天監等機構對此也十分重視，也在向世人展示著「天文」的價值依然存在。

宋代在中國天文學發展史方面起著承上啟下的作用。同時，它獨特的社會背景也為天文學的發展提供了基礎。宋代因長期堅持重文輕武的國策，加上它本就孱弱的軍事力量，讓商業收入成為國家換取和平的重要途徑。在這種背景下，官方與民間的科技思想被激活，既產生了沈括的《夢溪筆談》，也誕生了蘇頌的《水運儀象台》，這些都標誌宋代對天文的發展達到了歷史上的一個新高度。

宋代是一個十分有趣的時代：商業的繁榮與社會的動盪，農業的堅守與科技的發展，讓這個朝代無形中被放置於中國歷史的十字路口上。因此，宋代既保留了宋以前的關於儒釋道的精神寶庫，也開發出影響後世的理學與禪宗、道教系統。這其中，朱熹所起的「繼往聖，開來學」的作用是不可被磨滅的。

自從接觸到天文考古學這門新知識以來，我為它精彩的理論與詳實的資料所折服。於是，我一直想用這種新的研究視角、研究方法與朱子理學相碰撞，看看能不能產生新的思想火花。然而，天文考古學的研究視野頗為廣泛，想要找到一個合適的視角，這非常不容易。全書從構思，到以單篇論文完成部分書稿，再到系列論文初稿寫完，花費了我大量的時間。然而，這些文章多讓我不滿，卻又沒有時間修改，就一直讓「它們」躺在電腦裡擱置。

這本書的寫作大綱是在二〇一八年左右就已經定下的。只是當時正值我博士畢業前的最緊張時刻，又加之我同年也出版了另外一本書，實在沒有精力顧及它。因此本書的書寫脈絡和內容大綱一經敲定，就被埋藏在電腦的「最深處」。之後的幾年裡，我也曾多次想到將它拿出撰寫出版，但都囿於身邊的工作，將它的撰寫與出版的想法一拖再拖。直至後面的《朱熹的理學世界》、《朱熹的兒童哲學研究》、《青年

朱熹》、《朱熹美學研究》和《朱熹的「家」哲學研究》的書稿都書寫完畢，這本書的寫作日程才被我正式提起。

不過，我愚笨的大腦和健忘的記憶力，讓我將這本書的書寫與國家社會科學的結項報告又在時間上衝突。但是因為歷史的機緣，本書又不得不儘快出版，這讓我不得不將寫好的十幾萬餘字的書稿匆忙進行整理，以期望滿足出版要求。但是，一本書稿只有十幾萬字，未免過於單薄。

一次偶然機會，我將書稿的主要內容與廈門大學的林傑博士分享。他對我在本書中的研究頗感興趣。於是，相談之下促成了我們一起合作。在這種機緣下，林傑博士根據我原來的制定的寫作大綱和內容，在我原來的書稿上補寫了六萬餘字的材料與內容，他的補充使得全書讀起來更加完整，更加豐滿。同時，他繼續在原來寫作的基礎上對全書進行整理與修正，使本書在敘事邏輯上更加通暢。本書得以順利出版，林傑博士付出了大量的勞動，功不可沒，在這裡向其表示感謝。

這本書稿的完成，即是難產，又是早產。說是難產，主要是指本書部分內容以單篇論文發表時，基本都因為「該領域研究人員較少，找不到合適的審稿人」而被婉拒。能發表的部分文章，也是經歷九九八十一難，耗時一至兩年才得以見刊。其中各種艱辛，只有自己冷暖自知；說是早產，是該書在與他人交流時，得到了諸多學友的認可，他們鼓勵我盡快將書出版，時不我待。於是，我開始著手與出版社聯繫商量這本書的出版事宜，取得了出版社的意向支持。在萬事俱備的前提下，不得不將它提前出版。於是，這就導致了本書的文字材料梳理過於粗糙，論證也有待於進一步詳盡，個別章節未能經過更為深入地修改與細節上的打磨。但出書也是一種緣份，時機到了，就不能妄求十全十美。書中不足之處，再請讀者海涵。

一本書就像一個孩子，一但出生，就遠非我這個「父親」可以把

控的。但還是希望本書的出版,能給出讀者提供一些有用的精神食糧。若在此基礎上能為一些讀者答疑解惑,將是本書的榮幸。

——二〇二四年於暨南大學羊城苑

哲學研究叢書・學術思想叢刊

朱熹的「天文考古學」研究：
遠古文明的生活記憶

作　　　者	陳永寶
責任編輯	黃筠軒
特約校對	張逸芸
發 行 人	林慶彰
總 經 理	梁錦興
總 編 輯	張晏瑞
編 輯 所	萬卷樓圖書股份有限公司
印　　　刷	百通科技股份有限公司
排　　　版	林曉敏
封面設計	黃筠軒
發　　　行	萬卷樓圖書股份有限公司

臺北市羅斯福路二段 41 號 6 樓之 3
電話 (02)23216565
傳真 (02)23218698
電郵 SERVICE@WANJUAN.COM.TW

香港經銷　香港聯合書刊物流有限公司
電話 (852)21502100
傳真 (852)23560735

ISBN 978-626-386-200-5
字數：20 萬字
2025 年 1 月初版
定價：新臺幣 460 元

如何購買本書：

1. 轉帳購書，請透過以下帳戶
　合作金庫銀行　古亭分行
　戶名：萬卷樓圖書股份有限公司
　帳號：0877717092596

2. 網路購書，請透過萬卷樓網站
　網址 WWW.WANJUAN.COM.TW

大量購書，請直接聯繫我們，將有專人為您服務。客服：(02)23216565 分機 610

如有缺頁、破損或裝訂錯誤，請寄回更換

版權所有・翻印必究

Copyright©2025 by WanJuanLou Books CO., Ltd.
All Rights Reserved　　　Printed in Taiwan

國家圖書館出版品預行編目資料

朱熹的「天文考古學」研究：遠古文明的生活記憶/陳永寶著. -- 初版. -- 臺北市：萬卷樓圖書股份有限公司, 2025.1
　面；　公分. -- (哲學研究叢書. 學術思想叢刊)
ISBN 978-626-386-200-5(平裝)

1.CST: (宋)朱熹　2.CST: 學術思想　3.CST: 天人關係　4.CST: 理學

125.5　　　　　　　　　　　113017256